333 教育综合逻辑图

欣途考研教育学教研中心　编写

北京理工大学出版社
BEIJING INSTITUTE OF TECHNOLOGY PRESS

图书在版编目（CIP）数据

333 教育综合逻辑图 / 欣途考研教育学教研中心主编 . — 北京：北京理工大学出版社，2020.1
ISBN 978-7-5682-8176-8

Ⅰ . ① 3… 　 Ⅱ . ①欣… 　 Ⅲ . ①教育学 – 研究生 – 入学考试 – 自学参考资料 　 Ⅳ . ① G40

中国版本图书馆 CIP 数据核字 (2020) 第 029140 号

出版发行 / 北京理工大学出版社有限责任公司
社　　　址 / 北京市海淀区中关村南大街 5 号
邮　　　编 / 100081
电　　　话 / (010)68914775（总编室）
　　　　　　(010)82562903（教材售后服务热线）
　　　　　　(010)68948351（其他图书服务热线）
网　　　址 / http://www.bitpress.com.cn
经　　　销 / 全国各地新华书店
印　　　刷 / 三河市宇通印刷有限公司
开　　　本 / 880 毫米 ×1230 毫米　1/16
印　　　张 / 10　　　　　　　　　　　　　　　　责任编辑 / 多海鹏
字　　　数 / 398 千字　　　　　　　　　　　　　文案编辑 / 孟祥雪
版　　　次 / 2020 年 1 月第 1 版　2020 年 1 月第 1 次印刷　　责任校对 / 周瑞红
定　　　价 / 32.80 元　　　　　　　　　　　　　责任印制 / 李志强

在学习、研究任何一门学科之前，对该学科的整个"知识框架"做一个宏观把握是非常重要的，它有助于快速"同化"相关知识点。对于这一点，很多学者的认识是一致的。比如，布鲁纳的"认知结构"、皮亚杰的"图式"等，表达的都是这个意思。

但是，教育学知识涉及古今中外的教育发展，体系庞大、内容繁多，且部分科目逻辑不甚明了，许多教育学的学习者和工作者，尤其是准备考教育硕士的同学们，很难在短时间内高效地建立相应的知识结构，而《333教育综合逻辑图》的出炉则给广大读者提供了一个重要参考，使建立知识框架的过程变得顺利且轻松。

鉴于市面上目前还没有一本能够让广大备考教育硕士的考生快速且清楚地掌握知识框架的教辅书，所以《333教育综合逻辑图》应运而生。相信本书能够让绝大多数考生从中获益。需要指出的是：本书不但概括性较高、系统性较强而且用语简单凝练，虽然有助于朋友们迅速、高效地形成关于整个学科的知识框架，但是它很可能无法帮助你加深对知识的理解。所以，编者建议大家使用本书时，应结合相关教材深入理解。

《333教育综合逻辑图》的出版得到了《心理学考研逻辑图》的两位主编凉音老师和今赞老师的支持和帮助，他们参与了策划和审校工作，并提出许多编写建议，在此表示感谢。不过，由于编者精力、能力和时间有限，书中疏漏之处在所难免，请同学们及同行不吝赐教，谢谢！

欢迎加入QQ交流群：697590278。如果1群已满，请按提示加2群或3群。也欢迎通过新浪微博（教育学景行、欣途教育）进行互动交流。

景　行
2019年12月

Contents

第一部分
教育学原理

　　在人类历史上，最早出现专门论述教育问题的著作是我国的《学记》。1806年，赫尔巴特出版了《普通教育学》被公认是第一本现代教育学著作，标志着教育学已经成为一门独立的学科。

一　教育学概述

（一）教育学的研究对象和任务
1. 研究对象：教育活动，包括教育现象和教育问题。
2. 研究任务：揭示教育规律，探讨教育价值，探讨教育艺术，指导教育实践。

（二）教育学的产生和发展

1. 教育学的萌芽阶段：人类历史上，最早专门论述教育问题的著作是我国《学记》，一般认为是战国时期孟子的弟子乐正克所作。它是我国古代教育经验和儒家教育思想的高度概括，全文 1229 个字，涉及古代教育的作用、学校教育制度、教学原则和方法及师生关系等内容。比西方最早的昆体良写的《论演说家的培养》（又译《雄辩术原理》）还早三百年。

2. 教育学的独立形态阶段
随着近代生产和科学发展，资产阶级为培养人才，阐明教育主张，革新了教育举措与方法，系统总结了教育方面的经验，出现了体系较完整的教育学。
（1）独立原因：①教育实践发展的客观需求。②近代以来科学发展总趋势和一般科学方法论的奠定。③一些著名学者和教育家的努力。
（2）独立标志：①从对象方面而言，教育问题成为一个专门的研究领域。②从概念和范畴方面而言，形成了专门的教育概念与范畴。③从方法方面而言，有了严谨科学的研究方法。④从结果方面而言，产生了一些重要的教育学家和专门、系统的教育学著作。⑤从组织机构而言，出现了专门的教育研究机构。
（3）杰出代表：① 1623 年，被誉为"近代实验科学的鼻祖"的英国哲学家培根出版了《论学术的价值和发展》，首次把教育学作为一门独立的科学提出。② 1632 年，捷克著名教育家夸美纽斯写了《大教学论》（又译《大教授学》）是近代最早教育学著作。此后，人们开始了教育学的独立探索时期。③ 1762 年，法国启蒙思想家卢梭出版了小说体教育名著《爱弥儿》，系统阐述了自然主义教育思想。④ 1776-1787 年，德国著名哲学家康德先后四次在哥尼斯堡大学讲授教育学，是最早在大学开设教育学讲座的教授之一。⑤ 1779 年，德国哲学家特拉普成为德国及世界上第一位教育学教授；1780 年，他出版了《教育学探讨》一书，是第一本以教育学命名的著作，标志作为学科的教育学基本形成。⑥ 1806 年，赫尔巴特出版了《普通教育学》被公认是第一本现代教育学著作，标志教育学已经成为一门独立的学科。赫尔巴特被誉为"现代教育学之父"或"科学教育学的奠基人"。

3. 教育学的发展多样化阶段
（1）实证主义教育学：1861 年，英国资产阶级思想家、社会学家斯宾塞的《教育论》出版。斯宾塞是实证主义者，反对思辨，主张科学是对经验事实的描述和记录。他提出教育任务是为完满生活做准备。主张启发学生学习的自觉性，反对形式教育，重视实科教育。
（2）实验教育学：①代表人物及著作：梅伊曼《实验教育学纲要》和拉伊《实验教育学》。②主要观点：反对概念思辨的教育学；把实验心理学研究成果和方法运用教育研究，使教育研究真正"科学化"；把教育实验分三阶段：假设—实验—应用；教育实验和心理实验的差别在于操作地点不同；主张用实验、统计和比较的方法。③评价：推动教育科学的发展；走上唯科学主义迷途。
（3）文化教育学（精神科学教育学）：①代表人物及著作：狄尔泰《关于普遍妥当的教育学的可能》、斯普朗格《教育与文化》、利特《职业陶冶、专业教育、人的陶冶》等。②基本观点：人是文化的存在；教育对象是人；教育过程是历史文化过程；教育目的是培养完整的人格。③评价：深刻影响着德国乃至世界 20 世纪的教育学发展，并给人许多启发；思辨气息较浓，具有很强的哲学色彩，许多理论缺乏彻底性。
（4）经验教育学：1911 年，涂尔干《教育学的本质与方法》中主张用社会学方法建立教育科学。教育科学只描述教育事实，不做任何规定。
（5）实用主义教育学：①代表人物及著作：杜威《民主主义与教育》《经验与教育》、克伯屈《设计教学法》等。②基本观点：教育即生活；教育即学生个体经验增长；学校是雏形社会；课堂组织以学生经验为中心；师生关系以儿童为中心；教学过程重视学生自身，尊重其差异性。③评价：推动教育学发展，忽视系统学习，弱化教师主导作用。
（6）制度教育学：①代表人物及著作：乌里和瓦斯凯《走向制度教育学》《从合作班级到制度教育学》、洛布罗《制度教育学》、拉帕萨德等。②基本观点：制度本身具有教育意义；"不说话的教育制度"不是客观中立、不成问题的；首要任务是进行制度分析、干预或批判。③评价：促进了教育社会学的发展；过分依赖精神分析理论，不够科学。
（7）马克思主义教育学：①两部分内容：教育思想和研究结果。②基本观点：教育是社会历史现象；教育起源于生产劳动；现代教育根本目的是促进学生个体全面发展；教育与劳动结合是发展社会生产力的重要方法，也是培养全面发展的人的唯一方法；教育与政治、经济、文化相互制约，也具有相对独立性；马克思主义唯物辩证法和历史唯物主义是方法论基础。③评价：为教育学发展奠定了科学的方法论基础；存在简单化、机械化的毛病。
（8）批判教育学：①代表人物及著作：弗莱雷《被压迫者教育学》、鲍尔斯和金蒂斯《资本主义美国的学校教育》、布迪厄《教育、社会和文化的再生产》、阿普尔《教育与权力》、吉鲁《批判教育学、国家与文化斗争》等。②基本观点：当代资本主义学校教育是维护现实社会的不公平和不公正、造成社会差别、歧视和对立的根源；原因是教育与社会是相对应的；人们丧失了"意识"；帮助教师和学生"启蒙"，"解放"意识；教育现象是充满利益纷争的。③评价：仍在发展中，值得学者们积极关注。

4. 教育学的理论深化阶段
20 世纪 60 年代以来，科学技术迅猛发展，人力资源的开发和运用作为提高生产效率和发展经济的主要原因，引起了世界性的新的教育改革，促进了教育学的发展。
（1）1956 年，美国心理学家布卢姆制定出教育目标的分类系统，分为三类：认知目标、情感目标和动作技能目标。有助于教师确定教学目的和任务；提供方法、框架；情感目标、动作技能目标的阐述待深入。
（2）1963 年，美国心理学家布鲁纳发表《教育过程》，重视学生能力培养，提倡发现学习。他对编选教材，发展学生能力的思想有积极意义；儿童可提早学习科学基本原理的主张不易推行。
（3）1958 年，苏联心理学家赞科夫在《苏联教育学》杂志中的《论教育和发展的问题》中强调，教育学要重视教育和儿童心理发展关系的研究，并明确肯定儿童发展的内因、内在矛盾在发展中的重要地位。1975 年，他编的《教学与发展》全面阐述了其实验教学论的体系。
（4）1972 年，苏联巴班斯基认为，应把教学看作系统，把教学过程分为三部分：社会方面的成分、心理方面的成分和控制方面的成分。他将现代系统论的方法引进教学论的研究。
（5）我国取得的成果：①促进教育观念和方法论和转变与更新，推动了教育理论和实践的发展。②教育科学蓬勃发展，形成许多分支学科及交叉学科。③开展了多种教育实验，促进了教育理论与教育实践的结合，推动不同教育实验相互学习与发展。④涌现出一批学者型教师，其研究成果极大地增添了教育实践领域的活力。⑤广泛开展了专题研究。

二　教育的概念

（一）教育的质的规定性

教育是一种有目的地培养人的社会活动，是人类社会生活不可或缺的重要组成部分。
- （1）有目的地培养人的活动。
- （2）教育者引导受教育者传承经验的互动活动。
- （3）激励与教导受教育者自觉学习和自我教育的活动。

（二）教育的基本要素

1. 教育者
   - （1）含义：指参与教育活动、与受教育者在教学或教导上互动并产生影响的人，主要指教师。
   - （2）地位：领导者、设计者、引导者，是教育活动的主体。
   - （3）作用：①有目的、有计划地教导受教育者，使其成为社会所需要的人。②有意识地启动、调整和有效完成教育活动。

2. 受教育者
   - （1）含义：指参与教育活动、与教育者在教学与教导上互动，以期自身获得发展的人，主要是学生。
   - （2）地位：教育的对象和学习的主体。
   - （3）作用：①教育活动的实际效果必须落实到受教育者。②受教育者的能动性在教育活动中的作用日益增大。

3. 教育中介系统

   教育中介系统是教育者与受教育者联系与互动的纽带，是开展教育活动的内容和方式。
   - （1）教育内容
     - ①含义：指教育者引导受教育者在教育活动中学习的前人积累的经验，包括书本知识和实际经验。
     - ②意义：师生教学互动共同操作的对象，引导青少年学习与发展成人的精神资源。
   - （2）教育活动方式
     - ①含义：指教育者引导受教育者学习教育内容所选用的交互活动方式。
     - ②地位：中介、纽带。
     - ③意义：将教育内容转化为个体素质，将学用知识的活动方式积淀为学生的能力。

（三）教育的历史发展

1. 教育的起源
   - （1）神话起源说
     - ①主要观点：教育与其他万事万物一样，都由人格化的神（上帝或天）所创造的，教育的目的就是体现神或天的意志，使人皈依于神或顺从于天。
     - ②评价：这是教育起源的最古老的观点，但这种观点是根本错误的，是非科学的。
   - （2）生物起源说
     - ①代表人物：法国社会学家、哲学家利托尔诺，英国教育学家沛西·能。
     - ②主要观点：教育活动存在于人类社会中，也存在于人类社会之外，甚至存在于动物界。教育的产生完全来自动物的本能，是种族发展的本能需要。
     - ③评价：教育史上第一个正式提出的有关教育起源的学说，也是较早把它作为学术问题提出。以达尔文生物进化论为指导，标志着在教育起源问题上开始从神话解释转向科学解释。根本性错误是没有把握人类教育的目的性和社会性，而没能区分人类教育行为与动物类养育行为之间质的差别。
   - （3）心理起源说
     - ①代表人物：美国教育家孟禄。
     - ②主要观点：原始教育形式和方法主要是日常生活中儿童对成人的无意识模仿。
     - ③评价：认为这种本能是人类的类本能，而不是动物的类本能，这是进步的地方。但是，没有区分人类的类本能与动物的类本能的界限。
   - （4）劳动起源说
     - ①代表人物：主要集中在苏联和我国教育学家。
     - ②主要观点：生产劳动是人类最基本的实践活动；教育起源于生产劳动过程中经验的传递；生产劳动过程中的口耳相传和简单模仿是最原始和最基本的教育形式；生产劳动的变革是推动人类教育变革最深厚的动力。
     - ③评价：提供了理解教育起源和教育性质的一把"金钥匙"。但也存在需要进一步讨论的问题。

2. 古代教育
   - （1）原始的教育状况：自然地、非制度化的学习方式，在日常生活与生产中进行。
   - （2）古代学校教育的产生。
   - （3）教育阶级性的出现并不断强化。
   - （4）学校教育与生产劳动相脱离。

3. 现代教育
   - （1）学校教育逐步普及。
   - （2）教育的公共性日益突出。
   - （3）教育的生产性不断增强。
   - （4）教育制度逐步完善。

（四）教育概念的界定

1. 广义教育：凡是有目的地增进人的知识技能，影响人的思想品德、增强人的体质的活动都是教育。
2. 狭义教育：一种专门组织的不断趋向规范化、制度化、体系化的教育，主要指学校教育。根据社会需求，遵循受教育者身心发展规律，有目的、有计划、有组织地引导其主动学习，将其培养为社会需要的人。

三 教育与人的发展

（一）人的发展概述

1. 人的发展的含义

（1）两种释义：①人类的发展或进化的过程。②人类个体的成长变化过程。

（2）广义和狭义：①前者指个人从胚胎到死亡的变化过程，持续人的一生。②后者指个人从出生到成人的变化过程。

（3）整体性发展分为三个层面：①生理发展；②心理发展；③社会性发展。

2. 人的发展的特点

（1）未完成性：与人的非特定化密切相关。儿童处于未完成状态和未成熟状态，蕴含着人的发展的不确定性、可选择性、开放性和可塑性，潜藏着巨大的生命活力和发展的可能性，充分说明人的可教育性和需教育性。

（2）能动性：人的发展是与社会相互作用下进行的，是具有社会性的能动发展过程，这是人与动物的发展的质的区别。人在发展过程中是自决的，这赋予了人的发展以人所特有的能动性，表现出只有作为主体的人才具有的自我创造的特征。它为教育活动提供了科学依据，指明了努力方向。

3. 人的发展的规律性

（1）顺序性：①人的发展有一定的方向性和顺序性，不能逾越，也不能逆向发展。就心理而言，儿童发展总是从无意注意到有意注意，从机械记忆到意义记忆，从具体形象思维到抽象逻辑思维，从喜怒哀乐等一般情绪发展到道德感、理智感、美感等高级情感。②教育要循序渐进地促进学生的身心发展。

（2）不平衡性：①人的发展不总是匀速直线前进，不同系统发展不平衡；同一机能系统在不同时期（年龄阶段）发展不平衡。②幼儿期是第一个加速发展期；青春期是第二个加速发展期。③教育要抓住发展的关键期，促进学生健康地发展。

（3）阶段性：①代表新质要素的量积累到一定程度导致质的飞跃，表现出发展的阶段性。②个体发展不同阶段，表现出不同的年龄特征、主要矛盾和发展任务。③每一阶段，具有本阶段和人生全程的意义。④教育要从实际出发，抓住不同阶段特点提出发展任务，有针对性，促进个性发展。

（4）个别差异性：①每个人的发展优势、发展速度与高度千差万别。②教育要深入了解学生，因材施教，引导学生扬长避短，发展个性，促进学生自由发展。

（5）整体性：①"整体大于它的各部分总和"是现代整体观念的核心。②每一方面的变化必然影响整体变化，反之亦然。③教育要把学生看作复杂的整体，促进学生在体、智、德、美和行等方面全面和谐地发展，把学生培养成完整和完善的人。

（二）影响人的发展的基本因素

1. 遗传在人的发展中的作用

（1）遗传素质是人的发展的生理前提。

（2）遗传素质的成熟程度制约着人的发展过程及年龄特征。

（3）遗传素质的差异性对人的发展有一定的影响。

（4）遗传素质具有可塑性。

2. 环境在人的发展中的作用

（1）环境是人的发展的外部条件。包括：自然环境、社会环境和精神文明。

（2）环境的给定性与主体的选择性。

（3）环境对人的发展的制约作用离不开人对环境的能动活动。

3. 个体的能动性在人的发展中的作用

（1）个体活动是人的发展的决定因素。

（2）个体活动制约着环境影响的内化与主体的自我建构。

（3）个体通过能动的活动选择、建构着自我的发展。

（三）教育对人的发展的重大作用

1. 教育在人的发展中起引领作用

（1）有意识为年轻一代的成长选择、建构、控制良好的环境。

（2）对其生活、交往、学习与实践等活动进行正确教导、示范和辅助。

（3）尊重其主体地位和激发、引导内在学习动力与自我发展的能动性、自主性和自为性。

（4）从各方面引领、关怀、维护其发展。

2. 学校教育主要通过传承文化科学知识来培养人

（1）促进人的认识的方式发展。

（2）促进人的精神的发展。

（3）促进人的能力的发展。

（4）促进人的实践的发展。

3. 学校教育对提高人的现代性有显著的作用

四 教育与社会发展

（一）教育的社会制约性

1. 生产力对教育的制约
 - （1）制约教育事业发展的规模和速度。
 - （2）制约人才的培养规格和教育结构。
 - （3）制约教学内容、教学方法和教学组织形式的发展和改革。

2. 社会经济政治制度对教育的制约
 - （1）制约教育的性质与领导权。
 - （2）制约教育的目的和内容。
 - （3）制约受教育权。
 - （4）制约教育内容，教育结构和教育管理体制。

3. 文化对教育的制约与影响
 - （1）文化知识制约教育的内容和水平。
 - （2）文化模式制约教育的背景与模式。
 - （3）文化传统制约教育传统的特性。

（二）教育的社会功能

1. 教育的社会变迁功能

教育的社会变迁功能是指教育通过开发人的潜能，提高人的素质，引导人的社会化，影响人的社会实践，来推动社会的发展与变革。

 - （1）教育的经济功能
   - ①教育是使可能的劳动力转变为现实的劳动力的基本途径。
   - ②现代教育是使知识形态的生产力转化为直接的生产力的一种重要途径。
   - ③现代教育是提高劳动生产率的重要因素。
 - （2）教育的政治功能
   - ①通过传播一定的社会政治意识形态，完成年轻一代的政治社会化。
   - ②通过造就政治管理人才，促进政治体制的变革与完善。
   - ③通过提高全民文化素质，推动国家的民主政治建设。
   - ④是形成社会舆论、影响政治时局的重要力量。
 - （3）教育的生态功能
   - ①树立建设生态文明的理念。
   - ②普及生态文明知识，提高民族素质。
   - ③引导建设生态文明的社会活动。
 - （4）教育的文化功能
   - ①传递文化。
   - ②选择文化。
   - ③发展文化。

2. 教育的社会流动功能
 - （1）含义：社会成员通过教育的培养、筛选和提高，在不同社会区域、社会层次、职业岗位、科层组织间转换、调整和变动，充分发挥智慧才能，实现人生价值。包括横向流动功能（水平流动）和纵向流动功能（垂直流动）。前者指水平的流动而不提升地位；后者指纵向的提升，提高社会地位及作用。
 - （2）历史发展
   - ①随时代的发展而发展。
   - ②古代社会，在统治阶级内部或狭小范围中进行。
   - ③古代中国，限于极少数人做官的途径。
   - ④现代社会，教育普及与提高，实现个人追求。
 - （3）在当代的重要意义
   - ①个人社会流动的基础。
   - ②现代社会流动的主要通道。
   - ③深刻影响社会公平。

3. 教育的相对独立性
 - （1）教育是培育人的活动，主要通过所培育的人作用于社会。
 - （2）教育具有自身的活动特点、规律及原理。
 - （3）教育具有自身发展的传统与连续性。

4. 教育的社会变迁功能与社会流动功能的关系
 - （1）区别：①前者主要指向社会整体的存在、延续、演变与发展，人为社会服务。②后者主要指向社会个体的生存与发展境遇的改善。
 - （2）联系：①前者为后者的产生奠定了客观基础，为其实现开拓了可能的空间。②后者的实现程度是衡量社会变迁的价值尺度和推进社会变迁的动力。③二者互动是社会发展和进步的必要条件，体现教育对社会发展的能动作用。

（三）教育与我国社会主义建设

1. 教育在我国社会主义建设中的地位和作用
 - （1）树立以人为本的教育观：①人是目的；②人是主体；③人的发展与社会的发展是互动的。
 - （2）把教育摆在优先发展的战略地位：①教育的基础性是人的素质在社会主义现代化建设中的基础性。②教育的先导性是教育发展对社会主义现代化具有引领作用。③教育的全局性是教育的发展关乎社会主义现代化建设的各方面，具有全局性影响。

2. 科教兴国与国兴科教
 - （1）国兴教育的重大举措和巨大成绩
   - ①恢复高考和高校扩招。
   - ②普及义务教育的立法。
   - ③贫困学生的国家资助体系的建立。
   - ④教育事业的巨大发展。
 - （2）国兴教育面临的问题
   - ①教育经费投入总量增长偏低。
   - ②教育公平面临严峻挑战。包括：城乡间、地区间存在明显差距问题；农民工子女受教育问题；优质教育资源短缺引起教育机会不公平问题。
 - （3）努力办好让人民满意的教育
   - ①普及和巩固义务教育。
   - ②大力发展中等职业教育。
   - ③大力提升高等教育质量。

五、教育目的

（一）教育目的的概述

1. 教育目的的概念

教育目的是对教育活动所培养人的个体素质总的预期与设想，是对社会历史活动主体的个体素质的规定。它体现一定社会对受教育者质量规格的界定和要求，也体现人自身发展所应该达到的水准和高度。

（1）含义：①广义：指存在于广泛的人民群众头脑中的对受教育者的期望和要求。它会更广泛、更直接、更具体地影响教育活动。②狭义：指在社会里占主流地位的或由国家提出的教育总目的。

（2）意义：①定向作用；②调控作用；③评价作用。

2. 教育目的的建构

（1）需要反映社会发展规律，遵循社会历史条件的可能与限定。

（2）需要反映人的发展规律，遵循人的发展的可能与限定。

3. 教育目的的层次结构和内容结构

（1）层次结构：①国家或社会所规定的教育的总目的；②各级各类学校的培养目标；③课程目标；④教学目标。

（2）内容结构：①就教育所要培养的人的身心素质作出规定，是核心部分。②就教育所要培养的人的社会价值作出规定。

（二）教育目的的理论基础

1. 教育目的的社会制约性

教育目的的社会制约性即社会对其成员质量规格的客观需求在他们意识中的反映，是他们所处时代的产物。

（1）教育目的受一定生产力和生产关系及以此为基础的政治观点与制度的制约。

（2）教育目的的制订要考虑受教育者的身心特点，但不影响教育目的的性质和方向。

2. 教育目的的价值取向

在教育目的价值取向上，争论最多、影响最大、最具根本性的问题是：教育活动究竟是应当注重满足人的个性发展需要还是社会发展需要。由此，构成教育目的的选择上的两种典型的价值取向，即个人本位论和社会本位论。

（1）个人本位论：认为教育的根本目的是充分发展个人的潜能与个性，社会要求无关紧要。代表人物有卢梭、福禄培尔、裴斯泰洛齐。
①教育目的根据个人发展需要制定。
②个人价值高于社会价值。
③人生来就有健全的潜在本能，教育基本职能在于发展这种潜能。

（2）社会本位论：认为教育的根本目的由社会发展需要决定，与个人潜能与个性需要无关。代表人物有德国哲学家那托尔普、法国思想家涂尔干、德国教育家凯兴斯泰纳。
①个人一切发展都有赖于社会，受社会制约。
②教育除了满足社会需要外无其他目的。
③教育结果或效果是以其社会功能发挥的程度来衡量的。

3. 马克思主义人的全面发展学说

马克思运用历史唯物主义观点分析人的发展与社会进步的关系，认为人是社会实践的主体，人的发展是一个社会历史过程，受社会生产力和生产关系的制约。

（1）人的全面发展是一个社会历史过程。①古代社会：以人的依赖关系为基础，个人没有人身自由、独立性和个性。②现代社会：以物的依赖性为基础人的独立性，是第二大形态，机器大工业产生，生产力加速增长，个人摆脱人的依赖关系，获得一定独立自主与自由。③共产主义：摆脱了人和物的依赖关系，个人得到全面而自由的发展。

（2）人的全面发展的内涵：各方面的和谐统一发展。

（3）人的全面发展学说的现实意义：
①社会主义制度的建立为人的全面发展拓宽了道路。
②要依据我国的特点尽可能地促进人的全面发展。
③人的全面发展是构建社会主义和谐社会的基本内涵。
④追求人的全面发展与实现人的自由发展必须和谐统一。

（三）我国的教育目的

1. 我国教育目的的基本精神

（1）坚持培养"劳动者"或"社会主义建设人才"。

（2）坚持追求人的全面发展。

（3）坚持发展人的独立个性。

2. 我国教育目的的实现

（1）普通中小学教育的性质与任务
①为年轻一代做人打好基础。
②为年轻一代在未来接受专业（职业）教育打好基础。
③为提高民族素质打好基础。

（2）普通中小学教育的组成部分
①体育：是授予学生健身知识、技能，发展学生体力、增强学生体质的教育。它是全面发展教育的重要组成部分。
②智育：是授予学生系统的科学文化知识、技能和发展其智力的教育。它是全面发展教育的重要组成部分。
③德育：是引导学生领悟社会主义思想观点和道德规范，组织和指导学生的道德实践，培养学生的社会主义品德的教育。它集中体现了我国教育的价值取向和社会政治性质，在学生的全面发展中起着定向和动力的作用。它在全面发展教育重要的组成部分中，处于引领地位。
④美育：是培养学生正确的审美观，发展他们鉴赏美、创造美的能力，培养其高尚情操和文明素质。它是全面发展教育的一个不可缺少的重要组成部分。
⑤综合实践活动：是在教师的引导下，密切联系学生生活和社会实际，让学生自主进行综合实践活动，积累综合应用知识于解决实际问题的实践经验和能力，提升自我设计和自我反思的能力，具有践行、力行、笃行的素质。它是全面发展教育的重要组成部分。

六 教育制度

（一）教育制度概述

1. 教育制度的含义和特点

（1）含义：指一个国家各级各类实施教育的机构体系及其组织运行的规则。

（2）两个基本方面：①各级各类教育机构与组织；②教育机构与组织赖以存在和运行的规则。

（3）特点
- ①客观性：教育机构的设置、层次类型的分化、各级各类教育机构的制度化，都受客观的生产力发展水平制约，具有客观性。
- ②规范性：任何教育制度都有其规范性。它主要表现在入学条件即受教育权的限定和各级各类学校培养目标的确定上。
- ③历史性：教育制度是随着社会的发展变化而发展变化的，具有历史性，随时代的变革而变革。
- ④强制性：教育制度先于作为年轻一代的个体而存在。它对于受教育者个体的行为具有一定的强制作用，要求受教育者个体无条件地去适应和遵守制度。

2. 制约教育制度的社会因素

（1）经济对教育制度的制约。经济的发展为教育制度提供一定物质基础，并向教育提出一定的育人需求。

（2）政治对教育制度的制约。政权统治者掌握教育权，决定受教育者是谁，制约受教育类型、程度和方式。

（3）文化对教育制度的制约。不同文化特性影响教育制度的特性。

3. 教育制度的历史发展

（1）原始社会，教育未从生活中分离，没有专门学校教育和教育制度。

（2）古代社会，产生学校，简单学校系统，形成简朴的教育制度。

（3）现代教育，学校发展程度的大众性和普及性，结构上多类型和多层次性。

（4）当代教育，单一的学校教育系统发展为系统庞大的教育体系，整体方向是终身教育。

（二）现代学校教育制度

1. 学校教育制度的概念

现代教育制度的核心部分是学校教育制度，简称学制，指的是一个国家各级各类学校的系统及其管理规则，规定着各级各类学校的性质、任务、入学条件、修业年限以及它们之间的关系。

2. 现代学校教育制度的类型

（1）双轨学制：①主要代表：18-19世纪的西欧。②结构：一轨自上而下，结构是大学、中学；一轨从下而上，结构是小学及其后的职业学校。③特点：双轨制是两个平行的系列，既不相通，也不连接，因为一轨从中学开始，一轨最初只有小学。

（2）单轨学制：①主要代表：美国。②结构：小学、中学、大学。③特点：一个系列、多种分段。

（3）分支型学制：①主要代表：苏联。②特点：介于双轨学制和单轨学制之间。特点：上通下达，左右畅通。

3. 现代学校教育制度的变革

（1）从学校系统看，双轨学制向分支型学制和单轨学制方向发展。

（2）从学校阶段看，每个阶段都发生了重大变化：①幼儿教育阶段：结束时期提前到6或5岁；加强了与小学连接。②小学教育阶段：无初、高级之分；入学年龄提前到6或5岁；年限缩短到5年（法国）或4年（德国）；衔接初中，取消初中入学考试。③初中教育阶段：学制延长；把初中看作普通教育的中间阶段；连接小学，看作基础教育阶段。④高中教育阶段：美国单轨学制最先出现高中；三种学制都有高中，都进行文化科学基础教育，变成了一个类型。⑤职业教育：文化科学技术水平越来越高；类型越来越多样化。⑥高等教育阶段：多层次；多类型。

（三）我国现行学校教育制度

1. 我国现行学校教育制度的演变

（1）1902年，《钦定学堂章程》也称"壬寅学制"，我国第一个正式颁布的学制，但未及实施。

（2）1904年初，《奏定学堂章程》也称"癸卯学制"，我国第一个正式实施的学制。

（3）1922年，壬戌学制，通称"六三三制"，受美国实用主义教育影响。

（4）1951年，《关于改革学制的决定》，明确规定新学制，我国学制发展的一个新阶段。

（5）1958年，《关于教育工作的指示》，提早入学年龄到6岁；缩短年限，中小学十年一贯制；贯彻"两条腿走路"方针，采取多种形式办学。

（6）1961年，开始贯彻"调整、巩固、充实、提高"的方针，制定大、中、小学工作条例。

（7）1976年，恢复和新建学制系统，向合理和完善的方向发展。

2. 我国现行学校教育制度的形态

从形态上看，我国现行学制是从单轨学制发展而来的分支型学制。

（1）学前教育（幼儿园）：招收3-6、7岁的幼儿。

（2）初等教育：全日制小学教育，还包括成人业余初等教育。

（3）中等教育：全日制普通中学、各类中等职业学校和业余中学。

（4）高等教育：全日制大学、专门学院、专科学校、研究生院和各种形式的业余大学。

3. 我国现行学校教育制度的改革

（1）基本普及学前教育。

（2）均衡发展义务教育。

（3）努力普及高中阶段教育。

（4）大力发展高等教育。

七 课程

（一）课程概述

1. 课程及相关概念

（1）课程：指由一定的育人目标、特定知识经验和预期学习活动方式构成的蕴含丰富、基本又有创造性与潜质的一套计划与设定。①从育人目标的角度看，它是一种培养人的蓝图；②从课堂内容角度看，它是一种适合学生身心发展规律、连接学生直接和间接经验、引导学生个性全面的知识体系及其获取的路径。

（2）课程方案：指教育机构或学校为实现教育目的而制定的有关课程设置的文件。

（3）课程标准：指在一定课程理论指导下，依据培养目标和课程方案以纲要形式编制的指导性文件。

（4）教科：也称课本，是依据课程标准编制的教学规范用书。

2. 课程理论的发展

（1）斯宾塞的知识价值论：斯宾塞 1885 年提出"什么知识最有价值"，是课程问题明确化的开端。他讲究知识的价值，注重人的社会生活对于科学知识的需求，非常有意义。但仅把课程看成科学知识，有所偏颇。

（2）杜威的经验课程：杜威 1902 年发表《儿童与课程》，是影响深远的、现代课程理论的开创性著作。杜威用动态的知识观阐释儿童现有经验与课程间的联系使儿童经验改组的过程的观点值得肯定。未明确解决课程设置的目的的要求，未阐明课程与教学的联系与区别，使课程及教材具有极大的不确定性，给教材选编带来困难，严重削弱教材在教学中的作用。

（3）博比特的活动分析法：博比特 1918 年出版的《课程》，被看作教育史上第一本课程论专著。他认为应当运用科学的方法确定教育目标。活动分析法为后来盛行的课程目标的确定提供了方法论基础。博比特的方法论注重适应社会生活发展的需要，有积极一面。过于繁琐、具体，忽视与排斥社会教育总的价值取向与教育目的，也未突出儿童身心发展的特点及需求。

（4）泰勒的目标模式：泰勒 1949 年出版的《课程与教学的基本原理》，被视为现代课程理论的奠基石。四个基本问题：学校应达到哪些教育目标；提供哪些教育经验才能实现目标；怎样才能有效组织教育经验；怎样才能确定目标正得到实现。四个步骤：确定目标；选择经验；组织实施；评价结果。人们称泰勒的理论为"泰勒原理"，其课程开发模式称为"目标模式"，对课程理论发展有很大影响，仍在西方课程领域中占主要地位。

3. 课程发展上论争的几个主要问题

（1）学科课程与活动课程

①学科课程

含义：又称分科课程，指根据学校培养目标和科学发展，分门别类地从各门科学中选择适合学生年龄特征与发展水平的知识组成的教学科目。

优点：比较强调每一学科的逻辑组织。

缺点：较少考虑学科间的相互联系，把各学科看作互不关联的实体。

②活动课程

含义：也称经验课程、儿童中心课程，与学科课程相对立，打破学科逻辑系统的界限，是以学生的兴趣、需要、经验和能力为基础，通过引导学生自己组织的有目的的活动系列而编制的课程。

优点：提供给学生更广泛的学习空间和更充分的动手操作机会。

缺点：儿童从活动课程中获得的知识缺乏系统性和连贯性，有较大的的偶然性和随机性。

③二者关系

联系：总体上都服从于整体的课程目标，都是学校课程结构中不可缺少的要素。

区别：
从目的看，前者向学生传递人类长期创造和积累的种族经验的精华；后者让学生获得个体教育性经验。

从编排方式看，前者重视学科知识逻辑的系统性；后者强调各种有教育意义的学生活动的系统性。

从教学方式看，前者以教师为主导认识人类种族经验；后者以学生自主实践交往为主导获取直接经验。

从评价方面看，前者强调终结性评价，侧重考查学习结果；后者重视过程性评价，侧重考查学习过程。

（2）课程的一元化与多样化

①课程的一元化：指课程的编制应当反映国家的根本利益、政治方向、核心价值，反映社会主流文化、基本道德及发展水平，体现国家的信仰、理想与意志。

②课程的多样化：指课程要反映各个方面的多样化需求。

（3）综合课程与核心课程

①综合课程：又称广域课程、统合课程、合成课程，其根本目的是克服学科课程分科过细特点。它克服了分科过细的缺点，较容易贴近社会现实和实际生活，融合多种学科的相关内容，构成新课程。

②核心课程：既指所有学生都要学习的一部分学科或学科内容；也指对学生有直接意义的学习内容。

（4）国家课程与校本课程

①国家课程：亦称国家统一课程，它是自上而下由中央政府负责编制、实施和评价的课程。课程编制中心具有的特征：权威性；多样性；强制性。

②校本课程：是以学校为课程编制主体，自主开发与实施的课程，是相对于国家课程和地方课程的课程。它能最大限度促进学生的发展，有助于提高教师的专业水平及学校办学水平。但缺系统设计和长远规划。

（5）显性课程与隐性课程

①显性课程：是一个教育系统内或教育机构中用正式文件颁布而提供给学生学习，学生通过考核后可以获取特定教育学历或资格证书的课程，表现为课程方案中明确列出和有专门要求的课程。

②隐性课程：也称潜在课程、隐蔽课程，是以内隐的、间接的方式呈现的课程，是学生在显性课程以外所获得的所有学校教育的经验，不作为获得特定教育学历或资格证书的必备条件。

（二）课程设计（见下页）

（三）课程改革（见下页）

七 课程

（一）课程概述（见上页）

（二）课程设计
├ 1. 课程目标的设计
│ 课程目标是课程实施应达到的学生身心素质发展的预期结果，是对培养目标的具体化。
│ （1）课程目标制定的依据：①直接依据：来自教育目的和学校的培养目标。②具体依据：对学生、社会、学科的研究。③课程基本因素：社会、知识、学生。
│ （2）课程目标设计的基本问题：①课程目标的具体化和抽象化问题。②课程目标的层次与结构问题。
│ （3）课程目标设计的基本方式：
│ ①结果性目标的设计方式：行为动词要求具体、明确、可观测、可量化；应用于"知识"领域。
│ ②体验性目标的陈述方式：行为动词是历时性的、过程性的；应用于"过程"领域。
│ ③表现性目标的陈述方式：行为动词是与学生表现什么有关的或者结果是开放性的；适用于"制作"领域。
│
└ 2. 课程内容的设计
  （1）课程内容的概念：课程内容是课程的核心要素，总体上讲，课程内容是根据课程目标从人类经验体系中选择出来，并按照一定学科逻辑序列和儿童心理发展需求组织编排而成的知识体系和经验体系。
  （2）课程内容的选择：
  ①基本事实：从科学涉及的复杂现象或事实中选出基本事实。
  ②基本概念与原理：基本概念是理论知识的重要成分，是通过对科学事实进行分析、抽象和概括获得；基本原理是在基本概念基础上揭示的具有普遍意义的观点、命题或学科道理。
  ③基本方法：是科学理论知识的实质性成分，是运用学科的基本概念与原理以分析问题和解决问题的策略、技能。
  （3）课程内容的组织：①20世纪40年代，泰勒提出课程内容组织三条规则：连续性、顺序性、整合性。②课程内容的组织形式：直线式与螺旋式、纵向组织与横向组织、逻辑顺序与心理顺序。

（三）课程改革
├ 1. 世界各国课程改革发展的趋势
│ （1）追求卓越的整体性课程目标。
│ （2）注重课程编制的时代性、基础性、综合性和选择性。
│ （3）讲求学习方式的多样化。
│
├ 2. 我国基础教育的课程改革
│ （1）基础教育课程改革的指导思想与基本目标：①指导思想：教育要面向现代化，面向世界、面向未来和三个代表。②具体目标：转变课程功能，优化课程结构，更新课程内容，转变学习方式，改革考试评价，深化课程管理体系改革。
│ （2）新课程的基本理念：①倡导个性化的知识生成方式。②增强课程内容的生活化、综合性。
│
└ 3. 我国中小学的课程设置
  我国新一轮基础教育课程改革整体设置九年义务教育课程。
  （1）小学教育，以综合课程为主。
  （2）初中教育，设置分科与综合相结合的课程。
  （3）普通高中教育，学制三年，由必修和选修两部分构成，具体课程设置以分科课程为主。

八 教学（上）

（一）教学概述

1. 教学的概念
教学是在教师引导下学生能动地学习知识以获得素质发展的活动。
（1）教学与教育，是部分与整体的关系。教学是学校教育的一个基本途径，还通过课外活动、生产劳动、社会活动等向学生进行教育。
（2）教学与智育，是交叉关系。教学是进行德、智、体、美育的基本途径，智育是教学的一个主要内容；智育要通过课外或校外活动等途径才能全面实现。
（3）教学与自学，关系较复杂。自学有两种，一是在教师指导下自学，是教学的组成部分；二是教学过程外，学生自主自学。

2. 教学的意义
（1）在传承文化、促进青少年学生个性全面发展，起引领的重要作用。
（2）传播系统知识、促进学生发展的最有效的形式。
（3）在教学中，科学文化的传承和师生、生生的互动，对学生的发展起着引领、培育及奠基作用。
（4）教学被视为实现培养目标的基本途径，是学校的主要工作。

3. 教学的任务
（1）掌握科学文化基础知识、基本技能和技巧。
（2）发展体力、智力、能力和创造才能。
（3）培养正确价值观、情感与态度。

（二）教学过程

1. 教学过程的性质
（1）教学过程是一种特殊的认识过程。
（2）教学过程是以交往为背景和手段的活动过程。
（3）教学过程是一个促进学生身心发展、追寻与实现价值目标的过程。

2. 学生掌握知识的基本阶段
（1）传授/接受教学的学生掌握知识的基本阶段
　①基本阶段：引起学习动机；感知教材；理解教材；巩固知识；运用知识；检查知识、技能和技巧。
　②需要注意的问题：要根据具体情况有创意地设计教学过程阶段；要根据情况变化，灵活机智地完成预计的教学阶段任务。
（2）问题/探究教学的学生获得知识的基本阶段
　①基本阶段：明确问题；深入探究；做出结论。
　②需要注意的问题：要根据具体情况创造性地运用；要善于将学生的好奇心引导到获取真知的探究目的上来。

3. 教学过程中应当处理好的几种关系
（1）教师主导作用与学生主动性的关系
　①发挥教师的主导作用是学生简捷有效地学习知识、发展身心的必要条件。
　②尊重学生、调动学生学习主动性是教师有效教学的一个主要因素。
　③防止忽视学生积极性和忽视教师主导作用的偏向。
（2）间接经验与直接经验的关系
　①学生认识的主要任务是学习间接经验。
　②学习间接经验必须以学生个人直接经验为基础。
　③防止只重书本知识传授或直接经验积累的偏向。
（3）掌握知识与发展智力的关系
　①二者相互依存，相互促进。
　②生动活泼地理解和创造性地运用知识才能有效发展智力。
　③防止单纯抓知识教学或只重能力发展的片面性。
（4）掌握知识与进行教育的关系
　①进行教育性教学是现代教学的重要特性。
　②学生情感、态度的积极变化，才能让他们思想真得到提高。
　③防止单纯传授知识或脱离知识教学的思想教育的偏向。
（5）智力活动与非智力活动的关系
　①在教学中的关系：智力活动是进行学习、认识世界的工具；非智力活动是学生进行学习、研究与实践的内在动力。
　②按教学需要调节学生的非智力活动，才能有效进行智力活动。

（三）教学原则（见下页）

八 教学（上）

（一）教学概念（见上页）

（二）教学过程（见上页）

（三）教学原则

教学原则是有效进行教学必须遵循的基本要求，指导教师的教和学生的学，应贯彻于教学过程中的各个方面和始终。它是从教学实践中总结出来的，在长期历史发展中不断得到丰富、改进和提高。

1. 启发性原则

（1）定义：指在教学中教师激发学生的学习主体性，引导他们经过积极思考与探究自觉掌握科学知识，学会分析和解决问题，树立求真意识和人文情怀。

（2）基本要求：
①调动学生学习的主动性。
②善于提问激疑，引导教学步步深入。
③注重通过解决实际问题启发学生获取知识。
④引导学生反思学习过程。
⑤发扬教学民主。

2. 理论与实践相结合原则

（1）定义：指教学要以学习基础知识为主导，将理论运用于解释和解决实际问题，学以致用，发展动手动脑能力，并理解知识含义，领悟知识价值。

（2）基本要求：
①注重联系实际学好理论。
②重视引导学生运用知识。
③逐步培养与形成学生综合运用知识的能力。
④面向生活现实，培养学生的对策思维。

3. 科学性与思想性统一原则

（1）定义：指教学要以马克思主义为指导，授予学生科学知识，并结合知识教学对学生进行社会主义品德和核心价值观教育。

（2）基本要求：
①保证教学的科学性。
②发掘教材的思想性，注意在教学中对学生进行思想品德教育。
③重视补充有价值的资料、事例或录像。
④教师要不断提高自己的专业水平和思想修养。

4. 直观性原则

（1）定义：指在教学中通过引导学生观察所学事物或图像，聆听教师用语言对所学对象的形象描绘，形成有关事物具体清晰的表象，以便理解所学知识。

（2）基本要求：
①正确选择直观教具和现代化教学手段，包括实物直观、模象直观、多媒体教学三类。
②直观与讲解相结合。
③防止直观的不当与滥用。
④重视运用语言直观。

5. 循序渐进原则

（1）定义：指教学要按照学科的逻辑系统和学生认识的顺序逐步进行，使学生系统掌握基础知识、基本技能，形成严密的逻辑思维能力。也称系统性原则。

（2）基本要求：
①按教材的系统性进行教学。
②抓主要矛盾，解决好重难点。
③由浅入深、由易到难、由简到繁。
④将系统连贯性与灵活多样性结合起来。

6. 巩固性原则

（1）定义：指教学要引导学生在理解的基础上牢固掌握知识和技能，长久保持在记忆中，能够根据需要迅速再现，有效运用。

（2）基本要求：
①在理解的基础上巩固。
②把握巩固的度。
③重视组织各种复习。
④在扩充、改组和运用知识中积极巩固。

7. 发展性原则

（1）定义：指教学的内容、方法和进度，要适合学生已有的发展水平且一定难度，激励他们经过努力才能掌握，以便有效促进学生的身心发展。

（2）基本要求：
①了解学生的发展水平，从实际出发进行教学。
②考虑学生认识发展的时代特点。

8. 因材施教原则

（1）定义：指教师从学生实际情况和个性特点出发，区别教学，使每个学生扬长避短、长善救失，获得最佳发展。

（2）基本原则：
①针对学生的特点进行有区别教学。
②采取灵活多样的举措，使学生的才能得到充分发展。

九 教学（下）

（四）教学方法

1. 教学方法概述

（1）教学方法及相关概念

①**教学方法**：为完成教学任务而采用的方法，包括**教师教的方法**和**学生学的方法**，是教师引导学生探讨与掌握知识技能、获得身心发展而共同活动的方法。具有**目的性**和**双边性**。

②**教学方式**：有广义和狭义之分。广义外延很广，包括教学方法和教学形式，甚至涉及教学内容的组合与安排；狭义指构成教学方法运用的细节或形式。

③**教学手段**：指为完成教学任务，配合某种教学方法而采用的**器具**、**资料**与**设施**。

④**教学模式**：指在教学实践中形成的具有**一定指导性**的简约理念和**可照着做**的标准样式。

⑤**教学策略**：指为达成教学的目的与任务，组织与调控教学活动而进行的谋划。

（2）教学方法的选择

现代教学提倡以**系统的观点**为指导选用教学方法，优化教学。

①学科任务、内容和教学法特点，课题（单元）与课时的教学目的和任务。

②教学过程、教学原则和班级上课的特点。

③学生的情趣、水平、智能的发展与个别差异、独立思考能力、学习态度、学风与习惯。

④教师的思想与业务水平、实际经验与能力、教学的习惯与特长。

⑤学生参与教学过程中的问答、讨论、作业、评析的积极性与水平。

⑥师与生双边活动的配合、互动的状况与质量。

⑦班、组活动与个人活动结合的状况，课堂教学、课外作业或课外活动结合的状况与质量。

⑧学校与地方可能提供的物质与仪器设备、社会条件、自然环境等。

⑨学科、单元、课题乃至每节课所规定的课时，其他可利用的时间。

⑩对可能取得的成效的缜密预计与意外状况出现时的应变措施。

2. 中小学常用的教学方法

（1）讲授法

①定义：是教师通过语言系统地向学生传授科学文化知识，并促进其智能与品德发展的方法。可分**讲读**、**讲述**、**讲解**和**讲演**四种。

②基本要求：精炼讲授内容，注重**科学性**、**思想性**、**启发性**、**趣味性**；注重讲授的策略与方式；讲究语言艺术。

（2）谈话法

①定义：通过**师生问答**、**对话**的形式引导学生思考、探究，以获取或巩固知识，促进学生智能发展的方法。亦叫问答法。

②基本要求：准备好谈话计划；善问；善于启发诱导；做好小结。

（3）读书指导法

①定义：教师指导学生通过阅读**教科书**、**参考书**以获取或巩固知识的方法。

②基本要求：提出明确的目的、要求和思考题；教给学生读书的方法；善于在读书中发现和解决问题；适当组织学生交流读书心得。

（4）练习法

①定义：学生在教师指导下运用知识**反复完成**一定的操作、作业与习题，以加深理解和形成技能技巧的方法。

②基本要求：提高练习的自觉性；循序渐进、逐步提高；严格要求。

（5）演示法

①定义：教师通过展示实物、直观教具、实验或播放有关教学内容的软件、特制的课件，使学生认识事物、获得或巩固知识的方法。特点在于加强教学的**可观察性**。可分为探究性实验和验证性实验。

②基本要求：做好演示前的准备；让学生明确演示的目的、要求；讲究演示的方法。

（6）实验法

①定义：学生在教师指导下运用一定的**仪器设备**进行**独立作业**，观察事物特性，探求其发展和变化规律，以获得知识和技能、培养科学精神的方法。

②基本要求：做好实验准备；明确实验目的；注意指导实验过程；做好小结。

（7）实习作业法

①定义：学生在教师指导下进行的**学科实践活动**，以培养学生专业操作能力的方法。

②基本要求：做好实习作业的准备；做好实习作业的动员；做好实习作业过程中的指导；做好实习作业总结。

（8）讨论法

①定义：学生在教师指导下为解决某个问题而进行**探讨**、**评析**，以辨明是非、获取真知、锻炼思维和独立思考能力的方法。

②基本要求：讨论的问题要有吸引力；要善于对学生启发、引导；做好讨论小结。

（9）研究法

①定义：学生在教师指导下通过**独立探索**、**创造性**解决问题，获取知识和发展**科研能力**的方法。

②基本要求：正确选定研究课题；提供必要的条件；让学生独立思考与探究；循序渐进、因材施教。

（五）教学组织形式

1. 教学组织形式概述

教学组织形式是指为完成特定教学任务，教师和学生按一定要求组合起来进行活动的结构。

（1）个别教学制

①定义：教师面对**个别或少数**学生进行教学的一种教育组织形式。

②优点：教师能根据学生特点进行教学，因材施教。

③缺点：难以系统化、程序化、制度化，教学效率低。

（2）班级上课制

①定义：也称班级授课制、课堂教学，是一种**集体教学形式**，把一定数量的学生按**年龄与知识程度**编成固定班级，根据周课表和作息时间表，安排教师有计划地向全班学生上课，分别学习所设置的各门课程。

②特点：学生固定、教师固定、内容固定、时间固定、场所固定。

③优点：形成了严格的教学制度；以课为单位科学的组织教学；能充分发挥教师主导作用；能促进学生社会化与个性化。

④缺点：拙于因材施教，不利于充分发展学生的潜能与特长。

（3）分组教学制

①定义：按学生的**能力或学习成绩**把他们分为水平不同的组进行教学。

②形式：能力分组和作业分组；内部分组和外部分组。

③优点：适应小组内部全体学生。

④缺点：能力强者易骄傲，能力差者易自卑；阻碍不同水平学生交流，影响学生发展。

2. 教学的基本组织形式与辅助组织形式（见下页）　**3. 教学工作的基本环节**（见下页）

（六）教学评价（见下页）

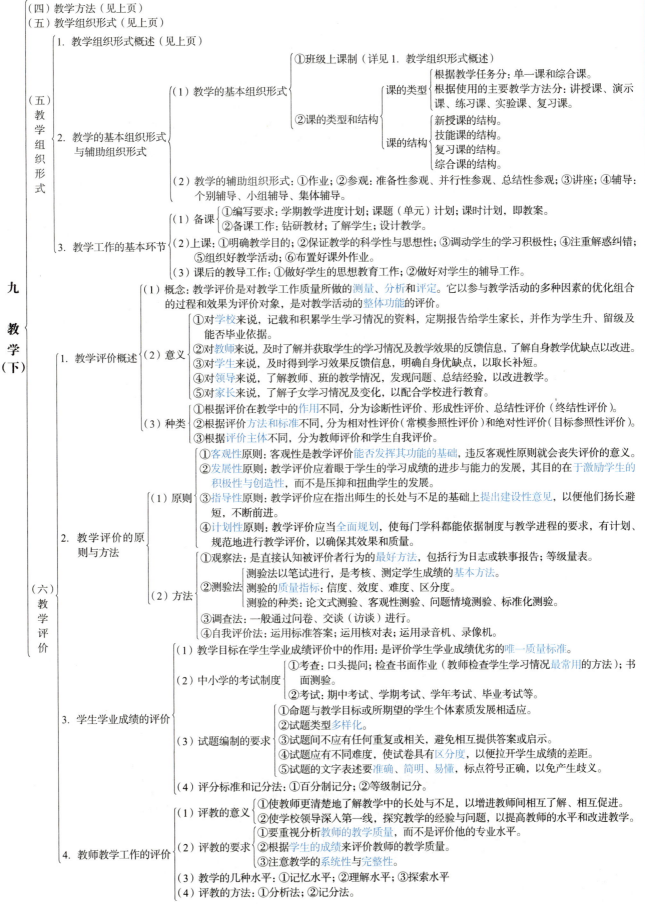

（四）教学方法（见上页）
（五）教学组织形式（见上页）

九 教学（下）

（五）教学组织形式

1. 教学组织形式概述（见上页）

2. 教学的基本组织形式与辅助组织形式
（1）教学的基本组织形式
①班级上课制（详见 1. 教学组织形式概述）
②课的类型和结构
课的类型 — 根据教学任务分：单一课和综合课。根据使用的主要教学方法分：讲授课、演示课、练习课、实验课、复习课。
课的结构 — 新授课的结构。技能课的结构。复习课的结构。综合课的结构。
（2）教学的辅助组织形式：①作业；②参观：准备性参观、并行性参观、总结性参观；③讲座；④辅导：个别辅导、小组辅导、集体辅导。

3. 教学工作的基本环节
（1）备课 ①编写要求：学期教学进度计划；课题（单元）计划；课时计划，即教案。
②备课工作：钻研教材；了解学生；设计教学。
（2）上课：①明确教学目的；②保证教学的科学性与思想性；③调动学生的学习积极性；④注重解惑纠错；⑤组织好教学活动；⑥布置好课外作业。
（3）课后的教导工作：①做好学生的思想教育工作；②做好对学生的辅导工作。

（六）教学评价

1. 教学评价概述
（1）概念：教学评价是对教学工作质量所做的测量、分析和评定。它以参与教学活动的多种因素的优化组合的过程和效果为评价对象，是对教学活动的整体功能的评价。
（2）意义
①对学校来说，记载和积累学生学习情况的资料，定期报告给学生家长，并作为学生升、留级及能否毕业依据。
②对教师来说，及时了解并获取学生的学习情况及教学效果的反馈信息，了解自身教学优缺点以改进。
③对学生来说，及时得到学习效果反馈信息，明确自身优缺点，以取长补短。
④对领导来说，了解教师、班的教学情况，发现问题、总结经验，以改进教学。
⑤对家长来说，了解子女学习情况及变化，以配合学校进行教育。
（3）种类
①根据评价在教学中的作用不同，分为诊断性评价、形成性评价、总结性评价（终结性评价）。
②根据评价方法和标准不同，分为相对性评价（常模参照性评价）和绝对性评价（目标参照性评价）。
③根据评价主体不同，分为教师评价和学生自我评价。

2. 教学评价的原则与方法
（1）原则
①客观性原则：客观性是教学评价能否发挥其功能的基础，违反客观性原则就会丧失评价的意义。
②发展性原则：教学评价应着眼于学生的学习成绩的进步与能力的发展，其目的在于激励学生的积极性与创造性，而不是压抑和扭曲学生的发展。
③指导性原则：教学评价应在指出师生的长处与不足的基础上提出建设性意见，以便他们扬长避短，不断前进。
④计划性原则：教学评价应当全面规划，使每门学科都能依据制度与教学进程的要求，有计划、规范地进行教学评价，以确保其效果和质量。
（2）方法
①观察法：是直接认知被评价者行为的最好方法，包括行为日志或轶事报告；等级量表。
②测验法
测验法以笔试进行，是考核、测定学生成绩的基本方法。
测验的质量指标：信度、效度、难度、区分度。
测验的种类：论文式测验、客观性测验、问题情境测验、标准化测验。
③调查法：一般通过问卷、交谈（访谈）进行。
④自我评价法：运用标准答案；运用核对表；运用录音机、录像机。

3. 学生学业成绩的评价
（1）教学目标在学生学业成绩评价中的作用：是评价学生学业成绩优劣的唯一质量标准。
（2）中小学的考试制度
①考查：口头提问；检查书面作业（教师检查学生学习情况最常用的方法）；书面测验。
②考试：期中考试、学期考试、学年考试、毕业考试等。
（3）试题编制的要求
①命题与教学目标或所期望的学生个体素质发展相适应。
②试题类型多样化。
③试题间不应有任何重复或相关，避免相互提供答案或启示。
④试题应有不同难度，使试卷具有区分度，以便拉开学生成绩的差距。
⑤试题的文字表述要准确、简明、易懂，标点符号正确，以免产生歧义。
（4）评分标准和记分法：①百分制记分；②等级制记分。

4. 教师教学工作的评价
（1）评教的意义
①使教师更清楚地了解教学中的长处与不足，以增进教师间相互了解、相互促进。
②使学校领导深入第一线，探究教学的经验与问题，以提高教师的水平和改进教学。
（2）评教的要求
①要重视分析教师的教学质量，而不是评价他的专业水平。
②根据学生的成绩来评价教师的教学质量。
③注意教学的系统性与完整性。
（3）教学的几种水平：①记忆水平；②理解水平；③探索水平。
（4）评教的方法：①分析法；②记分法。

十 德育

（一）德育概述

1. 德育的概念：德育，即道德教育。简言之，学校德育是培养学生思想品德的教育。

2. 德育的特点
- （1）旨在培养学生的道德信念和人生观，形成道德行为习惯，主要属于伦理领域。
- （2）解决的矛盾是求善、知善、行善，回答人应当怎样生活才有意义的问题。
- （3）品德是个体素质结构的重要因素，在个体素质结构中起价值定向作用。

3. 德育的功能
- （1）简言之就是育德。
- （2）学校德育在青少年学生发展中的导向作用极其重要。
- （3）不仅对学生有育德功能，还通过育人发挥着重要的社会功能。

4. 德育的任务和内容
德育任务是指学校德育要实现的目标。德育内容是指用什么样的道德规范和价值观等培养学生。
- （1）现阶段我国中小学的德育任务：①培养合格公民；②培养具有正确世界观和人生观及较高思想觉悟的社会主义者；③使少数优秀分子成为共产主义者。
- （2）现阶段我国中小学的德育内容：
  - 在德育内容中，起主导作用的是社会主义核心价值观。
  - ①学生生活与德育内容问题。
  - ②中小学德育内容的层次问题：先进性和广泛性层次；每个德育内容的系列层次。
  - ③中小学德育内容的"古今中外"问题：如何对待中国传统道德，如何处理本土道德文化与外来道德文化的关系问题。

（二）德育过程

德育过程是学生在教师的引导下，主动积极地进行道德认识和道德实践，逐步提高自我修养能力，形成个人品德的过程

1. 是学生在教师教导下的个体品德的自主建构过程
- （1）学生对环境影响的主动吸收。
- （2）教师对学生的积极教导。
- （3）外部活动与内部活动相互促进。

2. 是培养学生知情意行整体和谐的发展过程
- （1）思想道德发展的整体性：品德各要素协调统一发展。
- （2）德育过程有多种开端：具体内容问题具体分析。
- （3）德育过程要有针对性，根据知情意行展开具有针对性的教育活动。

3. 是提高学生自我教育能力的过程
- （1）自我教育能力培养的意义。
- （2）自我教育能力的构成因素：自我期望能力、自我评价能力、自我调控能力。
- （3）学生自我教育能力的发展：有规律。

（三）德育原则

1. 理论和生活相结合原则
- （1）定义：指进行德育要注重引导学生把思想政治观念和社会道德规范的学习与参与生活实践结合，把提高道德认知与养成良好道德行为习惯相结合，做到心口如一，言行一致。
- （2）基本要求：①理论学习要结合学生生活实际，切实提高学生的思想。②注重实践，培养道德行为习惯。

2. 疏导原则
- （1）定义：指进行德育要循循善诱、以理服人，从提高学生认识入手，调动学生主动性，使其积极向上。也称循循善诱原则。
- （2）基本要求：①讲明道理，疏通思想。②因势利导、循循善诱。③以表扬、激励为主，坚持正面教育。

3. 长善救失原则
- （1）定义：指进行德育要调动学生自我教育的积极性，依靠和发扬他们自身的积极因素克服品德上的消极因素，促进道德成长。
- （2）基本要求：①"一分为二"地看待学生。②发扬积极因素，克服消极因素。③引导学生自觉评价自己，勇于自我教育。

4. 严格要求与尊重学生相结合原则
- （1）定义：指进行德育要把学生的思想品行的严格要求与对他们个人的尊重信赖结合起来，使教育的严格要求易于转化为学生主动的道德自律。
- （2）基本要求：①尊重和信赖学生。②严格要求学生。

5. 因材施教原则
- （1）定义：指进行德育要从学生品德发展的实际出发，根据其年龄特征和个性差异进行不同教育，使每位学生的品德都能得到最优发展。
- （2）基本要求：①深入了解学生的个性特点和内心世界。②根据学生个人特点有的放矢地进行教育。③根据学生的年龄特征有计划地进行教育。

6. 在集体中教育原则
- （1）定义：指进行德育有赖于学生的社会交往、共同活动，注意依靠学生集体，通过集体活动进行教育，充分发挥学生集体在教育中的巨大作用。
- （2）基本要求：①引导学生关心、热爱集体，为建设良好的集体而努力。②通过集体教育学生个人，通过学生个人转变影响集体。③把教师的主导作用与集体的教育力量结合起来。

7. 教育影响一致性和连贯性原则
- （1）定义：指德育应有目的有计划地把来自各方面对学生的影响加以组织，使其优化为教育的合力前后连贯地进行，以获得最大的成效。
- （2）基本要求：①组建教师集体，使校内对学生的教育影响一致。②做好衔接工作，使对学生的教育前后连贯和一致。③发挥学校教育的引领作用，使学校、家庭和社会对学生的教育得到整合、优化。

（四）德育途径与方法（见下页）

（一）德育概述（见上页）
（二）德育过程（见上页）
（三）德育原则（见上页）

十　德育

（四）德育途径与方法

1. 德育途径
- （1）思想政治课与其他学科教学。
- （2）劳动和其他社会实践。
- （3）课外活动和校外活动。
- （4）学校共青团、少先队活动。
- （5）心理咨询。
- （6）班主任工作。
- （7）校园生活。

2. 德育方法

德育方法是师生为完成德育任务而采取的活动方式的总和。包括两层含义：是师生共同活动的方法；是为实现德育目标、要求服务的。

（1）明理教育法
- ①定义：指通过引导学生摆事实、讲道理，经过思想情感上的沟通与互动，使其悟明道德真谛，自觉践行的方法。
- ②种类：讲理；沟通；报告；讨论；参观等。
- ③要求
  - 要有针对性。
  - 要有知识性和趣味性。
  - 要善抓时机。
  - 要注重互尊互动。

（2）榜样示范法
- ①定义：是以他人的高尚品德、模范行为和卓越成就来影响学生品德方法。
- ②榜样种类：历史伟人；现实的英雄模范；优秀教师、家长的风范；优秀学生。
- ③要求
  - 榜样必须是真实可信的。
  - 激起学生对榜样的积极情感。
  - 给不同年龄段的学生树立不同的榜样。
  - 要注重教师自身的示范作用。

（3）情境陶冶法
- ①种类：指通过创设良好的教育情境，潜移默化地培养学生品德的方法。利用暗示原理，让学生通过无意识的心理活动来接受某种影响。
- ②种类：人格感化；环境陶冶；艺术陶冶等。
- ③要求
  - 创设良好的情境。
  - 与启发引导相结合。
  - 引导学生参与情境的创设。

（4）实践锻炼法
- ①定义：是有目的、有组织地安排学生进行一定的生活交往与社会践行活动以培养品德的方法。
- ②种类：练习；委托任务；组织活动等。
- ③要求
  - 调动学生的主动性。
  - 教师给予适当的指导。
  - 坚持严格要求学生。
  - 及时检查并长期坚持。

（5）自我修养法
- ①定义：是在教师引导下学生经过自觉学习、反思和自我改进，使自身品德不断完善的方法。
- ②种类：立志；学习；反思；箴言；慎独等。
- ③要求
  - 培养学生自我修养的兴趣与自觉性。
  - 指导学生掌握修养的标准。
  - 引导学生积极参加社会实践。

（6）制度育德法
- ①定义：指通过构建合理的学校制度来引导和培养学生品德的方法。
- ②意义
  - 学校制度为学生提出了明确的行为规范要求。
  - 学校制度为学生规定了特定的价值导向。
  - 学校制度为学校建构了合理有序的学校秩序与氛围。
- ③要求
  - 要让学生参与。
  - 要注重促进学生的思想品德发展。
  - 学校制度要合法、合德。

（7）奖惩法
- ①定义：是对学生的思想和行为做出评价，包括表扬、奖励和批评、处分两个方面。
- ②种类：表扬与批评；奖励与处分。
- ③要求
  - 要公平公正、正确适度、合情合理。
  - 要发扬民主，获得群众支持。
  - 要注重宣传与教育。

十一 班主任

（一）班主任工作概述
- 1. 班主任工作的意义与任务
  - （1）意义
    - ①班主任是班的教育者和组织者，是学校进行教导工作的得力助手。
    - ②班主任工作的状况与质量，很大程度上决定班的精神面貌和发展趋向，深刻影响每个学生的全面发展。
  - （2）基本任务：依据我国教育目的和学校的教育任务，协调来自各方面对学生的要求和影响，有计划地组织全班学生的教导活动，做好思想教育工作，对学生全面负责，把班培养为积极向上的集体，使每个学生全面发展。
- 2. 班主任素质的要求
  - （1）要有为人师表的风范。
  - （2）要相信教育的力量。
  - （3）要有家长的情怀。
  - （4）要有较强的组织亲和力。
  - （5）要能歌善舞、多才多艺。

（二）班集体的培养
- 1. 班集体的教育功能
  - （1）班集体不仅是教育的对象，而且是教育的巨大力量。
  - （2）班集体是促进学生个性发展的一个重要因素。
  - （3）班集体能培养学生的自我教育能力。
- 2. 班集体与学生群体
  - （1）班集体的概念：一个真正的班集体，有明确的奋斗目标，健全的组织，严格的规章制度与纪律，强有力的领导核心，正确的舆论和优良的作风与传统。
  - （2）学生群体及其主要类型
    - ①正式群体：指根据学校和班级的需要或要求成立的，得到学校、班主任或有关教师的领导。
    - ②非正式群体：指学生自发形成或组织起来的群体。其显著特点：大都自愿结合，三五成群，人数不等，一般偏小；有共同的需要，或性情相近、志趣相投，或利害相关，结为一体；强者领头，活动频繁，有活力。但没有明确目的，系统的活动计划；成员不稳定，易受外部或内部情况影响；主要成员的变化易导致群体的解体、重组及其性质的变化。
    - ③参照群体：学生个人心目中向往和崇尚的群体。
- 3. 集体的发展阶段
  - （1）组建阶段。
  - （2）核心初步形成阶段。
  - （3）集体自主活动阶段。
- 4. 培养集体的方法
  - （1）确定集体的目标。
  - （2）健全组织、培养干部以形成集体核心。
  - （3）有计划地开展集体活动。
  - （4）培养正确的舆论和良好的班风。
  - （5）做好个别教育工作。包括三方面：①促进每个学生个性的全面发展；②做好后进生的思想转变工作；③做好偶发事件中的个别教育。

（三）班主任工作的内容和方法
- 1. 了解和研究学生
  - （1）观察。
  - （2）谈话。
  - （3）分析书面材料。
  - （4）调查研究。
- 2. 教导学生学好功课
  - （1）注意学习目的与态度的教育。
  - （2）加强学习纪律的教育。
  - （3）指导学生改进学习的方法和习惯。
- 3. 组织班会活动
- 4. 组织课外活动、校外活动和指导课余生活
- 5. 组织学生的劳动
- 6. 协调各方面对学生的要求
  - （1）统一校内教育者对学生的要求。
  - （2）统一学校与家庭对学生的要求。
- 7. 评定学生操行
- 8. 做好班主任工作的计划与总结

十二 教师

（一）教师劳动的特点、价值与角色扮演

1. 教师劳动的特点
- （1）教师劳动的复杂性。
- （2）教师劳动的示范性。
- （3）教师劳动的创造性。
- （4）教师劳动的专业性。

2. 教师劳动的价值
- （1）教师劳动的社会价值
  - ①从宏观上看，表现在对延续和发展人类社会的巨大贡献上。
  - ②从微观上看，关系到年轻一代每个人的发展和幸福。
- （2）教师劳动的个人价值
  - ①创造巨大的社会价值。
  - ②比一般劳动更具有自我实现的价值。
  - ③享受到一般劳动所享受不到的乐趣。
- （3）正确认识和评价教师的劳动价值
  - ①教师的劳动价值具有模糊性。
  - ②教师的劳动价值具有滞后性。
  - ③教师的劳动价值具有隐蔽性。

3. 教师的权利与义务
- （1）教师的权利
  - ①独立工作的权利。
  - ②自我发展的权利。
  - ③参与管理的权利。
  - ④争取合理报酬、享受各种待遇的权利。
- （2）教师的义务
  - ①遵守宪法、法律和职业道德，为人师表。
  - ②贯彻国家教育方针，遵守规章制度，执行学校的教学计划，履行教师聘约，完成教育教学工作任务。
  - ③对学生进行宪法确定的教育，组织、带领学生开展有益的社会活动。
  - ④关心、爱护全体学生，尊重学生人格，促进学生全面发展。
  - ⑤制止有害或侵犯学生合法权益的行为，批评和抵制有害于学生健康成长的现象。
  - ⑥不断提高思想政治觉悟和教育教学业务水平。

4. 教师职业的角色扮演
- （1）教师职业的"角色丛"
  - ①"家长代理人"和"朋友、知己者"的角色。
  - ②"传道、授业、解惑者"的角色。
  - ③"管理者"的角色。
  - ④"心理调节者"的角色。
  - ⑤"研究者"的角色。
- （2）教师角色的冲突及其解决
  - ①社会"楷模"与"普通人"的角色冲突。
  - ②"令人羡慕"的职业与教师地位低下的实况冲突。
  - ③教育者与研究者的角色冲突。
  - ④教师角色与家庭角色的冲突。
- （3）教师角色发展的趋势
  - ①在教学过程中更多地履行多样化职能和承担组织教学的责任。
  - ②从强调知识的传授转向着重组织学生的学习。
  - ③注重学习个性化，改进师生关系。
  - ④实现教师间更为广泛的合作，改善教师间的关系。
  - ⑤更广泛地利用现代教育技术，掌握必需的知识与技能。
  - ⑥更密切地与家长和其他社区成员合作，更经常参与社区生活。
  - ⑦更广泛地参加校内服务和课外活动。
  - ⑧削弱加之于孩子们身上，特别是大龄孩子及其家长身上的传统权威。

（二）教师的素养

1. 高尚的师德
- （1）热爱教育事业，富有献身精神和人文精神。
- （2）热爱学生，诲人不倦。
- （3）热爱集体，团结协作。
- （4）严于律己，为人师表。

2. 宽厚的文化素养

3. 专门的教育素养
- （1）教育理论素养。
- （2）教育能力素养：①课程开发能力；②良好的语言表达能力；③组织与引导教学能力；④机智应变与创新能力。
- （3）教育研究素养。

4. 健康的心理素质：教师要有轻松愉悦的心境，昂扬振奋的精神，乐观幽默的情绪以及坚韧不拔的毅力。

（三）教师的培养与提高（见下页）

（四）师生关系（见下页）

(一) 教师劳动的特点、价值与角色扮演（见上页）
(二) 教师的素养（见上页）

十二 教师

(三) 教师的培养与提高

1. 教师的培养与提高的紧迫性
  - (1) 教师的 分布与结构失调。
  - (2) 教师的 质量不均衡。
  - (3) 教师队伍不够稳定，师资流失严重。
  - (4) 不少教师还 缺乏 现代教育的意识与能力。

2. 教师个体专业性发展的过程
  - (1) 含义：教师专业发展，又称教师专业成长，是指教师在整个专业生涯中，依托专业组织、专门的培养制度和管理制度，通过持续的专业教育，习得教育教学专业技能，形成专业理想、专业道德和专业能力，从而实现专业自主的过程。包括教师群体的专业发展和教师个体的专业发展。
  - (2) 过程
    - ① 凯兹四阶段
      - 阶段一，求生期：工作第一年，努力适应以求得生存。
      - 阶段二，强化期：一年后，对一般学生的情况基本了解，注意力开始放在有问题的学生身上。
      - 阶段三，求新期：在第三和第四年时，教师开始寻求新的教育教学方法。
      - 阶段四，成熟期：教师花费三年或以上时间，成为一个专业工作人员，能对教育问题做出反省性思考。
    - ② 叶澜五阶段："非关注"阶段；"虚拟关注"阶段；"生存关注"阶段；"任务关注"阶段；"自我更新关注"阶段。
  - (3) 途径：① 加强和改革师范教育；② 实施教师资格考察制度；③ 加强教师在职提高。

3. 培养、扩充和提高教师素养的主要途径
  - (1) 加强和改革 师范教育。
  - (2) 实施 教师资格考察制度：① 国家实行的一种职业资格制度；② 法律规定的，必须依法实施；③ 教师职业许可。
  - (3) 加强教师 在职提高：① 教学反思；② 校本培训；③ 校外专业支援与合作。

(四) 师生关系

1. 师生关系在教育中的作用
  - (1) 良好的师生关系是教育教学活动顺利进行的 重要条件。
  - (2) 师生关系是衡量教师和学生学校生活质量的 重要指标。
  - (3) 师生关系是一种重要的 课程资源 和 校园文化。
  - (4) 师生关系作为学校中 最基本、最重要 的人际关系，是一所学校的精神风貌、校风、教风、学风的 整体反映 和 最直观反映。
  - (5) 师生关系状况投射出学校价值取向、人际关系状况、管理水平等。
  - (6) 师生关系作为 校园文化的组成部分，对学校精神文化的建设、对学生在校的发展和今后的成长起重要作用。

2. 师生关系的类型及其调节
  - (1) 师生关系的类型
    - ① 以年轻一代成长为目标的 社会关系。
    - ② 以直接促进学生发展为目标的 教育关系。
    - ③ 以维持和发展教育关系为目标的 心理关系。
  - (2) 师生关系的模式
    - ① 放任型 的师生关系。
    - ② 专制型 的师生关系。
    - ③ 民主型 的师生关系。
  - (3) 师生关系的调节
    - ① 师生关系的 社会调节：主要有法律调节、道德调节；原则是 公平公正、民主平等。
    - ② 师生关系的 学校调节：原则是 公开、公平、公正。
    - ③ 师生关系的 教师调节：原则是 教学相长、人际和谐、心理相容。

3. 理想师生关系的建立
  - (1) 影响师生关系的因素
    - ① 教师方面：教师对学生的态度；教师的领导方式；教师的智慧；教师的人格因素。
    - ② 学生方面：主要是学生对教师的认识。
    - ③ 环境方面：主要是指学校的人际关系环境和课堂的组织环境。
  - (2) 理想师生关系的基本特征
    - ① 尊师爱生，相互配合。
    - ② 民主平等，和谐亲密。
    - ③ 共享共创，教学相长。
  - (3) 良好师生关系构建的基本策略
    - ① 了解和研究学生。
    - ② 树立 正确的学生观。
    - ③ 热爱、尊重学生，公平对待学生。
    - ④ 主动与学生沟通，善于与学生交往。
    - ⑤ 努力 提高自我修养，健全人格。

十三 学校管理

（一）学校管理概述

1. 学校管理的概念
- （1）概念：是管理者通过一定的组织形式以实现学校教育目标的活动。
- （2）特性
  - ①以育人为中心，具有教育性。
  - ②实质是为师生服务，具有服务性。
  - ③在特定文化环境中进行，具有文化性。
  - ④对校内外各种资源的有效整合，具有创造性。

2. 学校管理的构成要素
- （1）学校管理者：处于领导地位、发挥引领作用的人，在学校管理中处于主导地位。
- （2）学校管理对象：学校管理者认识和实践的对象，包括学校的人、财、物、时间、空间和信息等资源。
- （3）学校管理手段：包括学校的组织机构和规章制度。

3. 学校管理体制：学校管理体制是学校管理的枢纽，对学校管理功能的实现发挥着全局性、根本性的作用。我国现行的中小学管理体制是校长负责制。

4. 校长负责制：校长负责制是指校长受上级政府主管部门的委托，在党支部和教代会的监督下，对学校进行全面领导和负责的制度。
- （1）明确校长的权利与责任。
- （2）发挥党组织的保证监督作用。
- （3）加强民主管理和监督。

（二）学校管理的目标与过程

1. 学校管理目标
- （1）学校管理目标的概念与意义：指学校管理主体对管理活动的要求和期望，即通过管理活动所要达到的状态、标准和结果。①三特性：向量性、集合量性、预计量性。②四作用：导向作用、激励作用、调控作用、评价作用。
- （2）学校管理的目标定位：处处精心谋划，最大限度地利用校内外的各种资源和办学优势，最大限度地发挥学校的效能，卓有成效地提高学校的教育质量。
- （3）学校管理目标实施的要求
  - ①保持各种管理目标的协调一致。
  - ②建立高效率的管理组织系统。
  - ③组建一支高水平的学校管理队伍。
  - ④采取科学的管理方法和手段。

2. 学校管理过程
- （1）基本环节：①计划；②实施；③检查；④总结。
- （2）相互关系：四个环节是一个相互联系、相互制约、循序渐进、首尾相连的有机整体。

（三）学校管理的内容和要求

1. 教学管理
- （1）教学思想管理：教学管理首先应抓好教学思想的管理。
- （2）教学组织管理
  - ①加强教导处的建设：明确教导处的职责；精心挑选教导主任；教导处的机构不宜臃肿，人员要精强干。
  - ②领导好教研组工作：建立与健全教研组；选好教研组长；加强对教研组工作的指导和帮助。
- （3）教学质量管理
  - ①教学质量管理的内容：制定科学的教学质量标准；对教学质量进行检查和分析；对教学质量进行调控。
  - ②教学质量管理的基本要求：坚持全面、全过程、全员、全因素教学质量管理。

2. 教师管理
- （1）教师管理的意义：百年大计，教育为本。教育大计，教师为本。为了充分发挥广大教师的作用，我们必须加强教师队伍的建设，做好对教师的关怀、管理与服务工作。
- （2）教师管理的内容
  - ①教师的选拔：资格控制、编制控制、录用控制。
  - ②教师的任用：因事择人、扬长避短、新老搭配、立足全局。
  - ③教师的培养：适应现代教育发展需要作为出发点；长远规划和短期目标相结合；建立健全学习和进修制度，使教师培养工作规范化、制度化；坚持改革创新，加强教师培训工作的针对性和实效性。
  - ④教师的考评：坚持平时考核与定期考核相结合，以平时考核为主；坚持领导考评、群众考评和自我考评相结合，使考评主体多元化；坚持定性考评和定量考评相结合，力求考评结果公平、全面、切实；坚持考评与奖惩相结合，发挥考评的激励作用。
- （3）教师管理的发展趋势：逐步实现职务聘任制；趋向科学化、人性化和服务化。

3. 学生管理
- （1）学生管理的内容：①思想品德管理；②学习管理；③健康管理；④学生组织的管理；⑤课外活动管理。
- （2）学生管理的要求
  - ①遵照国家的法律法规要求，对学生进行依法管理。
  - ②依据学生的身心发展特点，对学生进行科学管理。
  - ③发挥学生的主动性，引导学生进行自我管理。

4. 总务管理
- （1）总务管理的内容：学校总务管理是一项事多、量大、涉及面广、政策性强的工作，其内容主要包括财务管理、生活管理、校产管理和环境管理等方面。
- （2）总务管理的要求
  - ①管理者要深入基层了解实际情况，增强工作针对性。
  - ②总务工作是一种服务，突出服务就抓住了总务工作的核心。
  - ③总务工作应该把教学服务放在首位，不断改善教学环境与条件，提高学校教育质量。

（四）学校管理的发展趋势（见下页）

十三　学校管理

（一）学校管理概述（见上页）
（二）学校管理的目标与过程（见上页）
（三）学校管理的内容和要求（见上页）

（四）学校管理的发展趋势

1. 学校管理法治化
（1）注重依法行政。
（2）加强制度建设。
（3）推进民主建设。
（4）开展法治教育。
（5）维护教师权益。
（6）保护学生权益。

2. 学校管理人性化
（1）要考虑人的因素，一切要从人的实际出发。
（2）要考虑个体差异，懂得每个人都有自己的思想、情感、兴趣和爱好。
（3）要强调人的内在价值，通过激励的方式来提高工作效率。
（4）要努力构建一种充满尊重、理解和信任的人际环境，增强教职工和学生的集体归属感。
（5）要加强校园文化环境建设，充分发挥校园文化的管理和育人功能。
（6）要转变管理观念和管理方式，贯彻管理即育人、管理即服务的思想。

3. 学校管理校本化
（1）力行简政放权。
（2）倡导民主管理。
（3）开展校本研究。

4. 学校管理信息化
（1）要加强硬件投入与软件开发，打好学校管理信息化的物质基础。
（2）要提高学校教职员工的信息管理素养，以保障信息化管理的运行。
（3）要完善学校信息化管理规章制度，以便学校信息化管理有效性。

第二部分
中国教育史

　　稷下学宫是战国时期齐国一所著名的学府，它既是战国百家争鸣的中心与缩影，也是当时教育上的重要创造。

一、西周官学制度的建立与"六艺":教育的形成

（一）学校的萌芽

1. 五帝时期的教育传说

我国古代文献中记载最早的学校类型有成均之学和虞庠之学。

（1）成均：乐师主管音乐事务，日常演奏歌唱之地，亦为实施乐教之地。成均不是劳动场所，教者和学者都已脱离生产关系，成为专门从事教或学的人，因此被认为是古代学校的萌芽。

（2）庠：庠有上庠和下庠之别，反映了教育的等级性。庠兼有养老和教育两种活动，而教育的任务重在德教。

2. 夏代的学校

（1）序：起初是教射的场所，后来发展成奴隶主贵族一切公共活动以及教育子弟的场所。序并非是独立的、纯粹的教育机关，教育只是其重要职能之一。

（2）校：原为养马驯马的地方。后为乡学，进行军事训练和习武的场所。

3. 商代的学校

（1）庠：承袭虞舜时期教养机构名称，利用养老活动，对年轻一代进行思想道德教育。

（2）序：承袭夏时期教养机构名称，在习射的基础上，也强调思想品德教育和礼乐教育。

（3）大学和小学：也称右学或左学。右学和瞽宗都属于大学性质，是同一机构的不同名称。

（4）瞽宗：商代大学的名称，是祭祀、进行乐教、学习礼乐的机关。

（二）西周的教育制度

1. 学在官府

（1）含义：西周教育制度的主要特征。奴隶主贵族为了管理需要，制定法纪规章，将文字记录汇集成专书，由当官者掌握，称"学术官守"。因官府有学而民无学，只有到官府才有可能学习专门知识，即"学在官府"。

（2）原因：①唯官有书，而民无书。②唯官有器，而民无器。③唯官有学，而民无学。

（3）特点：①学在官府；②官师合一；③政教合一。

2. 家庭教育：西周贵族子弟的训练过程，先经过家庭教育，后来才进行学校教育。贵族子弟在家中，从小接受基本的生活技能和习惯教育、礼仪规则、初级的数的观念、方位观念和时间观念的教育。在男尊女卑思想支配下，7 岁开始进行男女有别的教育，要求男治外事，女理内事。西周家庭教育能按儿童年龄的发展提出不同要求，具有较明显的计划性。

国学按照学生的年龄与程度可分为大学与小学。

3. 大学和小学

（1）小学：学习年限约 7 年。首先强调德行教育。教育内容是德、行、艺、仪几方面，实际是关于奴隶主贵族道德行为准则和社会生活知识技能的基本训练。

（2）大学：大学入学资格的限制，体现西周教育的等级性。王子 15 岁入学，其他人 20 岁入学。大学学程为 9 年。教学服从培养统治者的需要，学大艺，履大节，分科教学，礼乐为重，射御次之。教学具有计划性，表现为定时定地进行教学活动。天子所设大学有"五学之称"，即辟雍（太学）、成均（南学）、上庠（北学）、东序（东学、东胶）、瞽宗（西学、西雍）；诸侯所设大学只有一所，为"泮宫"。

4. 国学和乡学

（1）国学：专为奴隶主贵族子弟设立。设在王都的小学、大学，总称国学。具有明显等级性。

（2）乡学：设在王都郊外六乡行政区中的地方学校，总称为乡学。乡学由管理民政的司徒负责总的领导，教育内容为"乡三物"即六德、六行、六艺。乡学实行定期的考察和推荐，把贤能者选送至司徒择优至国学。乡学和国学等级有别，但存在着一定的联系。

（三）"六艺"

西周的教育内容可以总称为六艺教育，是西周教育的特征和标志。"六艺"是夏、商、周时期教育的基本内容，即礼、乐、射、御、书、数。周代以礼乐之教置于六艺教育之首，是六艺教育的中心。礼、乐、射、御为"大艺"，是大学的课程；书、数为"小艺"，是小学的课程。

1. 内容

（1）礼乐：礼，包括政治、伦理、道德、礼仪，约束人们的外部行为，具有一定强制性；乐，是艺术教育，包括诗歌、音乐、舞蹈，陶冶人们内心的情感。

（2）射御：军事训练课。射，指射箭的技术训练；御，指驾驭马拉战车的技术训练。

（3）书数：基础文化课。书，即文字读写；数，即算法。中国历史上记载最早的儿童识字课本是《史籀篇》，供西周小学文字教学使用。

2. 影响：六艺教育既重视思想道德，也重视文化知识；既重视传统文化，也重视实用技能；既重视文事，也重视武备；既要求符合礼仪规范，也要求内心情感修养。符合教育规律的历史经验，可供后世借鉴。

二　私人讲学的兴起与传统教育思想的奠基

（一）私人讲学的兴起
- 1. 私人讲学兴起
- 2. 诸子百家的私学
- 3. 齐国的稷下学宫

（二）孔丘的教育实践与教育思想
- 1. 创办私学与编订"六经"
- 2. "庶、富、教"：教育与社会发展
- 3. "性相近也，习相远也"：教育与人的发展
- 4. "有教无类"与教育对象
- 5. "学而优则仕"与教育目标
- 6. 以"六艺"为教育内容
- 7. 教学方法
- 8. 论道德教育
- 9. 论教师
- 10. 历史影响

（三）孟轲的教育思想
- 1. 思孟学派
- 2. "性善论"与教育作用
- 3. "明人伦"与教育目的
- 4. 人格理想与修养学说
- 5. "深造自得"的教学思想

（四）荀况的教育思想
- 1. 荀况与"六经"的传授
- 2. "性恶论"与教育作用
- 3. 以培养"大儒"为教育目标
- 4. 以"六经"为教学内容
- 5. "闻见知行"结合的教学方法
- 6. 论教师

（五）墨家的教育实践与教育思想
- 1. "农与工肆之人"的代表
- 2. "素丝说"与教育作用
- 3. 以"兼士"为教育目标
- 4. 以科技知识和思维训练为特色的教育内容
- 5. 主动、创造的教育方法

（六）法家的教育思想
- 1. "人性利己说"与教育作用
- 2. 禁"二心私学"
- 3. "以法为教"，"以吏为师"

（七）战国后期的教育论著
- 1.《大学》
- 2.《中庸》
- 3.《学记》
- 4.《乐记》

（一）私人讲学的兴起

1. 私人讲学 兴起

（1）原因：①官学衰微；②学术下移；③士阶层出现与养士之风盛行。

（2）意义
①冲破旧传统，使学校从王宫官府中解放出来。
②扩大了教育对象。
③使教育内容与教育方式得到了新的发展。
④私学的发展在教育理论和教育经验方面有光辉成就。
⑤依靠自由办学、自由就学、自由讲学、自由竞争发展教育事业。

2. 诸子百家的私学

在诸子中，影响最大并与教育关系最密切的是儒、墨、道、法四家。儒、墨两家从战国初期就并称为"世之显学"，在教育上论述最丰富，对中国后世教育的发展影响也最大。

（1）原因
①养士之风盛行，创造了条件。
②各国执政者的竞相罗致供养，强化士的独立意识，为其提高了地位。
③各国执政者竞相养士和用士于现实政治斗争。

（2）"百家争鸣"的意义
①一方面相互诘难，彼此交锋，另一方面又相互影响、彼此渗透。
②对我国古代学术思想的繁荣有重要作用，是中国学术思想史上重要发展阶段。

3. 齐国的稷下学宫

稷下学宫是战国时期齐国一所著名的学府，它既是战国百家争鸣的中心与缩影，也是当时教育上的重要创造。

（1）性质：①官办而私家主持的特殊形式的学校。②集讲学、著述、育才活动为一体并兼有咨议作用的高等学府。

（2）特点：①学术自由；②待遇优厚；③学无常师；④学生管理上，制定了历史上第一个学生守则《弟子职》。

（3）历史意义：①促进了战国时期思想学术的发展。②体现了中国古代士人的独立性和创造精神。③创造了一个出色的教育典范。

（二）孔丘的教育实践与教育思想

1. 教育实践
(1) 创办私人讲学之风，积累了丰富的教育经验，是我国古代教育思想的奠基人。
(2) 创编"六经"：编纂和校订了《诗》《书》《礼》《乐》《易》《春秋》，整理和保存了我国古代文化典籍，奠定儒家教育内容的基础。

2. "庶、富、教"：教育与社会发展
孔丘认为教育对社会发展有重要作用，是立国治国的三大要素之一。教育事业的发展，要建立在经济发展的基础上。孔丘是中国历史上最先论述教育与经济发展关系的教育家。
(1) 庶，要有较多劳动力；富，要使人民群众有丰足的物质生活；教，要使人民受到政治伦理教育，知道如何安分守己。
(2) 三者的先后顺序表明相互间的关系，庶与富是实施教的先决条件，只有在庶与富的基础上开展教育，才会取得成效。

3. "性相近也，习相远也"：教育与人的发展
孔丘对教育在人的发展过程中起关键性作用，持肯定态度。他在中国历史上首次提出"性相近也，习相远也"。
(1) 性，指先天素质；习，指后天习染，包括教育与社会环境的影响。
(2) 从"习相远"观点出发，孔丘认为人要发展，教育条件很重要及人的生活环境应受到重视。

4. "有教无类"与教育对象： "有教无类"打破贵贱、贫富和种族的界限，把受教育的范围扩大到平民，这是历史性的进步，有利于中华民族文化的发展。

5. "学而优则仕"与教育目标
孔丘提出从平民中培养德才兼备的从政君子，这条培育人才的路线，可简括为"学而优则仕"。
(1) 含义：学习是通向做官的途径，培养官员是教育最主要的政治目的，而学习成绩优良是做官的重要条件。
(2) 意义 ①确定了培养统治人才的教育目的，在教育史上有重要意义。
②与"任人唯贤"路线配合一致，为封建官僚制度的建立准备条件。
③适应社会发展要求，反映了一定的规律性，直到现代还有实际意义。

6. 以"六艺"为教学内容： 在孔丘的教育内容体系中，包含道德教育和知识教育，以前者为重心。他把"六经"作为教学用书。教学内容的特点：①偏重社会人事；②偏重文事；③轻视科技与生产劳动。

7. 教学方法
(1) 因材施教。孔丘是我国历史上首倡因材施教的教育家。因材施教的前提条件是承认学生间的个体差异，了解学生的特点。最常用方法：通过谈话；个别观察。
(2) 启发诱导。孔丘是世界上最早提出启发式教学的教育家。"不愤不启，不悱不发。举一隅不以三隅反，则不复也。"思考方法：由博返约；叩其两端。
(3) 学思行结合。"学而知之"是孔丘进行教学的主导思想，学是求知的途径和唯一手段。他强调学习与思考结合（学而不思则罔，思而不学则殆）和学以致用。
(4) 好学与实事求是的态度。①要有好学、乐学的态度；②要有不耻下问的态度；③要有实事求是的态度。

8. 论道德教育
(1) 主要内容：礼、仁为核心，孝为基础。礼为道德规范，仁为最高道德准则，也是孔丘学说的中心思想，符合礼的道德行为要以仁的精神为指导。
(2) 道德教育原则和方法：①立志；②克己；③力行；④中庸；⑤内省；⑥改过。

9. 论教师
(1) 学而不厌。教师应重视自身学习修养，掌握广博的知识，具有高尚品德，这是教人的前提条件。
(2) 温故知新。教师要掌握政治历史知识，借鉴有益的历史经验认识当代社会问题，知道解决问题的方法。
(3) 诲人不倦。教师要以教为业，以教为乐，对学生、社会有高度责任心，树立"诲人不倦"的精神。
(4) 以身作则。言教以说理提高道德认识，身教以示范指导行为方法，身教比言教更为重要。
(5) 爱护学生。鼓励学生努力进德修业，对学生充满信心，抱有乐观态度，对他们加以重视和培养。
(6) 教学相长。教学过程中，教师对学生不单是传授知识，更应为学生答疑解惑，经常进行学问切磋。

10. 历史影响
孔丘是全世界公认的伟大的思想家和教育家，儒家学派的创始人。他的思想学说深刻影响着中国封建时代的政治、经济、文化，这种影响有积极方面也有消极方面，在不同历史阶段起不同的作用。
(1) 历史贡献
①创立私学，实行"有教无类"的教育方针，扩大教育对象的范围，促进文化学术下移。
②提出教育在社会发展中的重要作用，强调要重视教育。
③提倡"学而优则仕"，为封建官僚的政治体制准备了条件。
④重视古代文化的继承和整理，进行教材建设，为后世儒家经籍教育体系奠定基础。
⑤总结教育实践经验，创造新的教育方法，解释教学规律。
⑥倡导尊师爱生，树立了作为理想教师的典型形象。
(2) 国际影响
①孔子是人类的精神导师，人道主义的启蒙者，世界上公认的伟大的思想家。
②从国际影响力看，孔子保持了始终连贯的人格化。
③从地域和人口看，孔子的影响大于苏格拉底、柏拉图、卢梭等。

（三）孟轲的教育思想

1. 思孟学派："子思之儒"、"孟氏之儒"、"乐正氏之儒"即为思孟学派。

2. "性善论"与教育作用

性善论指出：教育与学习是人的必须和可能；教育与学习必须遵循人的内在依据，发扬人的自觉。

（1）性善论
- ①人性是人类独有的、区别于动物的本质属性。
- ②孟子认为人性是先天固有的，是"根于心"的道德。
- ③孟子说的人性善，是指人性中具有"善端"，即善的因素或萌芽。
- ④教育的作用是找回失散的本性，保存和发扬天赋的善端。

（2）教育作用：①社会功能：得民心。②个人功能：扩充善性。

3. "明人伦"与教育目的：孟轲概括出中国古代学校的目的是"明人伦"，教育是通过实现它为政治服务。

4. 人格理想与修养学术说
- （1）"大丈夫"的理想人格：①高尚的气节；②崇高的精神境界。（富贵不能淫，贫贱不能移，威武不能屈。）
- （2）修养方法：①持志养气；②动心忍性；③存心养性；④反求诸己。

5. "深造自得"的教学思想
- （1）深造自得。深入的学习和钻研，必须有自己的收获和见解，由感性学习转化到理性思维。
- （2）盈科而进。学习和教学过程要循序渐进。
- （3）教亦多术。对不同学生采取不同的教法。
- （4）专心致志。个体学习上的差异取决于其在学习过程中专心致志与否，而非天资。

（四）荀况的教育思想

1. 荀况与"六经"的传授：孔丘整理的"六艺"多为荀况传授，从学术发展史上看，荀况占重要地位。

2. "性恶论"与教育作用
- （1）教育对人的作用
  - ①性伪之分。性，自然属性；伪，人为。荀况指出，谈论人性首先应把人的先天素质与后天获得的品质区分开。
  - ②性伪之合。性与伪是区别乃至对立的，但也是联系与统一的。
  - ③化性起伪。荀况认为，人的成就是环境、教育和个体努力共同作用的结果。
- （2）教育对社会的作用：教育能统一思想，统一行动，使兵劲城固，国富民强。

3. 以培养"大儒"为教育目标：荀况在《儒效》中把人划分为俗人、俗儒、雅儒、大儒。教育应当以大儒作为理想目标。

4. 以"六经"为教学内容：荀况注重读经，以儒经为学习与教育的内容。他尤重《礼》，以之为自然与社会（道德与政治）的最高法则。荀况以为儒家诸经已经囊括了天地间一切道理。

5. "闻见知行"结合的教学方法
- （1）闻见。学习的起点、基础和知识的来源，但感官不能把握整体与规律，常因主客观因素产生错觉。
- （2）知。善于运用思维的功能把握事物的本质和规律。①兼陈万物而中悬衡；②虚壹而静。
- （3）行。人的社会实践。行是学习必不可少的也是最高的阶段。

6. 论教师
- （1）地位：与天地、祖宗并列。
- （2）作用：教师通过施教参与国家的治理；强调学生对教师的服从，主张"师云亦云"。
- （3）对教师的要求：有尊严而令人起敬；德高望重；讲课有条理而不违师法；见解精深而表达合理。

（五）墨家的教育实践与教育思想

1. "农与工肆之人"的代表：代表"农与工肆之人"的利益。

2. "素丝说"与教育作用：墨翟主张通过教育建设民众平等、互助的"兼爱"社会。他以素丝和染丝为喻，来说明人性及其在教育下的改变和形成。人性不是先天形成，生来的人性如待染的素丝；有什么样的环境就造就什么样的人。

3. 以"兼士"为培养目标："兼相爱，交相利"的社会理想决定墨家的教育目的是培养兼士或贤士。关于"兼士"的三条标准：博乎道术、辩乎言谈、厚乎德行，即知识技能的要求、思维论辩的要求和道德的要求。

4. 以科技知识和思维训练为特色的教育内容
- （1）政治和道德教育。
- （2）科学和技术教育。
- （3）文史教育。
- （4）培养思维能力的教育。

5. 主动创造的教育方法：主动（虽不叩必鸣）；创造；实践（合其志功而观焉）；量力：墨翟在中国教育史上首次明确提出。

（六）法家的教育思想

1. "人性利己说"与教育作用：法家的人性观表现为绝对的"性恶论"。法家强调法治对改造人的自私品质的作用，主张严格要求，有一定的道理，但忽视了自我道德教育的必要性，其结果必然走向惩罚主义。

2. 禁"二心私学"：韩非认为，私家学派的存在就意味着扰乱法治，应毫不妥协地推行法令废除私学，对易导致"二心"的私学和学派应"禁其行"、"破其群"、"散其党"。法家禁"杂反"之学、学术思想择一的做法，开辟了中国封建社会思想统治的先河。

3. "以法为教"，"以吏为师"：法家代表人物韩非提出的教育主张，首倡者是商鞅。"以法为教"表达了法家推行法治教育的内容，"以吏为师"表达了法治教育的实现手段。

（七）战国后期的教育论著

1.《大学》

《大学》的特点首先在于强烈的伦理性和人文色彩，其次表现出较强的逻辑性。

（1）《大学》是《礼记》中的一篇，它对大学教育的目的、程序和要求作了完整、扼要、明确的概括。它着重阐明"大学之道"——大学教育的纲领，被认为是与论述大学教育之法的《学记》互为表里之作。

（2）三纲领："明明德"、"亲民"、"止于至善"。它是儒家对大学教育目的和为学做人目标的纲领性表达，表达了儒家以教化为手段的仁政、德治思想。

（3）八条目：为了实现三纲领，《大学》进一步提出八个步骤，格物、致知、诚意、正心、修身、齐家、治国、平天下，即八条目。八条目表现出较强的逻辑性，体现了循序渐进的原则以及易解性和可行性。

2.《中庸》

《中庸》要求从人的天赋善性出发，借助学习与修养，充分发挥这种本性，进而由己及人，推行于天下。

（1）《中庸》是《礼记》中的一篇，《四书》之一，儒家思孟学派的作品。它主要阐述先秦儒家的人生哲学和修养问题，提出了"中庸之道"，与《大学》互为阐发。

（2）性与教。人生来就有善的本性；人应当对此加以保存和发扬；人的善性真正保存和发扬有待于教育的作用。

（3）中庸。孔子认为中庸是最高的道德准则。在政治和道德实践中，杜绝一切过激行为，以恰到好处为处事原则。

（4）"自诚明"与"自明诚"，"尊德性"与"道问学"。两条途径完善自身：一是发掘人的内在天性，进而达到对外部世界的体认，此为"自诚明，谓之性"或"尊德性"；二是向外部世界求知，达到人内在本性的发扬，此为"自明诚，谓之教"或"道问学"。

（5）博学之，审问之，慎思之，明辨之，笃行之。这是对知识获得过程的基本环节和顺序的概括，是对从孔丘到荀况先秦儒家学习过程思想，即学、思、行的发挥和完整的表达。

3.《学记》

《学记》是《礼记》中的一篇，中国古代最早专门论述教育、教学问题的论著，有人认为它是"教育学的雏形"。

（1）教育作用与教育目的

①对社会的作用和目的：实现良好政治的最佳途径是化民成俗，即兴办学校，推广教育，作育人才，以教化人民群众遵守社会秩序，养成良风美俗。

②对个人的作用和目的：通过对人有目的、有计划地培养，使每个人都形成良好的道德和智慧，懂得去维护国家利益和社会安定。

（2）教育制度和学校管理

①学制和学年：从中央到地方按行政建制设学；大学教育年限定为两段五级九年。第一、三、五、七学年为第一段，完成谓之"小成"；第九学年为第二段，完成谓之"大成"。

②视学与考试：开学之日，天子亲自参加开学典礼，定期视察学宫。学习过程中，规定每隔一年考查一次，考查学业成绩和品行道德，不同年级要求不同。第一年"视离经辨志"，第三年"视敬业乐群"，第五年"视博习亲师"，第七年"视论学取友"，第九年"知类通达，强立而不反"。

（3）教育教学原则与方法

①教育教学原则：预防性原则；及时施教原则；循序渐进原则；学习观摩原则；长善救失原则；启发诱导原则；藏息相辅原则。

②教学方法：讲解法；问答法；练习法。

③教师：《学记》十分尊师。教师自我提高的规律是"教学相长"。

4.《乐记》

《乐记》是《礼记》中先秦儒家专门论述乐教的论著，论述了音乐起源和作用，表达了儒家学者对乐教的重视。

（1）乐的产生：产生于人的心理活动和情感。

（2）乐的作用：乐教既可以进行艺术教育，也可以进行道德教育和政治教育。《乐记》首先将天理和人欲对立起来，将"乐"作为存天理、节人欲的重要手段。

三、儒学独尊与读经做官教育模式的形成

（一）"独尊儒术"文教政策的确立

1. 三大文教政策：汉朝首先提出"独尊儒术"思想的是董仲舒。
（1）罢黜百家，独尊儒术。出发点和目的是巩固封建大一统的政治局面，是根本性的治国大计。
（2）兴太学以养士。政府直接操控教育大权，决定人才的培养目标，是整齐学术、促进儒学独尊的重要手段之一。
（3）重视选举，任贤使能。在严格的选士方案基础上强调"量才而授官，录德而定位"的用人思想，"材""德"是以儒家的经术和道德观念为标准的，以促进儒学独尊地位。

2. 措施：
（1）专立五经博士。
（2）开设太学。
（3）察举制的完全确立。
（4）统一经学。
（5）尊孔。

（二）封建国家学校教育制度的建立

在"独尊儒学"政策指引下，汉代各类学校教育蓬勃发展，逐步完整和正规化，为我国传统教育制度发展奠定了基础。

1. 经学教育
（1）今文经学：凭经学大师记忆、背诵，隶书记录下来的六经旧典，发展在先。
（2）古文经学：从地下或孔壁中挖掘出来，或通过其他途径保存下来的儒经藏本，发展在后。

2. 太学
（1）设置与发展：汉武帝为博士置弟子，标志着太学的正式设立和以经学教育为基本内容的中国封建教育制度的正式确立。汉代太学是中国历史上第一所具有完备规制的学校。
（2）教师和学生：太学正式教师是博士；学生称"博士弟子、诸生、太学生"，来源于京都或京郊和地方。
（3）教学内容和教学形式：传授单一的儒家经典；采用个别或小组教学，后期出现"大都授"的集体上课形式。此外，次第相传的教学形式也在太学内出现。
（4）太学生的考试及出路：考试采用"设科射策"的形式；取得一定的科品，获得相应官职。

3. 鸿都门学
鸿都门学创于东汉灵帝光和元年，因校址在洛阳的鸿都门而得名。性质上属于研究文学艺术的专门学校，是宦官为抵抗官僚势力而建，政治上代表宦官集团的利益。
（1）意义：①打破了儒学独尊的教育传统，以诗、赋、书画为教育内容，这是教育的一大变革。
②作为一种办学的新型形式的专门学校，为后代专门学校的发展提供了经验。
③是世界上最早的文学艺术专门学校。

4. 郡国学
郡国是最大的地方行政单位，地方官又称郡国学校。汉景帝时，蜀郡太守文翁到达成都后，积极兴办文化教育事业，发展儒学思想，改变了当地的风俗，促进了经济的发展，史称文翁兴学。
（1）办学目的：①培养本郡的属吏，同时向朝廷推荐地方学校中特别突出的优秀学生；②通过学校定期举行的"乡饮酒"、"乡射"等传统行礼活动，向社会普遍推行道德教化。

（三）董仲舒的教育思想

1.《对贤良策》与三大文教政策
（1）统一思想：罢黜百家，独尊儒术。
（2）无贤才：兴太学以养士。
（3）人才选拔和使用不当：重视选举，任贤使能。

2. 论人性与教育作用
（1）论人性：人性划分为三种不同等级，即"性三品"；圣人之性、中民之性、斗筲之性。董仲舒认为，"中民之性"是他对人性内涵进行规定的事实根据，他是就中人之性而言行。
（2）教育作用：①圣人能够自觉控制自己的感情欲望，注定要向善发展。
②斗筲之人情感欲望强烈，难以自控，注定向恶发展，只有用刑罚制止作恶。
③中民之性代表万民，教化后能成"善"，是教育的主要对象。

3. 论道德教育
（1）德教是立政之本：以道德教化为本为主，刑罚为末为辅。
（2）以"三纲五常"为核心的道德教育内容：三纲五常是董仲舒思想体系的核心，也是道德教育的中心内容。王道三纲，即君为臣纲，父为子纲，夫为妻纲；五常，即仁、义、礼、智、信。
（3）道德教育的原则与方法：①确立重义轻利的人生理想；②"以仁安人，以义正我"；③"必仁且智"；④"强勉行道"。

四　封建国家教育体制的完备

（一）魏晋南北朝官学的变革

1. 西晋的中央官学
   （1）太学：西晋初期，太学设置博士19人，由太常总理之。太学生称谓不同，可能是一种程度差异标志。
   （2）国子学：专门创办培养贵族子弟的学校，是教育制度的一个主要特点。其设立是为满足士族阶级享有教育特权，严格士庶之别的愿望。

2. 南朝宋的中央官学
   （1）四馆：儒学馆、玄学馆、史学馆、文学馆。四馆并列，各就其专业招收学生进行教学、研究。这是学制上一大改革，也反映当时思想文化领域的实际变化。
   （2）总明观（东观）：置祭酒，设儒、道、文、史四科。它是集藏书、研究、教学三位一体的机构，总明观作为总的领导机构，管理上更加完善，使原来四个单科性质的大学发展为在多科性大学中实行分科教授的制度。

3. 北魏的中央官学：改国子学为中书学（特创），属中书省管辖，设中书博士教授学生。设皇宗学（首创），强调皇室教育。

（二）隋唐学校教育体系的完备

1. 文教政策的探索与稳定
   （1）崇儒兴学，作为推行教化的根本。
   （2）兼用佛道，作为控制民众思想的工具。
   （3）发展科举，作为选拔人才、改进吏治的途径。
   （4）任立私学，作为官学的补充。

2. 中央政府教育管理机构的确立：隋文帝时期，为加强对教育事业的管理和领导，在中央设国子寺，设祭酒总管教育事业。国子寺及国子祭酒是我国历史上第一次由中央政府设立专门管理教育的机构和官员，标志着我国封建教育已发展成为独立部门的时代。唐改为国子监，既是高级教育学府，也是教育行政机关，名称一直沿用至清朝。

3. 中央和地方官学体系的完备
   （1）中央官学：①隋代中央专设的学校：初称国子寺，隶属太常寺。后改名为国子学，大业三年改为国子监。国子寺统国子学、太学、四门、书、算学。②唐代中央专设的学校：主干是国子监领导下的六学一馆。六学即国子学、太学、四门学、书学、算学、律学，前三学学习儒经，后三学是专科教育；一馆即广文馆。
   （2）地方官学：实行州县二级制。唐朝地方官学分为经学、医学、崇玄学，由府州长史主管。

4. 学校教学管理制度
   （1）入学制度：唐代中央官学实行等级入学制度，申请入国子监的学生，有年龄限制。唯有推广生不受年龄限制
   （2）学礼制度：①束脩之礼；②国学释奠礼；③贡士谒见及使者观礼。
   （3）教学制度：国子学、太学、四门学学习儒家经典。
   （4）考核制度：阶段考试，有旬试、月试、季试、岁试、毕业试。
   （5）惩罚制度：国子监主簿负责执行学规。
   （6）休假制度：旬假、田假、授衣假。

5. 私学的发展
   （1）隋唐时期私学蓬勃发展的原因和条件：①社会民众的需要；②政府政策的倡导；③隋唐经济的繁荣。
   （2）分类
   ①初级私学：启蒙识字教育和一般的生活与伦理常识教育。没有成文的制度，但遵守历史形成的习俗。春季始业，单班学校，教学基本内容为读、写、算。
   ②高级私学：专经传授或其他专业知识技术传授。以教师为中心，自由设置。求师受教可当面传授，也可采取书信往来的函授形式。
   （3）书院的创立：产生于唐，发展于五代，繁荣和完善于宋代。主要由民间私学设立，有藏书和教学活动，学习内容适合科举考试，知识面较广。

6. 学校教育制度的特点
   （1）学校体系的形成。官学是教育的主干，私学是其重要补充。
   （2）教育行政体制分级管理的确立。中央官学由国子监祭酒管理，地方官学由州县长官管理，专科学校由对口行政部门管理。
   （3）学校内部有教学管理制度及法规。
   （4）专业教育受重视。从教育制度发展过程考察，这是实科教育的首创。
   （5）学校教育与行政机构及事务部门的结合。

（三）科举制度的建立（见下页）
（四）颜之推的教育思想（见下页）
（五）韩愈的教育思想（见下页）

（一）魏晋南北朝官学的变革（见上页）

（二）隋唐学校教育体系的完备（见上页）

四 封建国家教育体制的完备

（三）科举制度的建立

1. 科举制度的产生和发展：科举制由察举制演化而来，产生于隋，发展于唐，隋朝"始建进士科"是科举制确立的标志。科举制是选官制度，它破坏了士族豪门对政权的垄断，使封闭的政权向庶族士人开放，扩大了隋代政权的社会基础。科举制在中国历史上延续 1300 年，直到清末 1905 年才废除，是我国封建社会中持续时间最长、影响最广的选士制度，对封建社会的政治、经济和文化产生了重大影响。

2. 考试的程序、科目与方法
- （1）考生来源：生徒和乡贡。
- （2）报考时间：每年仲冬（农历十一月）。
- （3）报考办法：中央官学和地方官学，通过校内考试挑选合格生徒报送尚书省。
- （4）考试程序：乡试—省试—吏部试。
- （5）考试科目：常科（每岁一次）和制科（不定期）。
- （6）考试方法：唐代科举考试的方式有口试、帖经、墨义、策问、诗赋五种。

3. 科举制度与学校的关系
- （1）相互促进
  - ①学校教育制度培养人才，输送人才供科举考试选拔，是科举赖以生存的基础。
  - ②科举制度选拔人才，同时也为学校培养的人才开辟了政治出路。
  - ③科举是联通学校教育与从政为官的桥梁。
  - ④学校教育与科举考试，皆独立而并举，相辅相成，关系相当密切。
- （2）相互制约
  - ①要为参加科举创造条件，必先入学校学习知识。
  - ②学校教育要适应科举考试的需要，成为科举的附庸；科举对学校教育发挥导向调控的作用。

4. 科举制度的影响
- （1）积极影响
  - ①扩大了统治基础，有利于加强中央集权统治。
  - ②标准统一，制度健全，选拔人才较客观公正。
  - ③考教合一，促进了学校教育的发展。
- （2）消极影响
  - ①国家只重科举取士，而忽略学校教育。
  - ②束缚思想，充满教条主义、形式主义的恶习。
  - ③私门谢恩等不良风气，腐蚀知识分子的精神面貌，污染学校和社会风气。

（四）颜之推的教育思想

1. 颜之推与《颜氏家训》：《颜氏家训》是我国封建社会第一部系统完整的家庭教科书，包含了颜之推在儿童教育、学习方法等方面的真知灼见。

2. 论士大夫教育
- （1）士大夫必须重视教育。
- （2）教育的目标是培养治国人才。
- （3）德与艺是教育的主要内容。

3. 论家庭教育
- （1）观点：重视儿童教育，尤其是儿童早期教育。
- （2）原因：①幼年心理纯净，思想观念未形成，可塑性大。②幼年受外界干扰少，精神专注，记忆力旺盛。
- （3）基本原则：①及早施教；②严慈相济；③均爱原则；④重视语言教育；⑤重视品德教育。

（五）韩愈的教育思想

韩愈在文学上主张接近口语的散文体，倡导新古文运动；在教育上倡导师道运动。

1. 弘扬孔孟之道：认为儒学纲领是仁义道德，这是先王之道，也是先王之教。极力抨击佛老，提倡古文运动，以复古儒道为己任。

2. "性三品说"与教育作用
- （1）性三品：说明教育的作用和规定教育的权利。性三品有上中下，情之品与之对应。性为五德，即仁、礼、信、义、智；情为七情，即喜、怒、哀、惧、爱、恶、欲。人性三品不能变，社会等级也不能变。①上品：统治者，性善；②中品：介于上下品之间，性可能善也可能恶；③下品：劳动人民，性恶。
- （2）教育作用：①人性决定教育所起作用；②人性规定教育权利；③人性决定教育内容。

3. 论人才的培养与选拔
- （1）韩愈认为治国人才靠教育培养，主张发展学校教育。①用德礼而重学校；②学校的任务在训练官吏；③整顿国学；④恢复发展地方学校。
- （2）韩愈认为，人才总是有的，关键在于能否加以识别和扶持。他在《杂说》中，用识马的道理表明识别人才的重要，认为只要善于鉴别且培养得当，才会大量涌现人才。问题不在于有无人才，而在于识别、发现、培养及正确对待人才。他要求统治者爱惜人才，不拘一格地选拔人才。

4. 论师道
《师说》是韩愈论师道的重要教育论著，提出了新观点，对当时士大夫的旧思想是一次极大的冲击。《师说》起了解放思想的作用，具有进步意义。
- （1）尊师的原因：由"人生而知之者"出发，肯定"学者必有师"。
- （2）教师的任务：传道、授业、解惑。
- （3）教师的标准：以"道"为求师的标准，主张"学无常师"。
- （4）师生关系：提倡"相师"，确立民主性的师生关系。

五、理学教育思想和学校的改革与发展

（一）科举制度的演变与学校教育的改革
- 1. 科举制度的演变
- 2. 学校沦为科举附庸
- 3. 文教政策：宋朝、元朝、明朝、清朝
- 4. 官学体制
  - （1）宋朝：苏湖教法；三次兴学；三舍法
  - （2）元朝：积分法；社学
  - （3）明朝：监生历事制度；社学
  - （4）清朝：六等黜陟法；社学

（二）书院的发展
- 1. 书院的产生与发展
- 2.《白鹿洞书院揭示》与书院教育宗旨
- 3. 东林书院与书院讲会
- 4. 诂经精舍、学海堂与书院学术研究
- 5. 书院教育的特点

（三）私塾与蒙学教材
- 1. 私塾的发展、种类和教育特点
- 2. 蒙学教材的发展、种类和特点

（四）朱熹的教育思想
- 1. 朱熹与《四书章句集注》
- 2. "明天理、灭人欲"与教育的作用、目的
- 3. 论"大学"与"小学"
- 4. 朱子读书法

（五）王守仁的教育思想
- 1. "致良知"与教育作用
- 2. "随人分限所及"的教育原则
- 3. 论教学
- 4. 论儿童教育

（一）科举制度的演变与学校教育的改革

1. 科举制度的演变

（1）宋朝的科举制度：分常科和制科，设成人科目和童子科。①扩大科举名额；②确定"三年一贡举"；③殿试成为定制；④建立新制，防止科场作弊：锁院制、别头制、糊名法、誊录制。

（2）元朝的科举制度：三年一次，分为乡试（行省考试）、会试（礼部考试）、御试（殿试）。①民族歧视明显；②规定从《四书》中出题，以《四书章句集注》为答题标准；③科举制度日趋严密。

（3）明朝的科举制度：①建立科举定式；②八股文成为固定考试文体；③学校教育纳入科举体系。

（4）清朝的科举制度：国家人才选拔的根本制度。①科举为"国家抡才大典"；②科场舞弊丛生，积重难返；③学校成为科举的附庸。

2. 学校沦为科举附庸

（1）明朝科举制是中国科举制史上的鼎盛时期。但建立"永制"，将八股文作为固定考试文体，将学校教育纳入科举体系，使其成为科举制的附属物。

（2）清朝科场舞弊层出不穷，积重难返，学校成为科举的附庸，丧失了作为教育机构的独立性。

3. 文教政策

（1）宋朝：兴文教，抑武事。①重视科举，重用士人；②三次兴学，广设学校；③尊孔崇儒，提倡佛道。

（2）元朝：遵用汉法。①笼络汉族士人；②尊孔；③尊崇理学。

（3）明朝：治国以教化为先，教化以学校为本。①广设学校，培育人才；②重视科举，选拔人才；③加强思想控制，实行文化专制。

（4）清朝：兴文教，崇经术，以开太平。①崇尚儒学经术，提倡程朱理学；②广设学校，严订学规；③软硬兼施，加强控制，大兴文字狱。

4. 官学体制

（1）宋朝

①三次兴学

庆历兴学：范仲淹主持。普遍设立地方学校；改革科举考试；创建太学。

熙宁兴学：王安石主持。改革太学，创立"三舍法"；恢复和发展州县地方学校；恢复与创设武学、律学和医学；编撰《三经新义》作为统一教材。

崇宁兴学：蔡京主持。全国普遍设立地方学校；建立县学、州学、太学三级相联系的学制系统；新建辟雍，发展太学；恢复设立医学，创立算学、书学、画学等专科学校；罢科举，改由学校取士。

②三舍法："太学三舍选察升补之法"的简称，王安石改革太学最重要的措施。将太学分为外舍、内舍和上舍三个程度不同、依次递升的等级，太学生相应分为三部分。初入太学者经考试合格入外舍肄业，为外舍生；外舍生、内舍生根据升舍考试成绩和平时行艺，逐次升入内舍、上舍肄业，成为内舍生、上舍生；根据上舍生成绩评定等级决定授官或参加殿试、礼部试。"三舍法"在太学内部建立严格的升舍考试制度，对学生的考察和选拔力求做到将考试成绩和平时行艺相结合，学行优劣与任职使用相结合，有利于提高学生学习积极性，提高太学教学质量。把上舍考试和科举考试结合起来，融养士与取士于太学，提高了太学的地位。三舍法是中国古代大学管理制度上的一项创新。

③苏湖教法（分斋教学法）：胡瑗在主持苏湖两地教学时创立的新的教学制度，即在学校内分设经义斋和治事斋(治道斋)，分斋教学。经义斋学习儒家经义，以培养高级的统治人才为目标；治事斋分设治兵、治民、水利、算数等学科，学生可主修一科，副修另一科，以造就在某一方面有专长的技术管理人员。它是中国教学制度发展史上，第一次按照实际需要在同一学校中实行分科教学；实用学科正式纳入官学教学体系中，取得了与儒家经学同等的地位；治事斋学生治一事，又兼摄一事，开了主修和副修制度的先声。

（2）元朝

①积分法：积分法与升斋等第法相联系，升斋等第法是将国子学分为上、中、下三个等级六个斋舍，学生按照程度分别进入各个斋舍学习不同的内容，依据其学业成绩和品德行为，依次递升的方法。积分法是累积计算学生全年学业成绩的方法，重视学生平时的考试成绩，故有督促学生平时认真学习的积极作用。

②社学：设在农村地区，利用农闲时间，以农家弟子为对象的初等教育形式，它对于发展农村教育文化事业具有一定意义。五十家为一社，每社设学校一所。择通晓经书者为师，令社中子弟于农闲时入学，以学习《孝经》《论语》《孟子》等为内容。社学是元朝在教育组织形式上的一种创新。

（3）明朝

①监生历事制度：是明朝国子监监生学习到一定年限，分拨到政府各部门"先习吏事"的制度。明朝统治者选派监生历事是为了弥补明初官吏的不足，然而监生通过历事，可以较广泛的接触实际，获得从政的实际经验，有利于其成长。明朝监生历事制度，可视为中国古代大学的教学实习制度，不过此制实行到后来，监生日增，历事冗滥，已徒具形式，失去了其积极意义。

②社学：对元朝社学制度的继承和发展。招收8岁以上、15岁以下儿童，带有强制性。内容增《御制大诰》、明朝律令及讲习冠、婚、丧、祭之礼。

（4）清朝

①六等黜陟法：是清朝地方官学生源资格等级的升降条例，是在地方官学管理上的重要创新。地方官学生员分为廪膳生、增广生、附学生三等；学生按岁、科考试成绩分为六等。一等递补廪膳生；二等递补增广生；三等不升不降；四等挞责；五等降级；六等黜革。基本特点是对生员进行动态管理，将其等级与学业成绩紧密结合，调动学生学习积极性，提高教育教学质量。

②社学：设在乡镇地区最基层的地方官学。凡府、州、县各乡置社学一所，择品学兼优者为师，免徭役，供廪膳。

（二）书院的发展

1. 书院的产生与发展
（1）书院始于唐末，一是中央政府设立的主要用作收藏、校勘、整理图书的机构；二是民间设立的主要供个人读书治学的地方。
（2）唐末书院萌芽的原因：①官学衰落，士人失学；②我国有源远流长的私人讲学传统；③受佛教禅林的影响；④印刷术的发展使书籍大量增加。
（3）书院的发展：①宋代书院有较大发展，并出现一些著名书院，书院作为一种教育制度确立并出现官学化倾向；②元朝统治者对书院采取保护、提倡和加强控制的政策，书院官学化倾向更为明显；③清朝书院发展经历了沉寂—勃兴—禁毁的曲折过程。

2.《白鹿洞书院揭示》与书院教育宗旨：朱熹为白鹿洞书院制定《白鹿洞书院揭示》（《白鹿洞书院学规》《白鹿洞书院教条》）是中国书院发展史上一个纲领性学规。朱熹明确了教育目的，阐述了教育教学过程，提出了修身、接物的基本要求，形成较为完整的书院教育理论体系，成为后世学规的范本和办学准则，使书院教育逐渐走上制度化的发展轨道，也对后世官私学校的兴办产生了实际影响。

3. 东林书院和书院讲会：明朝众多书院中，名声大、影响广者，莫过于东林书院（龟山书院）。东林书院是当时重要的文化学术中心和政治活动中心，它形成了一套完备的讲会制度。书院讲会活动产生于南宋，至明朝逐渐制度化，东林书院的讲会是明朝书院讲会制度的突出代表，集中反映在《东林会约》"会约仪式"中。密切关注社会政治和讲会制度化是东林学院的重要特点。

4. 诂经精舍、学海堂与书院学术研究：诂经精舍和学海堂是清代阮元所创建，是当时浙江、广东重要的文化学术研究中心，并在办学宗旨、教学内容和方法等方面累积了许多经验，形成了自己的特点。①创立书院是专志于学术研究，而不事科举；②在任用教师上充分发挥教师的学术专长，对学生因材施教；③教学和研究紧密结合，刊刻师生研究成果。

5. 书院教育的特点
（1）培养目标上，书院注重学生人格修养，强调道德与学问并进，培养学生的学术志趣，官学多以科举出仕为主要目标。
（2）管理形式上，书院机构较为简单，管理人员少，强调学生遵照院规自我约束、自我管理为主。
（3）课程设置上，具有弹性，教学以学生自学、独立研究为主，师生、学生之间注重质疑问难和讨论。
（4）教学组织上，教学与研究相结合，教学形式多样，教学上实行门户开放，注重讲明义理、躬行实践。
（5）规章制度上，在教学目标、教学方法、教学顺序等方面用学规的形式加以阐明。最著名的是《白鹿洞书院揭示》。
（6）师生关系上，较之官学更为平等，学术切磋多于教训，学生来去也较为自由。
（7）教育教学特色，教学与学术研究并重，学术氛围自由宽松，人格教育与知识教育并重。
（8）书院作用，是集藏书、教育和学术活动于一体的机构，也是学者以文会友的场所，具有广泛的社会文化教育功能。

（三）私塾与蒙学教材

1. 私塾的发展、种类和教育特点
（1）发展：明清时期的民办蒙学一般称为小学或私学，到明清时，私塾的称谓较为普遍。
（2）种类：①门馆或家塾；②村塾和祖塾；③教馆和坐馆。
（3）特点
①强调严格要求，打好基础。
②重视《须知》《学则》的形式培养儿童的行为习惯。
③注意根据儿童的心理特点，因势利导，激发他们的学习兴趣。

2. 蒙学教材的发展、种类和特点
（1）发展
①第一阶段，周秦至魏晋南北朝时期：最早的蒙学教材是《史籀篇》；秦朝李斯所作的《仓颉篇》是秦始皇统一文字的范本；对后世影响最大、流传最久的蒙学教材为史游所作的《急就篇》；魏晋南北朝时期，最著名、流传久远而广泛的蒙学教材是南朝周兴嗣所作的《千字文》。
②第二阶段，隋唐五代时期：《太公家教》是从唐中叶到北宋初年最盛行的蒙学教材之一；唐人李瀚的《蒙求》是对后世影响最大的蒙学教材。
③第三阶段，宋元明清时期：蒙学教材开始出现分类按专题编写的现象，在内容和形式上呈现多样化；《三字经》为当时最佳蒙学读物。
（2）种类：①识字教学类；②伦理道德类；③历史教学类；④诗歌教学类；⑤名物制度和自然常识教学类。
（3）特点
①宋元明清时期的蒙学教材开始分类按专题编写，使蒙学教材在内容和形式上呈现多样化。
②一些著名学者亲自编撰蒙学教材，对提高蒙学教材的质量起到了重要作用。
③蒙学教材注意儿童的心理特点，采用韵语形式，文字简练，通俗易懂，力求将识字教育、基本知识教育和伦理道德教育有机结合。

1. 朱熹与《四书章句集注》：朱熹是理学思想的集大成者，也是南宋最负盛名的大教育家。一生编撰多种教材，影响最深广、最重要的是《四书章句集注》（简称《四书集注》或《四书》），包括《大学章句》《中庸章句》《论语集注》《孟子集注》。元朝规定科举考试以《四书章句集注》取士，《四书章句集注》成为科举考试的标准答案和各级学校必读的教材，其地位甚至高于"五经"，影响中国封建社会后期的教育长达数百年之久。

2. "存天理，灭人欲"与教育的作用、目的
- （1）"理气"人性论：朱熹提出人性就是"理"，就是"仁、义、礼、智"封建道德规范的观点。他把人性分成"天命之性"和"气质之性"两种。
- （2）教育作用：在于"变化气质"，发挥"气质之性"中所具有的"善性"，去弊明善，以实现"明天理、灭人欲"的根本任务。
- （3）教育目的：在于"明人伦"。

3. 论"大学"与"小学"
朱熹将一个人的教育分为"小学"与"大学"两个既有区别又有联系的阶段，并分别提出了两者不同的任务、内容和方法。但是，它们的根本目标是一致的。
- （1）小学
  - ①年龄阶段：8-15岁。
  - ②教育任务：培养"圣贤坯璞"。
  - ③学习内容："学其事"，知识力求浅近、具体。
  - ④教育方法：主张先入为主、及早施教；形象生动、能激发兴趣；首创《须知》《学则》的形式培养儿童的道德行为习惯。
- （2）大学
  - ①年龄阶段：15岁以后。
  - ②教育任务：在坯璞的基础上"加光饰"，培养成对国家有用的人才。
  - ③教育内容：重点是"教理"。
  - ④教学方法：重视自学；提倡不同学术观点之间的相互交流。

4. 朱子读书法
- （1）循序渐进。读书的次序不要颠倒；安排好读书计划；打好基础。
- （2）熟读精思。读书既要熟读成诵，又要精于思考。
- （3）虚心涵泳。虚心即读书要虚怀若谷、静心思虑，不可主观臆断；涵泳即读书要反复咀嚼，细心玩味。
- （4）切己体察。读书不要仅仅停留在书本上、口头上，而必须见之于自己的实际行动中，要身体力行。
- （5）着紧用力。读书学习要抓紧时间，发愤忘食，反对悠悠然；必须精神抖擞，勇猛奋发，反对松松垮垮。
- （6）居敬持志。这是朱熹道德修养的重要方法，也是他最重要的读书法。局敬即读书时精神专一，注意力集中；持志即树立远大理想，高尚目标，并以顽强的毅力长期坚持。

5. 道德教育的方法：立志、居敬、存养、省察、力行。

（四）朱熹的教育思想

王守仁的教育思想是以他的主观唯心主义哲学观点为基础。其哲学思想的核心是"心即理"、"致良知"说。

1. "致良知"与教育作用
- （1）致良知王守仁认为"理"存于"心"中，"心即理"，认为"良知即是天理"，即是"心之本体"。
- （2）良知具有的特点：①与生俱来，不学自能，不教自会；②人人具有，不分圣愚；③致命弱点是在与外物接触中，由于受物欲的引诱，会受昏蔽。
- （3）教育作用："明其心"，为了激发本心所具有的"良知"。

2. "随人分限所及"的教育原则：儿童的接受能力发展到何种程度，便就这个程度进行教学不可躐等。

3. 论教学
- （1）教育内容：有助于"求其心"者均可作为教育内容，读经、洗礼、写字、弹琴、习射无不可学。
- （2）教育原则和方法：①知行并进；②自求自得；③循序渐进和因材施教。

4. 论儿童教育
- （1）揭露和批判传统儿童教育不顾儿童的身心特点。
- （2）儿童教育必须顺应儿童的性情。
- （3）儿童教育的内容是"歌诗"、"习礼"和"读书"。
- （4）要"随人分限所及"，量力施教。

（五）王守仁的教育思想

六　早期启蒙教育思想

（一）黄宗羲的教育思想

1. "公其非是于学校"与学校的作用：学校具有<u>培养人才改进社会风俗</u>的职能，还应该<u>议论国家政事</u>"公其非是于学校"思想的基本精神，在于反对封建君主专制，改变国家政事之是非标准由天子一人决断的专制局面。
2. 论教育内容：具有<u>广泛、实用</u>的特点。包括经学、史学、文学和自然科学。
3. 论教学思想：
   - （1）力学致知。
   - （2）学贵适用。
   - （3）学贵独创。
4. 论教师：重视教师在人类文化知识传递和发展过程中的重要作用；主张尊师，认为学生必须"<u>重师弟子之礼</u>"；要求提高教师的社会地位；教师除向学生进行传道、授业、解惑外，还须从事清议。

（二）王夫之的教育思想

1. "<u>日生日成</u>"的人性与教育：王夫之认为，人性不是一成不变的，而是处在不断变化发展过程中，因此提出人性"日生日成"的著名论断。他明确提出人性不是天生的，而是在后天不断的生长变化过程中逐渐形成的。王夫之十分重视教育对人的发展所起的作用，主要表现为两方面：①继善成性，使之为善；②可以改变青少年时期因"失教"而形成的"恶习"。
2. 教学思想：因人而进；施之有序；学思"相资以为功"。
3. 道德观和道德修养论
   - （1）强调立志。
   - （2）主张自得。
   - （3）重视力行。
4. 论教师
   - （1）必恒其教事。教师对待教育工作，要孜孜不倦，坚持不懈。
   - （2）明人者先自明。教师的责任在于向学生传授知识，讲明道理。
   - （3）要"正言"、"正行"、"正教"。王夫之非常重视<u>教师自身的道德行为</u>在教育活动中对学生所产生的潜移默化的影响。

（三）颜元的教育思想

颜元是清初杰出的唯物主义思想家和教育家。他竭力提倡"<u>实文、实行、实体、实用</u>"的教育，创立了以"实"为特征的教育理论体系。

1. 义利合一的教育价值观："利"和"义"可以统一起来，"利"是"义"的基础，"正宜"、"明道"的目的是为了"谋利"和"计功"。"利"不能离开"义"，"利"必须符合"义"。该观点冲破了传统的禁锢，使中国古代对于义、利关系问题的认识出现新趋势。
2. 颜元的学校改革思想
   - （1）颜元与<u>漳南书院</u>：主持漳南书院，规划书院规模，设置六斋，规定各斋教育内容，开展实学教育，并制定"<u>宁粗而实，勿妄而虚</u>"的办学宗旨。颜元的高足李塨继承和发展了其学说，形成"<u>颜李学派</u>"。
   - （2）"<u>实才实德</u>"的培养目标：一是"<u>上下精通皆尽力求全</u>"的通才；二是"<u>终身止精一艺</u>"的专门人才。
   - （3）"<u>六斋</u>"与"<u>实学</u>"教育内容：针对理学教育的虚浮空疏，提出了"真学"、"实学"的主张。在漳南书院设六斋并规定教育内容，分别为：文事斋、武备斋、经史斋、艺能斋、理学斋、帖括斋。
   - （4）"<u>习行</u>"的教学方法：强调教学过程中<u>联系实际</u>，<u>坚持练习</u>和<u>躬行实践</u>，认为只有这样学习的知识才是真正有用的。

七 中国教育的近代转折

（一）教会学校的举办和西方教育理念的引入

1. 英华书院与马礼逊学校
 - （1）英华书院：第一所主要面向华人的新式学校，该校培养的部分华人学生，成为近代中国第一批西学的知情者。
 - （2）马礼逊学校：最早设立于中国本土的、较正式的教会学校，专门为华人开办。在马礼逊学校接受教育的学生中有三人在教会的资助下成为中国第一批留美学生。

2. 教会学校的发展
 - （1）第一阶段，19世纪60年代初到1876年：①教会学校数量增多。②学生人数增多。③女生占相当比例。
 - （2）第二阶段，始于1877年第一次基督教传士大会：①加强了教会学校之间的联系。②教会内部，教会学校加强了独立性，并着手谈论和解决教会教育的具体问题。③教会学校层次更高了。④不再免费招收穷苦人家的孩子。

3. "学校与教科书委员会"与"中华教育会"
 - （1）学校与教科书委员会：1877年5月第一次在华基督教传士大会在上海举行，为适应教会学校的发展，规范教会学校的教学内容，大会决定成立"学校与教科书委员会"，中文名称"益智书会"。这是近代第一个在华基督教教会的联合组织。
 - （2）中华教育会：1890年5月7-20日，第二次"在华基督教传士大会"在上海召开，将1877年成立的"学校与教科书委员会"改组为"中华教育会"，议定每三年召开一次大会。

4. 教会学校的课程：宗教、外语、西学、儒家经典。

（二）洋务教育的创立和发展

1. 洋务学堂的兴办、类别与特点
 - （1）兴办：洋务学堂是洋务运动的重要组成部分，其目的在于培养洋务活动所需要的翻译、外交、工程技术、水陆军事等方面的专门人才，其教学内容以"西文"和"西艺"为主。
 - （2）类别：①外国语（"方言"）学堂；②军事（"武备"）学堂；③技术实业学堂。
 - （3）特点：
  - ①培养目标：造就各项洋务事业需要的专门人才。
  - ②教育内容："西文"和"西艺"为主，包括一般性课程和各自专业相关的科学技术课程。
  - ③教学方法：按知识的接受规律由浅入深、循序渐进地安排教学内容。
  - ④教学组织形式：采用学年制和班级授课制。
  - ⑤学校缺乏全国性的整体规划和学制系统，学校间相互孤立。
  - ⑥在"中学为体，西学为用"的总原则下，传授西文西艺的同时，不放弃四书五经的学习。
  - ⑦沾染封建官僚气息，相关环节的管理受洋人要挟。

2. 京师同文馆
 - （1）创立与发展：1962年在北京开设，我国最早的官办新式学校，以学习外国语为主，主要培养翻译人员。1866年12月，添设天文、算学馆（科技馆），转为综合性大学。1902年1月，并入京师大学堂。
 - （2）教师与学生：①教师：有外国人和中国人，按职责可分为总教习、教习和副教习。②学生：入学途径由咨传、招考和咨送。
 - （3）课程与考试：①课程：八年制课程和五年制课程。②考试：日常考试分月课、季考、岁试三项，每届三年一大考。
 - （4）意义：①它是洋务学堂的开端，也是中国近代教育的开端。②身处帝都北京，一些重要举措及由此引起的争执往往能反映各派关于教育改革的观点。

3. 福建船政学堂
 - （1）创立与发展：福建船政学堂又称求是堂艺局，左宗棠1866年创办，是近代中国第一个，也是洋务运动时期最大的专门制造近代轮船的工厂。学堂由前学堂和后学堂组成，学制五年。①前学堂（造船学堂）专习制造技术，培养能够设计制造各种船用零件和整船设计的人才，课程有基本课程和实践课程。②后学堂学习驾驶和轮机技术，培养轮船驾驶和设计、制造方面的人才。③1868年2月，添设绘事院和艺圃。绘事院培养生产用图纸的制作人员；艺圃实际是在职培训学校，培养生产和技术骨干的做法，实开我国近代职工在职教育的先声。
 - （2）意义：
  - ①为近代中国海军输送了第一代舰战指挥和驾驶人才。
  - ②为近代中国船舰制造业的发展写下了光辉的一页。
  - ③是同类学堂的先驱和办的最久的一所，为这些学校输送了一批教师和管理人员。
  - ④被誉为"近代中国海军人才摇篮"。

4. 幼童留美与派遣留欧
 - （1）幼童留美：幼童留美始于1872年，最早提出建议的是容闳。每年派遣幼童30名，分四届共120名，学习年限是15年。到美后，学生除学习西学外，仍要兼习中学，同时派遣正、副委员（监督）和数名"中学"教师前往。首任正委员是陈兰彬，副委员是容闳。
 - （2）派遣留欧：留欧学生的派遣始于沈葆桢的建议，并以福建船政学堂的学生为主。1877年3月31日，中国近代第一批正式派遣留欧的学生赴欧。前、后学堂学生赴欧学习制造和驾驶，年限三年。第二届留欧生于1881年底分赴英、法、德国，学习营造、枪炮、火药、轮机、驾驶、鱼雷等，年限三年。第三届留欧生于1886年4月6日赴欧学习驾驶和制造。驾驶学习三年，制造学习六年。
 - （3）留学教育的意义：①传统教育观念再次受到冲击。②培养了一批新式人才，冲击了旧教育的培养目标和培养途径。③将西方社会科学介绍到中国，促进近代中国的思想解放。

（三）张之洞的"中体西用"教育思想（见下页）

七 中国教育的近代转折

（一）教会学校的举办和西方教育理念的引入（见上页）

（二）洋务教育的创立和发展（见上页）

（三）张之洞的"中体西用"教育思想

1. "中体西用"教会思想的形成与发展：解决"西学"与中国固有文明之间的关系问题时，洋务派提出的典型方案就是"中体西用"，在"中学"的主导下肯定"西学"的辅助作用和器用价值。1898 年春，张之洞撰成《劝学篇》，围绕"旧学为体，新学为用"的主旨集中阐述，形成了比较完整的思想体系。

2. 张之洞与《劝学篇》：张之洞所著《劝学篇》是对洋务运动的理论总结，并试图为以后的中国改革提供理论模式。《劝学篇》共 24 篇，分为内篇 9 篇和外篇 15 篇。内篇主旨：内篇务本，以正人心。外篇主旨：外篇务通，以开风气。通篇主旨归于"中学为体，西学为用"。内篇专从"中学"发题，外篇专从"西学"发题，也兼及中、西学的关系，即"旧学为体，新学为用，不使偏废。"内篇的《循序》篇主要论证中学之"体"对西学之"用"的主导和导向作用。

3. "中体西用"教会思想的历史作用与局限

　（1）历史作用
　　① "中体西用"在不危及"中体"的前提下侧重强调采纳西学，这既是洋务派的文化教育观，也是洋务派应对守旧派的策略。
　　② 在"中体西用"形式下，"西学"教育的规模不断扩大。
　　③ "中体西用"理论为"西学"教育的合理性进行了有效论证，促进了资本主义文化在中国的传播；在此原则下实施的留学教育和举办的新式学堂，给僵化的封建教育体制打开了缺口，改变了单一的传统教育结构。

　（2）局限："中体西用"作为一种文化整合方案和教会宗旨是粗糙的。它是在没有克服中、西学之间固有的内在矛盾的情况下的直接嫁接，必然会引起两者之间的排异性反应。抑制了维新思想的传播，不利于刚刚开始的思想启蒙运动。

八　近代教育体系的建立

（一）早期改良派的教育主张：全面学习西学；改革科举制度；建立近代学制；倡导女子教育。

（二）维新派的教育实践

1. 兴办学堂：维新性质的学堂包括两类。第一类是维新运动的代表人物为培养维新骨干、传播维新思想而设立的学堂，著名者有万木草堂、湖南时务学堂；第二类是在办学类型与模式、招生对象、教学内容等某些方面对洋务办学观念有所突破，领风气之先，著名者有北洋西学堂与南洋公学、经正女学。

2. 兴办学会与发行报刊

维新派通过创办各种学会和发行报刊来宣传维新思想。维新派以学会为阵地，以报刊为传媒，讲西学，宣传变法主张，抨击封建势力，进行维新思想的启蒙。学会与学堂相互补充，起到了扩大教育面，开明智、新民德的作用。

（1）1895 年 8 月，康有为与陈炽在北京创办《万国公报》（后更名为《中外纪闻》），同年 11-12 月间，在北京和上海成立强学会。

（2）1896 年梁启超在上海创办《时务报》，1897 年严复在天津创办《国闻报》等。

（三）百日维新中的教育改革

1. 创办京师大学堂：1896 年 6 月，李端棻在《请推广学校折》中首次向朝廷正式提出设立京师大学堂的建议。1898 年 6 月 11 日，光绪帝在《明定国是诏》中宣布举办京师大学堂。梁启超于 7 月 3 日草拟《京师大学堂章程》，获得光绪帝批准，并派孙家鼐管理京师大学堂。1900 年，京师大学堂毁于八国联军战火，1902 年恢复开办，并被纳入清末学制系统，规模逐步扩大。

2. 书院改办学堂：《明定国是诏》令大小书院一律改为兼习中、西学的新式学堂，民间祠庙一律改为小学堂。

3. 改革科举制度：1898 年 6 月 23 日，光绪帝下诏废除八股，改试策论。7 月 23 日，立经济特科，以选拔维新人才。经济特科是严修奏请设立，拟分为内政、外交、理财、经武、格物、考工六项，强调科举考试要以实学实政为主，不讲求楷法。

（四）康有为的教育思想

1. 维新运动中的教育改革主张

①废八股考试，改试策论，等学校普遍开设后，再废科举。

②大力创办学校，改变传统的教育内容，传授科学技术，培养新型人才。

2.《大同书》中的教育理想

在《大同书》中，康有为设想的理想社会是一个没有私有制和等级制，"人人平等，天下为公"的大同社会。在此社会中，教育是一个前后相衔接的完整的学校体系，包括人本院、育婴院、小学院、中学院和大学院。人本院和育婴院属学前教育，以养为主，以教为辅；小、中、大学院属学校教育，以教为主，以养为辅。

（1）人本院（出生前 ~ 0.5 岁）：负责胎教工作，是大同教育模式的基础。

（2）育婴院（慈幼院）（0.5 ~ 5、6 岁）：承担学前教育。

（3）小学院（6 ~ 10 岁）：初等教育，学龄教育的开始，是中学院和大学院的基础。（以德为先、养体为主而开智次之。）

（4）中学院（11 ~ 15 岁）：中等教育，这个阶段是人生的关键期，对人的学术发展、品德的形成具有重要意义。（人生学问之通否，德性之成否，皆视此年龄。）

（5）大学院（16 ~ 20 岁）：学龄教育的最高阶段，是专门之学、实验之学。分专门学科，并有相应专业教师从事教育教学，主要对学生进行专业训练。大学院是研究高深学问的地方，需根据学校不同性质选择学校位置。

（五）梁启超的教育思想

1. "开民智"、"兴民权"与教育作用：国势强弱随人民的教育程度为转移，必须通过教育而达到"开民智"的目的。他将"开民智"与"兴民权"联系起来，为"兴民权"而"开民智"，认为"权"生于"智"，揭示了专制与愚民、民主与科学的内在联系，"开民智"具有科学与民主启蒙的丰富内涵。

2. 培养"新民"的教育目的：梁启超在 1902 年发表《论教育当定宗旨》提出教育宗旨应当培养新民。《新民说》认为新民必须具有新道德、新思想、新精神、新的特性和品质，具有资产阶级政治信仰、思想观念、道德修养和适应资本主义社会生活的知识技能的新国民。

（六）严复的教育思想（见下页）

（七）清末教育与近代教育制度的建立（见下页）

（一）早期改良派的教育（见上页）
（二）维新派的教育实践（见上页）
（三）百日维新中的教育改革（见上页）
（四）康有为的教育思想（见上页）
（五）梁启超的教育思想（见上页）

八 近代教育体系的建立

（六）严复的教育思想

1. "鼓民力"、"开民智"、"兴民德"的三育论

严复是中国近代从德、智、体三要素出发建构教育目标模式的第一人。严复的三育论首次在《原强》中提出，源于斯宾塞的《教育论》。三育论基本确立了中国教育目标体系的近代化模式。
（1）鼓民力：提倡体育。
（2）开民智：全面开发人民的智慧，提高人民的教育文化水平，核心是改革科举制度，废除八股取士和训诂词章之学，讲求西学。
（3）新民德：改变传统德育内容，用西方的民主、自由、平等代替封建伦理道德，培养人民忠爱国家的观念意识。

2. 体用一致的文化教育观：严复的"体用一致"思想表现为"全盘西化"和西学自成体用的倾向，还包括对西学整体性和发展性的认识。他倡导对西方自然科学和社会政治学说的一体学习。

（七）清末教育新政与近代教育制度的建立

1. "壬寅学制"和"癸卯学制"的颁布

（1）壬寅学制：1902年8月15日，张百熙奏呈颁布《钦定学堂章程》又称"壬寅学制"，是中国近代第一个以中央政府名义制定的全国性学制系统，具体规定了各级各类学堂的性质、培养目标、入学条件、在学年限、课程设置和相互衔接关系。学制系列划分为三段七级。壬寅学制公布后未能实行。
（2）癸卯学制：1904年1月，重新公布了《奏定学堂章程》又称"癸卯学制"，是中国近代由中央政府颁布并首次得到施行的全国性法定学制系统，较"壬寅学制"更为系统详备。学制主系列划分为三段七级，分别是初等教育、中等教育和高等教育，学制年限长达20～21年。除主系列之外，还有实业类、师范类。
（3）学制性质：半资本主义半封建性。

2. 废科举，兴学堂：光绪帝于1905年9月2日宣告自隋代起实行了1300多年之久的科举考试制度的终结。

3. 建立教育行政体制

（1）中央：①1904年《学务纲要》规定专设总理学务大臣。②1905年12月，成立学部，作为统辖全国教育的中央教育行政机关，兼并原来的国子监。③1906年，政治体制改革，颁布各部官制通则草案，学部机构作了相应调整。④1909年颁布《视学官章程》，规定不再设专门的视学官。
（2）地方：①各省设立提督学政管理教育，1904年后部分省根据《学务纲要》设立学务处。②1906年，设提学使司作为各省专管教育的行政机构，长官为提学使。

4. 确定教育宗旨：中国近代教育宗旨正式颁布是光绪三十二年（1906年），由学部明定教育宗旨为"忠君、尊孔、尚公、尚武、尚实"，体现了"中体西用"的思想，是中国近代第一个以中央法令形式确定的、具有独立形态的教育宗旨。

5. 留日高潮与"庚款兴学"

（1）留日高潮
①原因
清政府政策上的提倡与鼓励。
日本政府推行吸引中国留学生的政策。
中国民族危亡的强烈刺激。
中日两国地理、文化上较接近。
②特点
留学生生源广泛，成分多样。
研习科目多种多样。
爱国热情高涨。

（2）庚款兴学与留美教育：《辛丑条约》后，美国国会通过议案，决定从1909年起，将所得庚子赔款的一部分以"先赔后退"的方式退还给中国，中国政府以所退庚款发展留美教育，即所谓的"庚款兴学"或"退款兴学"。通过"退款兴学"，美国达到了"把中国的留学潮流引向美国"的目的，中国留学生的流向结构从此发生了重大的变化。

九　近代教育体制的变革

（一）民国初年的教育改革
- 1. 制定教育方针
- 2. 颁布"壬子癸丑学制"

（二）蔡元培的教育实践与教育思想
- 1. "五育并举"的教育方针
- 2. 改革北京大学的教育实践
- 3. 教育独立思想

（三）新文化运动影响下的教育思潮和教育运动
- 1. 新文化运动促进教育观念改革
- 2. 新文化运动推动下的教育改革
- 3. 平民教育运动
- 4. 工读主义教育运动
- 5. 职业教育思潮
- 6. 勤工俭学运动
- 7. 科学教育思潮
- 8. 国家主义教育思潮

（四）学校教学方法的改革与实验
- 1. 现代西方教学理论在中国的传播
- 2. 设计教学法
- 3. 道尔顿制
- 4. 文纳特卡制

（五）1922 年"新学制"
- 1. 产生过程
- 2. 标准和体系
- 3. 特点
- 4. 课程标准
- 5. 评价

（六）收回教育权运动
- 1. 教会教育的扩张与变革
- 2. 收回教育权运动

（一）民国初年的教育改革

1. 制定教育方针：1912年2月蔡元培发表《对于教育方针之意见》对清末教育宗旨进行取消或改造，提出"五育并举"的教育方针，9月2日由教育部公布实施，内容为："注重道德教育，以实利教育、军国民教育辅之，更以美感教育完成其道德。"但因陈义过高，故未采纳，它以道德教育为核心，将培养受教育者具有共和国国民的健全人格作为首要任务。

2. 颁布"壬子癸丑学制"

（1）学制形成过程：在参照日本学制的基础上，结合中国实际经验，形成了民国新学制草案，于1912年7月全国临时教育会议通过。9月初，教育部正式公布民国学制系统的结构框架，即壬子学制。1913年8月，教育部陆续公布一系列法令规程，使得壬子学制得以充实和具体化，形成一个全面完整的学制系统，称壬子癸丑学制，又称1912-1913年学制。

（2）学制体系：学制主系列划分为三段四级。从进入初等小学校到大学本科毕业，学制总年限17-18年。主系列之外，还有师范类和实业教育类。

（3）特点
①缩短了学制年限。
②女子享有与男子平等的法定教育权。
③取消对毕业生奖励科举出身，消除了科举制度的阴魂。
④取消了忠君、尊孔的课程，增加了自然科学课程和生产技能的绩联。
⑤改进了教学方法，反对体罚，要求教育联系儿童实际，适合儿童身心发展的特点。

（二）蔡元培的教育实践与教育思想

1. "五育并举"的教育方针

（1）军国民教育：将军事教育引入学校和社会教育中，让学生和民众受到一定军事教育和训练。
（2）实利主义教育：使教育能发挥提高国家经济能力和改善人民生活水平的作用。
（3）公民道德教育：主张人们对东西方优秀道德教育思想、理念的兼收并蓄、圆融贯通。
（4）世界观教育：蔡元培独创并被作为是教育的最高境界。旨在培养人民立足现象世界但又超脱现象世界而贴近实体世界的观念和精神境界。
（5）美感教育：世界观教育通过美感教育引导人们具有实体世界的观念，是世界观教育的主要途径。

2. 改革北京大学的教育实践

（1）抱定宗旨，改变校风：①改变学生的观念。②整顿教师队伍，延聘积学热心的教员。③发展研究所，广积图书，引导师生研究兴趣。④砥砺德行，培养正当兴趣。
（2）贯彻"思想自由，兼容并包"的办学原则：是蔡元培办理北京大学的基本指导思想，同时也体现在教师聘任上。
（3）教授治校，民主管理。
（4）学科与教学体制改革：①扩充文理，改变"轻学而重术"的思想。②沟通文理，废科设系。③改年级制为选科制（学分制）。

3. 教育独立思想

1922年，蔡元培发表《教育独立议》，阐述了它的教育独立的主张。
（1）教育经费独立。
（2）教育行政独立。
（3）教育学术和内容独立。
（4）教育脱离宗教而独立。

（三）新文化运动影响下的教育思潮和教育运动

1. 新文化运动促进教育观念改革
- （1）教育的**个性化**。
- （2）教育的**平民化**。
- （3）教育的**实用化**。
- （4）教育的**科学化**。

2. 新文化运动推动下的教育改革
- （1）废除读经，恢复民国初年的教育宗旨。
- （2）教育普及有所发展，义务教育得到提倡。
- （3）学校教学内容的改革，推行白话文和国语，中等教育开始注意科学和实用。
- （4）改革师范教育和大学，调整全国师范教育布局。

3. 平民教育运动
- （1）共同点：批判传统"贵族主义"的等级教育，破除封建统治者独占教育的局面，使普通平民百姓享有教育权利，获得文化知识，改变生存状况。
- （2）两种倾向：①以陈独秀、李大钊、邓中夏为代表的初具共产主义思想的知识分子，要求平民教育必须**符合劳动人民谋求自身解放的根本利益**，尤其应与破除阶级统治的革命斗争同时进行。②资产阶级和小资产阶级知识分子，把平民教育视为**救国和改良社会的主要手段**，希望借此实现平民（民主）政治。

4. 工读主义教育运动
- （1）基本内涵：以工兼学、勤工俭学、工人求学、学生做工、工学结合、工学并进，培养朴素工作和艰苦求学的精神，以求消弭体脑差别。
- （2）四种主张
  - ①1919 年 2 月，由匡互生、周予同等北高师学生发起组织的工学会，倡导"**工学主义**"，主张把工学视为实现民主自由、发展实业、救济中国社会的武器。
  - ②王光圻组织的北京工读互助团代表更为激进、影响更大的**工读主义派别**，将工读视为实现新组织、新生活、新社会的有效手段。
  - ③以李大钊为代表的初具共产主义思想的知识分子倡导并实行工读，初步提出了知识分子与工农结合的思想。
  - ④以胡适、张东荪为代表的观点可称为**纯粹的工读主义**，将工读看成纯粹的经济问题，不承认其改造社会的功能。

5. 职业教育思潮：由清末民初的实利主义和实用主义教育思想演变而来，**最主要的倡导者**是近代著名教育家**黄炎培**。其基本内涵涉及"**授人一技之长**"和"**促进实业发展**"。

6. 勤工俭学运动：1915 年，蔡元培、李石曾、吴玉章等人在法国创立"**勤工俭学会**"，明确提出以"**勤于工作，俭于求学，以进劳动者之智识**"为宗旨，创造了半工半读的教育形式，产生最初的工读主义教育思想。早期共产主义者是留法勤工俭学运动的主要发起、组织和参加者，以李大钊、毛泽东等人为代表，留法勤工俭学运动性质发生变化，从通过勤工与俭学维持学业，提高到勤工与俭学相结合、探索改造中国出路的认识高度。

7. 科学教育思潮
- （1）基本内涵：①"物质上之知识"的传授；②应用科学方法于教育研究和对人的科学精神、科学态度的训练，尤以后者为重。
- （2）新文化时期的流派：①以任鸿隽为代表的中国科学社和《科学》杂志；②以陈独秀为代表的激进民主主义者；③以胡适为代表的实证主义。
- （3）"五四"后表现：①科学的**教育化趋势**。②教育的**科学化趋势**。

8. 国家主义教育思潮：是一种具有强烈资产阶级民族主义色彩的社会思潮，于 20 世纪初在中国兴起。其内涵为：一是以教育为国家的工具，教育目的对内在于保持国家安宁和进步，对外在于抵抗侵略、延存国脉；二是教育是国家的任务，教育设施应完全由国家负责经营、办理，国家对教育不能采取放任态度。其主旨是以国家为中心，反对社会革命，通过加强国家观念的教育实现国家的统一与独立。

（四）学校教学方法的改革与实验

1. 现代西方教学理论在中国的传播：我国现代教育产生后，最早传入的教学法是赫尔巴特的五段教学法。它以学生的心理过程为依据，强调教师的主导作用，注重课堂教学形式的组织和规范化。因它不利于因材施教及充分发展学生的个性和主动性等问题，新的教学组织形式和教学法传入中国，其中对我国中小学教学影响最大的是设计教学法和道尔顿制。

2. 设计教学法：由克伯屈创造，1917 年输入中国，在中国的影响最持久，直至 1949 年，设计教学法始终是我国教育理论界和师范院校中小学教学法研究中的一项重要内容。

3. 道尔顿制：是相对于班级授课制的个别教学制度，由柏克赫斯特创造，1922 年引入中国，具有自由、合作和时间预算三个原则。

4. 文纳特卡制：是比道尔顿教学法更为激进的个别教学方法（也叫适应个性教学法），由华虚朋创造，1928 年引入中国。

（五）1922 年"新学制"

1. 产生过程
（1）1915 年，在全国教育会联合会第一届年会上，湖南省教育会年会上提出了改革学制系统案。
（2）1921 年 10 月，全国教育会联合会第七届年会通过新的"学制系统草案"。
（3）1922 年 9 月，教育部在北京专门召开学制会议，11 月 1 日以大总统令公布了《学校系统改革案》，即 1922 年的"新学制"，或称"壬戌学制"。由于采用的是美国式的六三三分段法，又称"六三三学制"。

2. 标准和体系
（1）标准：①适应社会进化之需要；②发扬平民教育精神；③谋个性之发展；④注意国民经济力；⑤注意生活教育；⑥使教育易于普及；⑦多留各地伸缩余地。
（2）体系：规定儿童 6 岁入小学，小学 6 年，其中初级小学 4 年，高级小学 2 年，中学分为初、高级各 3 年，大学 4-6 年，小学之下有幼稚园，大学之上有大学院；横向以普通教育为基干，辅以师范教育、职业教育和成人教育。

3. 特点
（1）根据儿童身心发展规律划分教育阶段。
（2）初等教育阶段趋于合理，更加务实。
（3）中等教育阶段是改制的核心，是新学制中的精粹。
（4）建立了比较完善的职业教育系统。
（5）改革师范教育制度。
（6）在高等教育阶段，缩短高等教育年限，取消大学预科。
（7）注重天才教育和特种教育。

4. 课程标准：1923 年 6 月公布了《中小学课程标准纲要》，对小学、初中、高中的课程设置作了规定。

5. 评价
（1）优点：①虽借鉴美制但未盲从。②加强了中等教育和职业教育的训练。③有利于初级中等教育的普及。④比较彻底的摆脱了封建传统教育的束缚，具有适应社会和个人需要等新时代特点。⑤标志中国近代以来国家学制体系建设的基本完成。
（2）缺点：①过高估计实用主义的影响是不客观的，它忽视我们各族人民教育界广大人士的辛勤劳动及表现出的才智。②具体实施中，缺乏师资、教材、设备等。

（六）收回教育权运动

1. 教会教育的扩张与变革：20 年代中期，教育界掀起向在华基督教机构收回教育权的运动，推动了教会学校的本土化和世俗化变革。

2. 收回教育权运动
（1）1922 年 3 月，蔡元培在《新教育杂志》发表《教育独立议》，极力主张教育脱离政党与宗教而独立，率先举起反基督教教育的大旗。
（2）1923 年 9 月，余家菊在《少年中国》上发表《教会教育问题》，率先提出"收回教育权"的口号，要求对教会学校"施行学校注册法"。
（3）1924 年 6 月，"广州学生收回教育权运动委员会"宣告成立。
（4）1925 年，收回教育权运动在"五卅运动"中达到高潮。11 月 16 日颁布《外人捐资设立学校请求许可办法》是收回教育权运动最大的实际性成果。

十 南京国民政府时期的教育

（一）教育宗旨与教育方针的变迁

1. 党化教育：是在国民党指导下，求得教育的"革命化"、"民众化"、"科学化"、"社会化"。其目的在于强化国民党对学校教育的控制，为实现其一党专制服务。
2. "三民主义"教育宗旨：中华民国之教育，根据三民主义，以充实人们生活，扶植社会生存，发展国民生计，延续民族生命为目的；务期民族独立，民权普遍，民生发展，以促进世界大同。
3. "战时须作平时看"的教育方针：1937 年 8 月，国民政府提出"战时须作平时看"的教育方针，颁布"一切仍以维持正常教育"为主旨的《总动员时督导教育工作办法纲领》。一方面采取战时的教育应急措施，一方面强调维持正常的教育和管理秩序。此方针既顾及了教育为抗战服务的近期任务，也考虑了教育为战后国家重建和发展的远期目标，使得教育事业在艰苦卓绝的战争环境中仍有所发展。

（二）教育制度改革

1. 大学院和大学区制的试行：1927 年 6 月，国民党中央执行委员会通过蔡元培等人的提案，试行大学院和大学区制。10 月 1 日，大学院正式成立。大学院和大学区制是一次忽略中国国情的失败的教育管理改革实践。
2. "戊辰学制"的颁布：1928 年 5 月，在中华民国大学院第一次全国教育会议上，在 1922 年新学制的基础上提出《整理中华民国学校系统案》，即"戊辰学制"。学制分为原则与组织系统两部分。

（三）学校教育的管理措施

1. 训育制度：训育制度是国民政府在学校里进行常规政治思想教育和实行管理的基本组织形式。1939 年 9 月，教育部颁布的《训育纲要》从训育的意义、内容、目标、实施诸方面规定了学校训育，是一个最为集中体现国民党训育思想的纲领性文件。
2. 中小学校的童子军训练：童子军是一种使儿童少年接受军事化教育训练的组织形式。1928 年 5 月，国民党中央常务会议通过《中国国民党童子军总章》规定以"三民主义"培养革命青年，凡 12 至 18 岁之青少年皆须入伍受童子军训练。
3. 高中以上学生的军训：1929 年 1 月，教育部颁发《修正高中以上学校军事教育方案》，规定高中以上学校军事科每学年 3 学分，两年共 6 学分。1933 年 3 月，蒋介石下令："凡高中以上学校学生军训不合格者，不得补考、投考大学。"这就将军训作为完成学业和升学的必要条件。
4. 颁布课程标准，实行教科书审查制度
   - （1）颁布课程标准：1928 年 12 月，教育部公布《中小学课程标准起草委员会规程》，着手制定中小学校的课程科目、课程目标、教授时间、教学方法和学分标准等要点。1929 年 8 月，教育部公布幼儿园、小学、中学三个课程暂行标准。1938 年至 1948 年的 10 年中，教育部召开三次全国大学课程会议，先后颁发文、理、法、医、农、工、商、师范八个学院的共同必修科目、分系必修科目和选修科目表，强调基础训练、基本要求和扩大知识面。
   - （2）实行教科书审查制度：南京临时政府 1912 年 5 月颁布《审定教科图书暂行章程》，1927 年通过《组织教科书审查会章程》。大学院时期，政府设立专门编审机构，还公布了《教科图书审查条例》。这十分明确地强调了以国民党的党纲、党义和"三民主义"为审查教科书的标准。
5. 实行毕业会考：1932 年起，教育部开始整顿全国教育，重点在中等教育。中学毕业会考是整顿的重要措施与内容之一。1932 年 5 月，国民政府教育部公布了《中小学毕业会考暂行规定》，开始民国时期中小学生的毕业会考制度。1933 年 12 月，公布《中学毕业会考规程》，取消了小学生毕业会考，保留中学会考。

（四）学校教育的发展

1. 幼儿教育：1904 年颁布实施的"癸卯学制"规定幼儿教育机构为蒙养院，1912 年"壬子癸丑学制"改称蒙养园，1922 年新学制又改称幼稚园。1932 年，国民政府教育部颁布《小学组织法》，规定小学得设幼稚园。幼稚园多采用西方设计教学法，办园形式以半日制为主。1939 年 12 月 24 日公布《幼稚园规程》，后修改为《幼稚园设置办法》于 1943 年 12 月 20 日公布实施，作为设置幼稚园的准则。1923 年，陈鹤琴在南京创设了我国第一所实验幼稚园，即鼓楼幼稚园。
2. 初等教育
   - （1）1927-1937 年为稳定发展时期，民国初等教育基本定型。
   - （2）抗日战争时期，实施国民教育制度，在时局动荡中仍能维持一定的发展。
   - （3）抗战胜利后，国民党发动全面内战，初等教育走向衰败。
3. 中等教育
   - （1）在统治的最初十年，通过颁布一系列法规调整中等教育内部结构，保证了中等教育的发展。
   - （2）抗战时期由于"抗战建国"方针，中学数量增长较快。
   - （3）抗战胜利后，全国中学数量达到最高点。
4. 高等教育
   - （1）前十年稳步发展，逐渐定型。
   - （2）抗日战争爆发后的一段时期开始下挫。
   - （3）抗战胜利后，大学学校和学生数量都达到最高点。
5. 抗日战争时期的学校西迁
   - （1）一些原有著名大学经过合并组合，使各自的优良传统和学科优势得以发扬和互补，形成新特色。
   - （2）在西南、西北新设和改制了一些大学。

十一 中国共产党领导下的教育

（一）新民主主义教育的发端

1. 工农教育

（1）工人教育：中国共产党领导的工人教育，是通过领导全国职工运动的中国劳动组合书记部并依靠各级工会开展的。北方最早创办的工人教育机构是长辛店劳动补习学校；在各地的工人教育中，湖南地区最具有代表性。

（2）农民教育：广东海陆丰地区是农民运动最早兴起和农民教育最早开展的地区。1923年1月，海丰农民总会成立。总农会下设教育部，开办了农民学校，具体实施了澎湃提出的"农民教育"。1926年5月，广东省举行第二次农民代表大会，通过了《农村教育决议案》，规定了农民教育的方针、组织、师资、经费等问题。1926年12月湖南省第一次农民代表大会通过了《农村教育决议案》。

2. 湖南自修大学：1921年8月，毛泽东、何叔衡等在长沙利用船山学社的旧址和经费，办了一所新型学校，即湖南自修大学。其办学宗旨是办成一所"平民主义的大学"，并实行了独特的教学制度、方法和课程。

3. 上海大学：共产党领导的又一类型高等学校，创办于1922年春。办学目的是培养研究社会实际问题和建设新文艺的革命人才；教学采用教师授课与学生自学相结合的方式，尤重学生在认真读书、思考基础上的讨论。

4. 农民运动讲习所：国共合作时期培养农民运动干部的学校，也是全国农民运动研究中心，创办于1924年7月，初为广州农民运动讲习所，至1926年9月共办6届。根据办学目的和形势需要，采取短训班形式，每期3个月，课程与教学安排始终坚持马克思主义理论与实际斗争需要紧密联系的原则，采取课堂讲授与课外实习、自学与集体讨论、调查研究相结合的方式。

5. 李大钊的教育思想

（1）论教育的本质：李大钊运用历史唯物主义说明教育的本质问题，提醒人们正确认识教育与社会发展的关系。他指出文化教育受经济基础和政治制约，要改造中国光靠教育本身是不够的，首先要解决经济基础问题。

（2）倡导工农大众的教育：资产阶级不可能有真正的平民主义，根据工人生产和生活的现状，广大工农群众必须面对实际，争取劳工的受教育机会。他还认识到劳工教育中农民教育的重要性，号召有志青年到农村去，"利用乡间学校，开办农民补习班"。

（3）倡导青年教育：①青年必须树立正确的人生观；②青年必须磨炼坚强的意志；③青年必须走上与工农相结合的道路。

6. 恽代英的教育思想

（1）论教育与社会改造：首先肯定"教育确是改造社会的有力的工具"，但要发挥这一作用，关键在于以社会改造的目的办教育，以社会的需要决定教育。

（2）论教育的改造：①主张儿童教育的改造；②提出了改造中等教育的课程、教科书和教学方法的思想。

（二）新民主主义教育方针的形成

1. 苏维埃文化教育总方针：1934年1月，毛泽东在第二次全国苏维埃代表大会的工作报告中，表述了苏区教育的根本方针："在于以共产主义的精神来教育广大的劳苦民众，在于使文化教育为革命战争与阶级斗争服务，在于使教育要与劳动联系起来，在于使中国民众都成为享受文明幸福的人。"

2. 抗日战争时期中国共产党的教育方针政策

（1）总方针：在一切为着战争的原则下，一切文化教育事业，均应使之适合战争需要。

（2）主要内容：①教育为抗战服务；②建立抗日文化教育统一战线；③干部教育第一，国民教育第二的政策；④实行生产劳动的教育政策；⑤民办公助的政策。

3. "民族的、科学的、大众的"文化教育方针：民族的科学的大众的文化，就是人民大众反帝反封建的文化，就是新民主主义的文化，就是中华民族的新文化。这是文化的方针，也是教育的方针。

（三）革命根据地的干部教育

1. 干部在职培训：苏区在职干部教育开展得最早，目的在于提高在职干部水平或训练某种专业人员，通过干部培训班、在职干部学校实施。1927年11月，毛泽东在宁冈砻市龙江书院创办了第一个红军军官教导队。

2. 干部学校教育

（1）高级干部学校：①马克思共产主义大学；②苏维埃大学；③红军大学（工农红军郝西史大学校）。

（2）中层干部学校：①中央农业学校；②中央列宁师范学校；③高尔基戏剧学校。

3. 中国人民抗日军政大学

简称"抗大"，1936年6月在陕北瓦窑堡成立西北抗日红军大学，1937年1月迁延安，改名为中国人民抗日军事政治大学。

（1）教育方针：①坚定不移的政治方向；②艰苦奋斗的工作作风；③机动灵活的战略战术。

（2）抗大校训：团结、紧张、严肃、活泼。

（3）政治思想教育：①学习理论，提高马克思主义理论水平。②学习中共党内斗争的文件，提高党性意识。③开展群众性的自我教育。④严格的组织纪律要求。⑤深入工农群众，投身于火热的斗争中去，向工农学习，向实际学习。

（4）抗大学风：最重要的传统是理论联系实际。

（5）教学方法：①启发式；②研究式；③实验式；④"活"的考试。

（四）革命根据地和解放区的群众教育和学校教育（见下页）

（五）革命根据地和解放区教育的基本经验（见下页）

十一 中国共产党领导下的教育

（一）新民主主义教育的发端（见上页）

（二）新民主主义教育方针的形成（见上页）

（三）革命根据地的干部教育（见上页）

（四）革命根据地和解放区的群众教育和学校教育

1. 群众教育：分为军队和地方两种。群众教育的目的是扫除文盲以及让一般群众都能理解战争、配合战争、参与战争。

2. 根据地的小学教育：苏维埃政府规定一切儿童不分性别与成分，都可以接受免费的义务教育，但在国内战争环境下，应首先保证劳动工农的子女接受免费义务教育。

3. 解放区中小学教育的正规化：教育正规化问题的提出和落实，标志着教育开始有意识地从为革命战争服务转移到为和平建设事业服务上来。

4. 解放区高等教育的整顿与建设
- （1）办抗大式训练班。
- （2）解放区原有的大学进一步规范化。
- （3）创办新大学。

（五）革命根据地和解放区教育的基本经验

1. 教育为政治服务
- （1）在安排各类教育的发展时，正确处理了特定环境下的轻重缓急，保证了最迫切需要的满足。
- （2）在教育内容的确定上，始终服从了战争的需要。
- （3）在教育教学组织安排上，充分考虑到战争条件和政治需要。

2. 教育与生产劳动相结合
- （1）教育内容紧密联系当时当地的生产和生活实际，进行劳动习惯和观点、劳动知识和技能的教育。
- （2）教育教学的组织形式和时间安排注意适应生产需要。
- （3）要求学生参加实际的生产劳动。

3. 依靠群众办教育
- （1）群众教育由群众自己办，政府只给予一定的指导，保证教育政策的执行。
- （2）普通教育依靠群众力量，政府通过各种形式帮助群众办学。
- （3）干部教育不脱离群众，办学考虑群众工作的实际，尊重群众的办学建议。

十二 现代教育家的教育探索

（一）杨贤江的马克思主义教育理论

杨贤江是中国最早的马克思主义理论家和青年教育家，撰成第一部运用历史唯物主义分析世界教育历史的著作《教育史ABC》和第一部运用马克思主义论述教育原理的专著《新教育大纲》。

1. 论教育的本质：在《新教育大纲》中提出教育为"观念形态的劳动领域之一"，即社会的上层建筑之一。教育取决于经济基础，又反作用于经济基础；教育是劳动力再生产的手段；教育属于上层建筑和作为劳动力再生产的手段。因此，教育具有两重性。

2. "全人生指导"与青年教育

（1）对青年问题的分析：青年的身心特点以及社会动荡剧变易导致青年问题。

（2）全人生指导

全人生指导是对青年进行全面关心、教育和引导。

①指导青年树立正确的人生观，是杨贤江青年教育思想的核心。

②主张青年要干预政治，投身革命，认为这是中国社会的出路，也是青年的出路。

③强调青年必须学习，这是青年的权利与义务。

④对青年的生活也提出了指导性意见。完美的青年生活包括健康生活、劳动生活、公民生活和文化生活。宗旨是要有强健的体魄和精神、工作的知识和技能、服务人群的理想和才干、丰富的风尚和习惯。

⑤具有正确生活态度的青年所应具有的特征：活动性、奋斗性、多趣性、认真性。

（二）黄炎培的职业教育思想与实践

黄炎培是我国近现代著名爱国主义者和民主主义教育家，是我国近代职业教育的奠基人。他第一个提倡、推广职业教育，创办了职业教育团体，即中华职业教育社。

1. 职业教育的探索：1913年发表《学校教育采用实用主义之商榷》提倡教育与学生生活、学校与社会实际相联系的实用主义。1917年发表《中华职业教育社宣言书》，标志着以黄炎培为代表的职业教育思潮的形成。

2. 职业教育思想体系

（1）职业教育的作用：①就理论价值而言，在于谋个性之发展，为个人谋生之准备，为个人服务社会之准备，为国家及世界增进生产力之准备。②就其教育和社会影响而言，在于通过提高国民的职业素养，确立社会国家的基础。③就其对当时中国社会的作用而言，在于解决中国最大、最重要、最困难、最急需解决的人民生计的问题。

（2）职业教育的地位：黄炎培认为职业教育在学校教育制度上的地位是一贯的、整个的、正统的。

（3）职业教育的目的：使无业者有业，使有业者乐业。

（4）职业教育的方针：社会化、科学化的职业教育办学方针。①社会化被视为职业教育机关唯一的生命；②科学化是指用科学来解决职业教育的问题。

（5）职业教育的教学原则：手脑并用，做学合一，理论与实践并行，知识与技能并重。

（6）职业道德教育：基本要求是敬业乐群，并将其作为中华职业学校的校训。

（三）晏阳初的乡村教育实验

晏阳初是我国现代史上著名的教育家、世界平民教育运动与乡村改造运动的倡导者。

1. "四大教育"与"三大方式"

（1）四大教育

晏阳初把中国最基本的问题归结为"愚、贫、弱、私"，解决这些问题必须推行文艺教育、生计教育、卫生教育、公民教育。

①以文艺教育攻愚，培养知识力。

②以生计教育攻穷，培养生产力。

③以卫生教育攻弱，培养强健力。

④以公民教育攻私，培养团结力。

（2）三大方式

①学校式教育：以青少年为对象，包括初级平民教育、高级平民教育、生计巡回学校。

②社会式教育：以一般群众及有组织的农民团体为对象。

③家庭式教育：对各家庭中不同地位的成员用横向联系的方法组织起来进行教育的一种方法。

2. "化农民"与"农民化"：是晏阳初进行乡村建设实验的目标和途径。晏阳初认为改造中国就应从改造农村、建设农村做起。他大力提倡知识分子与村民一起劳动和生活，认为欲"化农民"，须先"农民化"。

（四）梁漱溟的乡村教育建设（见下页）

（五）陶行知的"生活教育"思想与实践（见下页）

（六）陈鹤琴的"活教育"探索（见下页）

（一）杨贤江的马克思主义教育理论（见上页）
（二）黄炎培的职业教育思想与实践（见上页）
（三）晏阳初的乡村教育实验（见上页）

十二　现代教育家的教育探索

（四）梁漱溟的乡村教育建设

梁漱溟是中国现代著名的思想家、教育家和社会活动家，现代新儒学的早期代表人物之一，有外国学者称之为"中国最后的儒家"。在 20 世纪二三十年代中国的乡村教育运动中，他的"乡农教育"实验独树一帜。

1. 乡村建设与乡村教育理论
（1）中国问题的症结：中国文化失调，而非愚贫弱私。
（2）解决中国问题的办法：乡村建设。
（3）乡村建设与乡村教育：乡村建设应以乡村教育为方法，乡村教育应以乡村建设为目标，建设教育二者不能分开。

2. 乡村教育的实施
（1）乡农学校的设立：分村学和乡学两级。①按教育程度分：文盲和半文盲入村学，识字的成年农民入乡学；②按行政功能分：村学是基础组织，乡学是上层机构；③组织结构：按农村自然村落及其行政级别形成；④组织原则：政教养卫合一，以教统政和学校式教育与社会式教育融合归一。
（2）乡农学校的教育内容：①各校共有的课程，包括识字、唱歌等普通课程和精神讲话，尤重后者；②各校根据自身生活环境需要而设置的课程。

（五）陶行知的"生活教育"思想与实践

1. 生活教育实践
（1）针对教师的教和学生的学脱节的现象，主张将"教授法"改为"教学法"，突出教与学的联系。
（2）创办晓庄学校，倡导"艺友制师范教育"的模式和"教学做合一"的方法培养教师，同时确立"生活即教育"、"社会即学校"、"教学做合一"的生活教育理论。
（3）创办山海工学团，以贫苦大众为教育对象，采取半工半读的教育组织。
（4）推行"小先生制"，主要利用上学的儿童、小学生来教不识字的儿童、成年人甚至老年人。

2. "生活教育"理论体系
（1）生活即教育：生活教育理论的核心。内涵为：生活含有教育的意义；实际生活是教育的中心；生活决定教育，教育改造生活。强调教育以生活为中心，反对传统教育脱离生活而以书本为中心。
（2）社会即学校："生活即教育"思想在学校与社会关系问题上的具体化。内涵为：社会含有学校的意味；学校含有社会的意味。扩大了学校教育的内涵和作用，改变了传统的学校观、教育观。
（3）教学做合一：生活教育理论的教学论，是"生活即教育"在教学方法问题上的具体化。内涵为：在劳力上劳心；行是知之始；有教先学和有学有教；对注入式教学法的否定。

3. 特点和方针
（1）六个特点：生活的、行动的、大众的、前进的、世界的、有历史联系的。
（2）方针：民主的、大众的、科学的、创造的。

（六）陈鹤琴的"活教育"探索

陈鹤琴是我国近代学前儿童教育理论和实践的开创者。他倡导"活教育"，为改革传统教育提出了极有价值的思路。

1. 儿童教育和"活教育"实验：投身教育改革，翻译西方新理论、新方法，探究中国儿童心理发展及教育规律，写成《儿童心理之研究》；创办了中国第一所实验幼稚园，即南京鼓楼幼稚园，形成了系统的、有民族特色的学前教育思想；1941 年 1 月创办《活教育》杂志，标志着有全国影响的"活教育"理论的形成和"活教育"运动的开始。

2. "活教育"思想体系
（1）目的论："活教育"的目的是，做人、做中国人、做现代中国人。现代中国人的要求：要有健全的身体；要有建设的能力；要有创造的能力；要能够合作；要服务。
（2）课程论：大自然、大社会都是活教材。"活教材"是取自大自然、大社会中的"直接的书"。课程采用活动中心和活动单元的形式，即能体现儿童生活整体性和连贯性的"五指活动（五组活动）"，包括儿童健康活动、儿童社会活动、儿童科学活动、儿童艺术活动、儿童文学活动。
（3）教学论："活教育"教学方法的基本原则是"做中教，做中学，做中求进步"。"做"是学生学习的基础，也是"活教育"教学论的出发点，确立学生在教学活动中的主体性。"活教育"教学的四个步骤：实验观察、阅读思考、创作发表、批评研讨。

第三部分 外国教育史

在西方教育思想史上，柏拉图的《理想国》和卢梭的《爱弥儿》、杜威的《民主主义与教育》堪称三大里程碑。

一 东方文明古国的教育

（一）两河流域的教育

1. 苏美尔文化
   - （1）公元 4000 年，苏美尔发明了"泥板书"和文字，后演变成楔形文字。
   - （2）学校的由来：最早的学校与寺庙有关，使用的教材是泥板书，泥板成为主要学习工具，学校被称为"泥板书舍"。
   - （3）教学内容：重视语言，尤重书写能力，此外还有阅读、翻译、计算等。
   - （4）教学方法：师徒传授式；常用体罚。

2. 巴比伦文化
   - （1）教学内容：寺庙学校有两级。初级教育主要教授读写；高级教育教授读写及文法、苏美尔文学、祈祷文。
   - （2）教学方法：师徒传授式。
   - （3）教育特点：为少数人垄断，奴隶不能享受学校教育；一般限于职业官吏、僧侣、文艺家等少数人能掌握复杂的楔形文字知识

（二）古代埃及的教育

1. 学校类型
   - （1）宫廷学校：埃及最古老的学校，国王法老设立在宫廷中，以教育皇子皇孙和朝臣的子弟为宗旨，学生学习完毕后接受适当的业务锻炼，即可委任为官吏。
   - （2）僧侣学校（寺庙学校）：附设在寺庙中的学校，着重科学技术教育，亦为学术中心。重视科学教育，是传授高深学识的学府，培养能力优且水平高的人。
   - （3）职官学校（书吏学校）：由政府部门建立，训练能从事某种专项工作的官员，修业期 12 年。教学内容包括普通文化课程及专门职业教育，以吏为师。
   - （4）文士学校：培养能熟练运用文字从事书写及计算工作的人。通常教授书写、计算、有关律令的知识有的还教授数学、天文和地理。其中，书写最受重视，是基本课业，也是费力的工作。

2. 教学方法：惯用灌输和体罚，教师施行体罚被认为是正当、合理的。

（三）古代印度的教育

1. 婆罗门时期的教育
   - （1）时间：公元前 6 世纪前的印度教育常称为婆罗门教育。
   - （2）教育目的：以维持种姓压迫和培养宗教意识为核心任务。
   - （3）教育对象：主要为婆罗门高级种姓，但受教育权利的内容不同。
   - （4）教育形式：早期以家庭教育为主，公元前 8 世纪，出现了一种办在家庭中的婆罗门学校，通称"古儒学校"，教师称为"古儒"，学习年限为 12 年。
   - （5）学习内容：主要为《吠陀》经。
   - （6）教学方法：强调记诵和练习。常用体罚，对年龄较大的学生恩威并施。会让年龄稍大的学生充当助手，协助教师教其他学生，这是最早的"导生制"形式之一。

2. 佛教教育
   - （1）教育目的：让人们弃绝人间享乐，蔑视现实人生，通过修行，大彻大悟，追求来世。
   - （2）教育场所：最重要的场所是寺院。
   - （3）学习内容：主要为佛教经典，以宗教知识为主。
   - （4）教学方法：以地方语言解说，还将讲道与个人钻研结合起来。
   - （5）女子教育：佛教重视女子教育，尼庵和寺院并存，是女僧修行和学习之地，水平不如寺院高。

（四）古代希伯来的教育

1. 第一时期的教育
   - （1）教育形式：以家庭教育为主。
   - （2）教育内容：培养宗教信仰是最重要的目标。

2. 第二时期的教育：抛弃家庭教育，发展学校教育。希伯来人把教育当作神圣事业，教师称为"拉比"，类似埃及的文士。

（五）古代东方文明古国教育特点

1. 产生了最早的科学知识、文字以及学校教育。
2. 各国教育及不同时期教育各有其特征，教育具有强烈的阶级性及等级性。
3. 教育内容较丰富，反映了统治阶级的需要和社会进步及人类多方面发展的需要。
4. 教育机构种类繁多，形态各殊，有助于满足不同统治阶层的需要，具有森严等级性和强大适应力。
5. 教育方法创新，但简单，体罚盛行，实行个别施教，尚未形成正规的教学组织形式。
6. 知识成为统治阶级的专利，教师地位高。
7. 唯有中国文化及其促成的教育源远流长，这是中国教育史的独特之处和优异之处。

二　古希腊教育

（一）古风时期的教育

1. 斯巴达教育

斯巴达将教育当作一项极其重要的国家事业，完全由国家控制。

（1）教育目的：培养英勇果敢的战士是教育的唯一目的。

（2）教育过程
① 实行严格的新生儿体检制度，由长老检查，不合格的被弃之荒野。
② 7岁以前，公民子女在家中接受母亲的养育。
③ 7岁至18岁，儿童进入国家的教育机构，开始军营生活。
④ 18至20岁，进入青年军事训练团（埃佛比）接受正规军事训练。教学任务是进行正规的军事训练，其中一个重要科目是"秘密服役"。
⑤ 20岁的公民子弟开始接受实战训练。30岁，正式获得公民资格。

（3）教育内容：①忍耐劳苦训练；②军事体育训练：五项竞技（赛跑、跳跃、摔跤、掷铁饼、投标枪）；③道德教育，中心是训练绝对服从的精神。

（4）女子教育：女子通常和男子接受同样的军事、体育训练，其目的有二，一是造就体格强壮的母亲，以生育健康的子女；二是当男子出征时，妇女能担负起防守本土的职责。

（5）评价：片面的以国家目的为教育目的的教育实践严重阻碍了斯巴达人的才能发展；但斯巴达教育中的国家导向型和实用性、专业性教育的模式代表着世界教育史上一种重要的实践方向。

2. 雅典教育

（1）教育目的：培养身心和谐发展的合格公民，即健美的体魄和高尚的心灵完美结合的人。

（2）教学过程
① 由父亲负责体格检查。
② 7岁前实行家庭教育，儿童在家中由父母养育。
③ 7岁之后，女孩在家中由母亲负责教育，学习纺织、缝纫等技能；男孩进入文法、弦琴学校学习。
④ 13岁左右，公民子弟继续在文法或弦琴学校学习，还要进入体操学校（角力学校），接受各种体育训练，目的在于使公民子弟具有健全的体魄和顽强、坚忍的品质。
⑤ 18-20岁，青年进入青年军事团，接受军事教育。到20岁，经过一定的仪式，被授予公民称号。

（3）评价：重视理性教育，对身心和谐发展教育理念的理解，对职业化和专业化教育的反对，对自由教育的强调等对后世的教育思想和实践具有重大影响。

（二）古典时期的教育

1. "智者派"的教育活动与观念

古典时期是古希腊教育发展的黄金时期。以智者的出现为标志，古希腊（尤其是雅典）教育进入了一个新的发展阶段。

（1）智者，又称诡辩家，原指某种精神方面的能力和技巧，以及拥有它们的人。后被用来专指以收费授徒为职业的巡回教师，是西方最早的职业教师。智者的共同思想特征是相对主义、个人主义、感觉主义和怀疑主义。

（2）教育贡献
① 云游各地，授徒讲学，以钱财而不以门第作为教学唯一的条件，不仅推动了文化的传播，而且扩大了教育对象的范围，促进了社会流动。
② 拓展了学术研究的领域，扩大了教育内容的范围。西方教育史上"七艺"的"前三艺"（文法、修辞学和辩证法），由智者首先确定。
③ 最关心道德问题和政治问题，并作为主要教育内容，丰富了教育内容，提供了一种新型的教育，即政治家或统治者的预备教育。
④ 作为职业教师，智者较为明确意识到教育活动的特殊性，并开始自觉地把教育现象与社会现象区分开。

2. 苏格拉底的教育活动与思想

苏格拉底是古希腊著名的哲学家、教育家，实现了从自然哲学向伦理哲学的转变，是西方教育史上有长远影响的第一位教育家。

（1）教育目的：造就道德高尚、才能卓越的治国人才。

（2）美德即知识
① 道德不是天生的，正确的行为基于正确的判断，教人道德就是教人智慧，教人辨别是非、善恶，正确行事，智慧就是道德。
② 智慧即德行（知识即道德）的论断在教育实践上具有重要意义。既然正确行为基于正确认识，对人进行道德教育就是可能的，道德是可教的。

（3）论智育：治国者必须具有广博的知识。除教授政治、伦理、雄辩术和人生所需要的各种实际知识外，第一次将几何、天文、算术列为必须学习的科目。

（4）苏格拉底方法
① 定义，又称问答法、产婆术，是苏格拉底探讨伦理哲学的研究方法及教学方法，由讥讽、助产术、归纳和定义四个步骤组成的独特方法。讥讽是就对方的发言不断提出追问，迫使对方自陷矛盾，无词以对，终于承认自己的无知；助产术即帮助对方自己得到问题的答案；归纳即从各种具体事物中找到事物的共性、本质，通过对具体事物的比较寻求"一般"；定义是把个别事物归入一般概念，得到关于事物的普遍概念。
② 评价：优点是不将现成的结论硬性灌输或强加于对方，而是与对方共同讨论，通过不断提问诱导对方认识并承认自己的错误，自然而然地得到正确的结论；这种方法遵循从具体到抽象、从个别到一般、从已知到未知的规则，为后世的教学法所吸取。局限在于这种原始的教学法不是万能的教学方法，只能在一定条件下和适度范围内作为参照。

3. 柏拉图的教育活动与思想（见下页）

4. 亚里士多德的教育活动与思想（见下页）

二 古希腊教育

（一）古风时期的教育（见上页）

1. "智者派"的教育活动与观念（见上页）
2. 苏格拉底的教育活动与思想（见上页）

（二）古典时期的教育

3. 柏拉图的教育活动与思想

柏拉图是古代西方哲学史上客观唯心主义的最大代表。在西方教育思想史上，柏拉图的《理想国》和卢梭的《爱弥儿》、杜威的《民主主义与教育》堪称三大里程碑。

（1）学园：是柏拉图创建的西方最早的高等教育机构。学园开展了广泛的教学活动，培养各类人才，也进行了哲学和自然科学领域的学术研究，学园的教学形式和方法灵活多样，苏格拉底式的谈话法被普遍采用。学园造就了一大批在各领域做出贡献的知名学者，一度成为当时希腊世界的学术活动中心。

（2）学习即回忆
①柏拉图认为从感性的个别事物中不能得到真知识，只有通过感性事物引起思维，认识共相，才能达到对真理的把握。
②强调理性思维，追求共相、本质，把思维、共相看成与外界无关的、存在于人的灵魂的内部。
③认识就是回忆，学习并不是从外部得到什么东西，它只是回忆灵魂中已有的知识。

（3）《理想国》
《理想国》是一部讨论政治和教育的著作，被认为是西方教育史上最为重要和伟大的教育著作之一。
①教育目的：教育的最高目标是培养哲学家兼政治家，即哲学王，教育的最终目标是促使"灵魂转向"。
②教育阶段
第一阶段，学前教育期（0-6岁），主要目的在于养成未来公民所应具有的勇敢、坚毅、快乐等品性。
第二阶段，普通教育期（7-16、17岁），音乐和体育必须相伴而行，达到使人身心和谐发展的目的。
第三阶段，军事训练期（17-20岁），知识的学习以实用为主，目的在于培养素质全面的军人。
第四阶段，深入研究期（20-30岁），大部分青年投入军营，成为国家守卫者；少数经筛选的优秀青年继续研究高深的科学理论，进入哲学家的培养阶段，主要学习科目是"四艺"，即算数、几何、天文和音乐理论。
第五阶段，哲学教育期（30-35岁），五年的哲学教育后，投入实际工作中进行锻炼，直到50岁，在实际工作和知识学习中成就卓越，特别是哲学上造诣高深的人，才能最终成为哲学王。
③教育对象：女子和男子应受同样的教育，从事相同的职业。
④教育内容：提出了广泛的教育内容（算术、几何、天文、音乐），并与智者的三艺（文法、修辞、辩证法）合称"七艺"。
⑤评价
积极因素：国家重视教育，教育与政治结合；高度评价教育在人的塑造中的作用；将算术、几何、天文、音乐列入教学科目；第一次提出以考试作为选拔人才的手段之一；强调身心协调发展；提倡男女平等；注意早期教育；主张课程学习与实际锻炼相结合；净化教育内容，反对强迫学习，以理性指导欲望作为道德教育的中心任。
消极因素：过于强调一致性，用一个刻板的模子铸造人，忽视个性发展；拒绝变革，"不让体育和音乐翻新"，认为音乐的翻新会给国家带来危害。

4. 亚里士多德的教育活动与思想

亚里士多德是古希腊哲学的集大成者，举世公认的历史上第一位百科全书式的思想家。他的《政治学》是西方第一部专门的政治学著作。

（1）吕克昂：亚里士多德创办的哲学学校。学校注重科学研究和相应的实验和训练，并建有图书馆、实验室和博物馆，是实践亚里士多德教育观念的主要机构。后与学园等合并为雅典大学。

（2）灵魂论
①组成部分：人的灵魂由三部分组成，即营养的灵魂、感觉的灵魂和理性的灵魂，分别对应植物的灵魂、动物的灵魂和人的生命。如果灵魂既是营养的，也是感觉的，同时又是理性的，就是人的灵魂。
②意义：第一，说明人也是动物，人的身上也有动物性的东西，且与生俱来；第二，人具有理性，人不同于动物，高于动物；第三，灵魂的三个组成部分的理论为教育必须包括体育、德育、智育提供了人性论上的依据。

（3）自由教育：亦称文雅教育，反对教育具有功利性，主张以提高一般文化素养为目的，只适合自由民。其教学内容为不受任何功利目的的影响的自由知识，也称为自由学科（七艺），包括音乐、文法、修辞、几何、算术、天文、逻辑（辩证法）等。

三 古 罗 马 教 育

（一）共和时期的教育

1. 共和早期的教育
（1）教育类型：农民—军人的教育。
（2）教育形式：家庭教育。古罗马以"家长制"出名。
（3）教育内容：以道德—公民教育为核心，文化教育占的比重很小。
（4）教育阶段：1-7 岁的男女儿童由母亲抚养与教育；7 岁起，女童在家中从母亲那学习作为未来的主妇与母亲的教育；男童的教育由父亲负责，7-16 岁与父亲形影不离。
（5）教育方法：实践与观察。

2. 共和后期的教育
（1）初等教育
①教育对象：7-12 岁的男女儿童入小学。
②教师地位：小学教师的收入菲薄，社会地位低下。
③教育内容：读、写、算，其中包括学习道德格言和《十二铜表法》，音乐和体育不受重视。
（2）中等教育（文法学校）
①教育对象：12-16 岁的贵族及富家子女。
②学校类型：起初教授希腊语和希腊文学，叫做希腊文法学校；后拉丁文法学校迅速发展。
③教学内容：文法学校以学习文法为主，包括文学和语言。希腊文法学校主要学习《荷马史诗》和其他古希腊作家的作品；拉丁文法学校主要学习西塞罗等人的著作。两种学校也学习地理、历史、数学和自然科学，但较肤浅。
④教学方法：讲解、听写和背诵。
（3）高等教育（修辞学校、雄辩术学校）
①教育对象：准备担任公职的贵族子弟。
②教育目标：培养演说家或雄辩家，满足古罗马日趋激烈的政治斗争和社会生活的需要。
③教育内容：重视学习文学和修辞学，还设有辩证法、历史、数学、天文学、几何、伦理学和音乐等科目。

（二）帝国时期的教育

1. 帝国的教育变革
（1）改变了教育目的：把培养演说家改为培养效忠于帝国的顺民和官吏。
（2）建立统一的教育制度：对私立的初等学校实现国家监督，把部分私立文法学校和修辞学校改为国立，以便国家对教育的严格控制。
（3）加强教师管理：提高教师的地位和待遇，改教师的私人选聘为国家委派。

2. 帝国时期的各级教育
（1）初等教育
①教育对象：平民子女为主要对象。
②教育内容：读、写、算和道德教育。
③教学方法：教师要求学生把文法的定义和规则抄录下来并加以背诵。
（2）中等教育（文法学校）：教学逐渐趋向形式主义。教学与实际脱节，主要集中于文法和文学，实用学科减少。文学教学也日趋注意形式，忽视内容本身。
（3）高等教育（修辞学校）：高等教育从培养演说家变为培养官吏。文法、修辞教育虽保留下来，但走向形式主义。出现了专门教授法律的私立学校，其教学方法是阅读和背诵，由著名律师讲解法律，后被改为国立；出现了医护学校，由著名医生担任教师，采取理论和实践相结合的培养模式。

（三）古罗马的教育思想（见下页）

（一）共和时期的教育（见上页）
（二）帝国时期的教育（见上页）

三　古罗马教育

（三）古罗马的教育思想

1. 西塞罗的教育思想

西塞罗是古罗马共和后期最杰出的演说家、教育家，古罗马文学黄金时代的天才作家，其代表作是《论雄辩家》。在书中，他讨论了一个演说家和雄辩家所必需的学问和应有的品格以及培养。

（1）雄辩家的定义：一个名副其实的雄辩家必须能就眼前任何需要用语言艺术阐述的问题，以规定的模式，脱离讲稿，伴以恰当的姿势，得体而审慎地进行演说。

（2）雄辩家教育的内容
　　①广博的学识：拥有全部自由艺术和各种重要的知识。
　　②在修辞学方面具有特殊的修养：表达正确；通俗易懂；优美生动；语言与主题相称。
　　③优美的举止与文雅的风度。

（3）雄辩家的培养方法：练习是必不可少的环节，最常用的练习方法是模拟演说。写作也可以锻炼人的思维能力和表达能力，这种能力可以转移到演说能力中去。

2. 昆体良的教育思想

昆体良是古罗马帝国时期著名的雄辩家和教育家，其代表作《雄辩术原理》全面阐述了教育教学的基本原理和方法，一般被认为是西方最早的教育学尤其是教学法的著作。

（1）论教育与天赋
　　①研究儿童的天赋、倾向、才能，根据其倾向和才能进行教育和教学。
　　②教育必须遵循儿童的年龄特点。
　　③重视儿童的天性，适应儿童的倾向和才能，是为了更好地发挥教育的作用。

（2）德行是雄辩家的首要品质：教育的目的是培养善良而精于雄辩术的人；雄辩家的主要任务是宣扬正义和德行，指导人们趋善避恶，为正义与真理辩护。

（3）学校教育优于家庭教育
　　①家庭和学校都可能产生善德和恶德，不能把家庭理想化。
　　②学校教育可以起到激励学生的作用。
　　③学校能给儿童提供多方面的知识，还能养成学生适应社会公共生活的习惯和参加社会活动的能力。

（4）论学前教育：昆体良认为，在幼儿能说话的前后就应该进行智育，主张教幼儿认识字母、书写和阅读。学前教育的方法最要紧的是要特别当心不要让儿童在还不能热爱学习的时候就厌恶学习；要使最初的教育成为一种娱乐。昆体良在教育史上第一个提出双语教育问题。

（5）教学理论
　　①班级授课制思想的萌芽：大多数的教学可以用同样大小的声音传达给全体学生。根据一些教师的实践，可以把儿童分成班级，依照他们每个人的能力，指定他们依次发言。
　　②专业教育应建立在广博的普通知识基础上。
　　③关于启发诱导和提问解答的教学方法：以此测验学生的鉴别能力；防止学生漫不经心，防止他们对教师的讲课充耳不闻；引导班上的学生自己发现问题，运用他们的智力，达到课堂提问这种教学方法的最终目的。

（6）对教师的要求：①德才兼备；②宽严相济；③有耐心，多勉励，少斥责；④懂得教学艺术；⑤注意儿童间的差异，因材施教。

（7）评价：昆体良的教育思想既是对自己长期以来教学工作实践经验的总结，又是对古罗马教育理论和教育实践的梳理，是古罗马教育理论的最高成就。他强调专业教育和普通教育相结合，为文法学校制定的课程体系以及对文法学校的深刻见解，对教学理论的真知灼见，都对后世欧洲教育产生了深远的影响。

四 西欧中世纪教育

（一）基督教教育

1. 基督教教育的机构与内容

（1）修道院

修道院又称僧院学校或隐修院学校，最初不是真正的教育机构，只是一种**教徒集体修行的场所**。进入中世纪以后，特别是早期，承担起教育的基本职能，成为**西欧最主要的教育机构**。

①教育对象：最初只接收侍奉上帝、准备充当神职人员的人，后来也接纳不以神职为生的人。两类学生分开，前者称"**内学**"，毕业后将终生做圣职；后者称"**外学**"，入修道院只学习知识，学成后仍为俗人。

②教育阶段：学生一般 10 **岁左右入学**，学习期限大约为 8 **年**。

③教育内容：早期主要强调**宗教信仰**的培养，学习简单的读、写、算；后期课程加深，"七艺"成为主要课程体系。

④教学方法：教师由教士担任，教学方法主要是**教师口授**和**学生背诵、抄写**相结合。实行**个别教学**，学生的入学时间、学习进度和时间安排因人而异。学校纪律严格，体罚盛行。

（2）主教学校（座堂学校）：创始于英格兰，设在主教所在地，学校性质和水平与修道院学校相近。创始之初的目的在于培养教士，由于缺乏资源和教士，在办学形式上采用**学徒制**。开设的课程基本上是"七艺"，也包含一些宗教经典的学习，未构成儿童专门化学习的科目。

（3）教区学校

教区学校又称党区学校，是由教会举办的面向**一般世俗群众**的普通学校，中世纪欧洲**最普遍**的学校教育形式。

①教育对象：由教士或其他指定的教会人员负责，招收 7-20 **岁的男生**（少数也招收女生）。

②教育内容：以灌输**宗教知识**为主，同时也进行读、写、算及简单世俗知识的教学。

③特点：与修道院和主教学校相比，教育范围更广，培养目标更宽泛，但学校条件和水平较低。

2. 基督教教育的特点

（1）教育**目的宗教化**：为了培养教会人才，扩大教会势力，巩固封建统治。

（2）教育**内容神学化**：主要课程是**神学**和"七艺"。

（3）教育**方法原始、机械、繁琐**：为了维护教会、神学的绝对权威，强迫学生盲目绝对服从《圣经》和教师，学校个别施教，纪律严格，体罚盛行。

（二）世俗教育

1. 宫廷学校

（1）宫廷学校是一种设在国王或贵族宫中，主要培养王公贵族后代的教育机构。

（2）教育内容与方法：教育内容主要是**七艺**，教学方法采用**问答法**。

（3）著名宫廷学校：法兰克王国查理曼大帝统治时期开办的宫廷学校和萨克森王国阿尔弗雷德大帝开办的宫廷学校。

（4）教育目的：**培养封建统治阶级所需要的官吏**。

2. 骑士教育

（1）骑士教育是西欧中世纪封建社会一种特殊的教育形式，是**封建等级制度的产物**。骑士教育是一种特殊形式的家庭教育，主要目标是培养勇猛豪侠、忠君敬主的骑士精神和技能。

（2）骑士教育三阶段

①**家庭教育阶段**（出生 -7、8 岁）：儿童在家庭中接受母亲的教育，主要内容是宗教知识、道德教育和身体的养护与锻炼。

②**礼文教育阶段**（侍童教育阶段）（7、8 岁 -14 岁）：贵族按等级将儿子送入**高一级家中当侍童**，侍奉主人和贵妇，学习上流社会的礼节和行为规范及一些知识内容，但更多是吟诗、弈棋、唱歌、奏乐等技艺；贵族子弟学习赛跑、角力、游泳和击剑，以便成长为身体强壮、能征善战的武士。

③**侍从教育阶段**（14 岁 -21 岁），重点学习"**骑士七技**"，即骑马、游泳、投枪、击剑、打猎、弈棋和吟诗，同时还要侍奉领主和贵妇。**年满 21 岁时通过授职典礼**，正式获得**骑士称号**。

（3）评价

①优点：内容虽然简单，但比较实用，以培养当时社会所需要的实际应用人才为主。中世纪备受歌颂的"**骑士精神**"，体现了当时社会所崇尚的人格品质和道德风范。骑士教育注重礼仪和文雅的举止，对以后的绅士教育有一定的影响。

②缺点：骑士教育是一种**典型的武夫教育**，不重视文化知识的传授，重在灌输服从与效忠的思想观念，训练勇猛作战的诸种本领，养成封建统治阶级的保卫者。骑士教育以基督教信仰和封臣制为基础，包含了浓厚的**封建等级特征**。

3. 城市学校与行会学校

（1）产生背景：新兴市民阶层具有本阶级的特殊经济利益和政治斗争的需要，产生了教育需求，从而出现了城市学校。

（2）定义：城市学校不是一所学校的名称，而是为新兴市民阶层子弟开办的学校的总称，包含**不同种类、不同规模**的学校。如行会学校、基尔特学校。

（3）特点

①领导权：最初大多由行会和商会开办，后来学校逐渐由市政当局接管。

②学校性质：基本上属于**世俗性质**，打破了教会对学校教育的垄断。

③教学内容：强调**世俗知识**，特别是读、写、算的基础知识和与商业、手工业活动有关的各科知识的学习。

④培养目标：主要满足新兴城市对从事手工业、商业等职业人才的需要，具有一定的职业训练的性质。

（4）评价：①城市学校是适应生产发展和市民阶层的利益需要而出现的新型学校，具有很强的生命力，在教会的多方阻挠中成长起来。②城市学校的兴起和发展对处于萌芽阶段的资本主义生产方式的成长起了促进作用。

4. 中世纪大学（见下页）

（三）拜占廷和阿拉伯教育（见下页）

四 西欧中世纪教育

（一）基督教教育（见上页）

1. 宫廷学校（见上页）
2. 骑士教育（见上页）
3. 城市学校与行会学校（见上页）

（二）世俗教育

4. 中世纪大学

中世纪大学是一种与教会教育完全不同的、世俗的和专业化的新型高等教育机构。

（1）产生的原因
- ①中世纪后期，经济的复苏和城市的复兴为中世纪大学的产生提供了物质条件，同时也为师生提供了共同研讨学问的必要场所。
- ②市民阶层的兴起，迫切需要一种能满足其自身需要的、新型的和世俗的教育机构和教育内容。
- ③十字军东征带来了东方的文化，开拓了西欧人的视野；经院哲学的产生及其内部的论争，繁荣了西欧的学术氛围。在这种背景下，西欧出现了文化教育的复兴，为中世纪大学奠定了重要的知识基础。
- ④基督教的教育机构为中世纪大学的产生奠定了组织基础。

（2）中世纪著名的大学：①萨莱诺大学：从事医学教育和研究的大学。②波隆那大学：研究和学习法律。③巴黎大学：欧洲正统神学理论的研究中心。④英国的牛津大学、剑桥大学。⑤德国的海德堡大学、科隆大学。

（3）中世纪大学的发展
- ①领导体制："学生"大学，学生主管校务；"先生"大学，教师主管校务，巴黎大学是其典型。
- ②培养目标：基本目的是进行职业训练，培养社会所需要的专业人才。
- ③教学内容：文学院属大学预科，一般课程六年。学生结束学习后分别进入法学院、神学院、医学院，学习有关专业课程。
- ④学位制度：有了学位制度。学生修毕大学课程，经考试合格后可得"硕士""博士"学位，
- ⑤教学方法：演讲（最常用）和辩论。

（4）评价
- ①优点：中世纪大学产生后，迅速成为欧洲文化复兴和传播的中心，也是随后进行的文艺复兴、宗教改革和近代启蒙运动的重要阵地。中世纪大学追求和传播高深学问的宗旨、世俗化的趋向、学术自治的组织原则、教学体系、学业考核制度、法律地位等，乃是近现代大学教育制度的直接先驱。
- ②局限性：教会势力强大，大学的宗教色彩比较浓厚。

（三）拜占廷和阿拉伯教育

1. 拜占廷教育

（1）教育类型
- ①世俗教育：
  - 初等教育：招收6-12岁儿童，学习正字法、文法初步、算术及《荷马史诗》等。
  - 中等教育：主要是文法学校，学习文法和古典作品。
  - 高等教育机构：最有影响力的是君士坦丁堡大学，基础课程为七艺。
- ②教会教育：包括远离城市的隐修院（修道院）和附设于主教教堂里的座堂学校。

（2）教育特点
- ①直接继承古希腊和古罗马的文化教育遗产。
- ②存在因世俗生活需要而得到发展的世俗教育体系。
- ③教会的文化教育体系与世俗的文化教育体系长期并存。
- ④除主教外，所有教士均可结婚。

（3）教育影响
- ①保存和传播了古希腊、古罗马的文化
- ②于东欧而言，拜占廷是伟大的教育者、引导者、宗教和文明的源泉。
- ③于西欧而言，拜占廷与其保持经济联系，对意大利的文艺复兴也起到了一定的作用。
- ④对阿拉伯教育的发展也有影响。

2. 阿拉伯教育

（1）主要教育机构
- ①昆它布：初级教育场所，通常是教师在家招收少量学生，教简单的读写，教学内容主要是《古兰经》、语法、诗歌、算术等，也有教骑马、游泳等。教学重背诵。是否收费由教师决定。
- ②宫廷学校和府邸教育：为哈里发设立的教育。哈里发作为政治和宗教的领袖，必须具备较丰富的知识。一些贵族请教师到家教育后代。宫廷沙龙盛行，主持人是哈里发，参加者有等级限制，且须准备充分，遵守时间。
- ③学馆：学者在家讲学的地方。讲授内容较为高深，相当于中等程度教育。是私人讲学的一种重要形式。
- ④清真寺：既是教徒礼拜的圣地、施行政令的要地、宗教法庭的所在，也是重要的教育场所。穆罕默德是最早提倡清真寺教育的人。清真寺鼓励男童入学，也吸收女童入学。在清真寺里，除附设昆它布对儿童施以初等教育外，也传授高深知识。许多清真寺实际上相当于高等教育机构，每个较大的清真寺都有学校，这些学校教授神学、法律、哲学、历史和科学。教学以记诵为主。
- ⑤图书馆与大学：既收藏图书，也培养学者，是特殊形式的高等教育机构。

（2）教育特点：尊师重教、教育机会较均等、神学与实用课程并存、教学组织形式多样和多方筹集教育资金以保证发展教育的物质条件。

（3）教育影响
- ①推行了一种较开明的文化教育政策，在文化科学成就上达到引人注目的高峰。
- ②对被征服地区人民的宗教信仰和文化较宽容，鼓励学术研究，借此迅速发展自己的文化与教育。
- ③在天文学、医学、哲学和文学方面也做出了自己的贡献。
- ④各学校制度、课程、教师地位和学生游学等对欧洲大学有很大影响，进而影响欧洲的文艺复兴。

五 文艺复兴时期的教育

（一）人文主义教育家

1. 弗吉里奥

弗吉里奥是第一个表达人文教育思想的人。他对昆体良《雄辩家的教育》的注释，引起了人们对昆体良教育思想的极大关注。他写了《论绅士风度与自由学科》的专题论文，全面概括了人文主义教育的目的和方法。

（1）实施通才教育（自由教育、博雅教育）：弗吉里奥认为人文主义教育的目的在于对青少年施以通才教育以培养身心全面发展的人。通才教育是一种符合自由人的价值的，使受教育者获致品德与智慧的，能唤起和发展那些使人趋于高贵的身心的最高才能的教育。

（2）教育内容：最推崇历史、伦理学（道德哲学）和雄辩术，认为它们最能体现人文主义精神。

（3）教学方法：必须使所教内容适合学生的个人爱好和年龄特征。

（4）绅士教育的课程：①重视体育锻炼；②推荐"七艺"，强调文学的风格，尤其重视"四艺"。

2. 维多里诺

维多里诺是弗吉里奥教育理想的实践者，被称为第一个新式教师。

（1）教育实践：开办宫廷学校"快乐之家"，师生关系融洽，是当时欧洲最好的宫廷学校及欧洲大陆人文学校的范例，被认为是人文主义学校的发源地。

（2）教育目的：培养身心和谐发展的人，即"受过良好教育的完全公民"。

（3）教育内容：主张通才教育，以古典学科作为课程的中心。重视学生品德的培养以及基督教信仰的养成。

（4）教学方法：采用多种教学方法，并注意教学方法的实用性，尊重学生的天性和个性。

3. 伊拉斯谟

伊拉斯谟是16世纪早期荷兰著名的人文主义思想家和杰出的教育理论家，在人文主义教育方面有重要贡献，被称为"欧洲的导师"。他和《乌托邦》的作者莫尔被认为是北欧文艺复兴的典型代表。他在教育方面的代表作主要是《基督教君主的教育》和《论童蒙的自由教育》。

（1）人生观：认为人性中有潜在的能力，经过精心的培养和适当的教育，可以充分地、完美地实现。他非常重视人的后天教育，认为影响人的发展因素有：自然、训练（最重要）和练习。

（2）国家和教会的教育责任：认为教育对国家和个人都是重要的，坚决主张国家和教会应提供足够数量的、能胜任青年教育工作的合格教师来促进教育事业。

（3）教学方法：主张教师了解儿童的性情，因材施教，对学生严慈相济，反对体罚和羞辱儿童。

4. 莫尔

莫尔是英国最著名的人文主义者，西方早期的空想社会主义者，其教育思想主要体现在《乌托邦》中。

（1）要求废除私有制，实行公共教育制度，所有儿童不分男女皆享有平等的受教育权。

（2）所学知识主要是古代作家尤其是古希腊作家的作品。

（3）要求培养儿童良好品质，以及对神的虔敬。

（4）重视劳动的价值并要求对青少年进行劳动教育。

5. 蒙田

蒙田是16世纪法国具有人文主义思想的作家和教育家，其主要著作是《散文集》，他的教育思想主要体现在《论学究气》和《论儿童的教育》中。

（1）对经院哲学的批判：批判中世纪经院主义的"学究气"。蒙田认为教育的真正意义是使儿童获得智慧、实际判断能力和认识事物本质的能力，使之成长得更聪明。

（2）教育目的：在于培养"完全的绅士"。

（3）重视实行：认为学究式的学问是无用的，教师教的和学生学的应是对生活实际有用的东西。行动和实践是教育的重要手段，也是检验学生学习效果的尺度。

（4）教学方法：主张学习的彻底性，强调学生把所学的知识变成自己的东西，反对死记硬背，提倡学习的独立性。

（5）教师的作用：蒙田十分重视教师的作用。主张教师要根据学生的能力施教，采用谈话、练习、旅行等多种方法进行教学。

（二）人文主义教育的特征、影响和贡献

2. 特征

（1）人本主义。培养目标上注重个性发展，在教育教学方法是反对禁欲主义，尊重儿童天性，坚信通过教育的后天力量可以重塑个人、改造社会和自然，充分肯定了人的力量和人的价值。

（2）古典主义。人文主义教育实践尤其是课程设置具有古典性质，但绝非纯粹"复古"，实则含有古为今用、托古改制的内涵。

（3）世俗性。从教育目的和课程设置来看，人文主义教育洋溢着浓厚的世俗精神，教育更注重今生而非来世，这是人文主义教育与中世纪教育的根本区别。

（4）宗教性。几乎所有的人文主义教育家都信仰上帝，他们希冀以世俗和人文精神改造中世纪陈腐专横的宗教性以造就一种更富世俗色彩和人性色彩的宗教性。

（5）贵族性。由文艺复兴运动的性质决定的。人文主义教育的对象主要是上层子弟，教育的形式多为宫廷教育和家庭教育而非大众教育，教育的目的主要是培养上层人物。

3. 影响和贡献

（1）教育内容发生变化。美育和体育复兴并关注自然知识的学习。

（2）教育职能发生变化。从训练、束缚自己服从上帝到使人更好地欣赏、创造和履行地位所赋予人的职责。

（3）教育价值观发生变化。重新发现人并重新确立其地位，强调人性的高贵，复兴了古希腊的个人主义价值观。

（4）复兴了古典的教育理想。形成了全面和谐发展的完人的教育观念，从中世纪培养教士的目标转向文艺复兴培养绅士的目标。

（5）复兴了自由教育的传统。教育推崇理性，复兴古希腊的自由教育。

（6）兴起了自然主义教育思想。按照人的天性来生活，按照人的需求和本性来设置课程，尊重受教育者的兴趣、爱好、欲望和天性，出现了直观、游戏、野外活动等教育新方法。

（7）出现了新道德教育观。新道德观在人文主义的学校中开始取代天主教会的道德观。教育家们强烈要求尊重儿童，反对体罚。

（8）教育与劳动相结合及共产主义的教育思想。

（9）建立了新型的人文主义教育机构。

（10）促进了大学的改造与发展。

（11）教育理论不断丰富。

（12）推动了教育世俗化的历史进程。

六 宗教改革时期的教育

（一）新教的教育思想与实践

1. 马丁·路德的教育实践与思想

宗教改革运动始于德国，发起者是威登堡大学神学教授马丁·路德。

（1）路德的宗教与政治主张
- ①主张因信称义。
- ②主张众信徒皆教士。
- ③提倡新的善功与天职观念。
- ④主张政教分离。

（2）教育思想
- ①教育目的：首要目的是宗教性的，同时强调教育的世俗性目的。
- ②教育原则：教育权由国家而不是由教会掌握；由国家推行普及义务教育。
- ③教育内容：初等学校教学内容以宗教为主，《圣经》是主要学习科目。中、高等教育教学内容主要是古典科目，意图是为了更好地理解《圣经》和其他基督教典籍。
- ④教学方法：要求废除体罚，满足儿童求知和活动的兴趣，并主张运用直观的方法教学。

2. 加尔文的教育实践与思想

加尔文教派的思想与路德相似，但更强调个人在宗教生活中的地位。

（1）教育思想
- ①教育作用：重视教育对个人生活、社会生活和宗教生活的意义。
- ②教育原则：提出普及、免费教育的主张，要求国家开办公立学校，实行免费教育，使所有儿童都有机会受到教育，学习基督教教义和日常生活所需要的知识技能。
- ③教育目的：具有双重性，首先是为了促进宗教信仰，其次是为了世俗利益。
- ④教育内容：重视人文学科的价值。在中等教育中注意将宗教科目与人文科目的学习相结合。重视法语教学，在古典语言教学中注意克服形式主义倾向。

（2）教育实践：创立了相对完整的教育体系以及日内瓦学院，影响了西方高等教育发展，此外还创办了法律学校和文科中学等。

（二）天主教教育：耶稣会学校

耶稣会是反宗教改革运动的先锋和中坚，其首创者是西班牙人罗耀拉。

1. 教育作用：耶稣会把兴办教育视为实现其宗教和政治目的的重要手段，挽救了由于新教教育的冲击而导致的天主教教育的颓势，使天主教教育得以东山再起。
2. 培养目标：培养精英以控制未来的统治阶层。
3. 教育内容：
   - ①初级部：5-6年，相当于中等教育和大学预科，学习内容以人文学科为主。
   - ②高级部：即哲学部和神学部，属于高等教育。哲学部年限一般3年，内容为逻辑学等；神学部是最高一级的教育，年限为4-5年，学习《圣经》和经院哲学（尤其是阿奎那的著作）。
4. 教学管理：以《耶稣会章程》和《教学大全》为标准和尺度，对学校工作有普遍的指导意义，保证了散布欧洲各地的耶稣会学校组织和管理上的统一、集中、稳定和高效。
5. 师资管理：重视师资的培养和训练，主要包括：宗教训练、知识训练及有关教育和教学方法方面的训练。
6. 教学组织形式：班级授课制。
7. 教学方法：使用讲座、辩论、考试、竞赛等多种方法，提倡温和纪律，强调亲密的师生关系，很少使用体罚。
8. 评价：耶稣会的高质量教学赢得了良好的声誉。但耶稣会学校企图重建教皇和天主教会对欧洲统治的宗教性政治目的，使得其与历史潮流相背离，并与民族国家的兴起相对立，因此其教育必然会受到冷落。

七、欧美主要国家和日本的教育发展

（一）英国教育的发展
1. 公学
2. 贝尔一兰开斯特制
3. 1870 年《初等教育法》（福斯特法）
4.《巴尔福教育法》
5.《哈多报告》
6.《1944 年教育法》
7.《1988 年教育改革法》

（二）法国教育的发展
1. 启蒙运动时期的国民教育设想
2.《帝国大学令》与大学区制
3.《费里教育法》
4.《郎之万一瓦隆教育改革方案》
5. 1959 年《教育改革法》

（三）德国教育的发展
1. 国民教育的兴起
2. 巴西多与泛爱学校
3. 实科中学
4. 柏林大学与现代大学制度的确立
5. 德意志帝国与魏玛共和国时期的教育
6.《改组和统一公立普通学校教育的总纲计划》

（四）俄国及苏联教育的发展
1. 彼得一世教育改革
2.《国民学校章程》
3. 苏联建国初期的教育管理体制改革
5.《统一劳动学校规程》
4. 20 世纪 20 年代的学制调整和教学改革实验
6. 20 世纪 30 年代教育的调整、巩固和发展

（五）美国教育的发展
1. 殖民地普及义务教育
2. 贺拉斯·曼与公立学校运动
3.《莫雷尔法案》
4. 六三三学制
5. 初级学院运动
6.《国防教育法》
7.《中小学教育法》
8. 生计教育
9. "返回基础" 教育运动
10.《国家处在危险之中：教育改革势在必行》

（六）日本教育的发展
1. 明治维新时期教育改革
2. 军国主义教育体制的形成与发展
3.《教育基本法》和《学校教育法》
4. 20 世纪 70-80 年代的教育改革

1. 公学：公学是相对于私人延聘家庭教师的教学而言，强调这种学校是由公众团体集资兴办，其教学目的是培养一般公职人员，其学生是在公开场所接受教育，它较之一般的文法学校师资及设施条件好、收费更高，是典型的贵族学校。

2. 贝尔—兰开斯特制：又称导生制，由英国传教士贝尔和兰开斯特所创。导生制的具体实施是：教师在学生中选择一些年龄较大、学习成绩较好的学生充当导生，教师先对导生进行教学，然后由他们去教其他学生。运用导生制这种方法，使得学生的数额大大增加，但因其难以保证教育质量而最终被人们抛弃。

（一）英国教育的发展

3. 1870年《初等教育法》（《福斯特法》）
(1) 法案内容：①国家对教育享有补助权和监督权，在缺少学校的地区设置公立学校；②全国划分学区，设立学校委员会管理地方教育；③对5-12岁儿童实施强迫性初等教育；④承认以前各派教会所兴办或管理的学校为国家教育机关；⑤学校中的普通教育与宗教分离，凡接受公款补助的学校一律不得强迫学生上特定的宗教教义课程。
(2) 评价：该法案的颁布与实施加速了英国初等教育的发展，标志着英国初等国民教育制度正式形成。

4.《巴尔福教育法》
(1) 法令内容：①设立地方教育当局，以取代原来的地方教育委员会，主要职责是：保证初等教育的发展，享有设立公立中等学校的权力，并为中等学校和师范学校提供资金。②地方教育当局有权对私立学校和教会学校提供资助和控制。
(2) 评价：该法案是英国进入20世纪后所制定的第一部重要的教育法，促成了英国中央教育委员会和地方教育当局的结合，形成了以地方教育当局为主的英国教育行政体制，并首次强调初等教育和中等教育的衔接。

5.《哈多报告》
包括三份关于青少年教育的报告，影响最大的是1926年的报告。
(1) 报告内容：①小学教育应当重新称为初等教育；②儿童在11岁以后所受到的各种形式的教育均称为中等教育；③为了使每个儿童进入最适合的学校，应当在11岁时进行选拔性考试。同时规定，义务教育的最高年龄为15岁。
(2) 评价：该法案第一次从国家的角度阐明了初等教育与中等教育衔接，中等教育面向全体儿童的思想，并从儿童发展的角度，明确提出初等教育后教育分流的主张，以满足不同阶层人们的需求。

6.《1944年教育法》（《巴特勒法》）
(1) 法案内容：①加强国家对教育的控制和领导；②加强地方行政管理权限，设立由初等、中等和继续教育组成的公共教育系统；③实施5-15岁的义务教育；④提出宗教教育、师范教育和高等教育改革等要求。
(2) 这部法律结束了第二次世界大战前英国教育制度发展不平衡的状况，形成了初等教育、中等教育和继续教育相互衔接的公共教育制度，对以后英国教育的发展产生了重要的影响。

7.《1988年教育改革法》
(1) 主要内容：①规定实施全国统一课程，确定在5-16岁的义务教育阶段开设三类课程：核心课程、基础课程和附加课程；②关于考试制度，规定在整个义务教育阶段学生要参加四次全国性考试，作为对学生进行甄别和评估的主要依据；③关于学校管理体制，规定地方教育当局管理下的所有中学、规模较大的小学可以摆脱其控制，直接接受中央教育机构的指导；④规定建立一种新型的城市技术学校，以培养企业急需的精通技术的中等人才。⑤关于高等教育管理和经费预算，废除了高等教育"双重制"，使多科技术学院和其他学院在内的高等学院脱离地方教育当局的管辖，成为"独立"机构。
(2) 评价：该法案废除了高等教育"双重制"，使多科技术学院等高等院校脱离地方教育当局的管辖，成为"独立"机构。

（二）法国教育的发展

1. 启蒙运动时期的国民教育设想
(1) 爱尔维修：①追求教育民主化；②把人的成长归因于教育与环境，提出"教育万能"论；③强调教育对个人和国家的影响，要求彻底改造旧学校；④论述了学习科学知识的重要性，指出知识的学习依赖于感官的发展和教育，而且人的终生都是在学习和受教育
(2) 狄德罗：①高度评价了教育在个性发展和社会变革中的作用，但否认"教育万能"论；②主张剥夺教会的教育管理权，由新的国家政府管理；③认为国家应推行强迫义务教育；④强调科学知识的学习，指出研究和学习的主要方法是观察、思考、实验，认为思维能力的培养也是教育的重要任务。
(3) 拉夏洛泰的教育思想：①在《论国民教育》中系统论述了国家办学的思想；②批判耶稣会教育，从知识和教育作用角度说明国家办教育的必要性；③认为：法国国民教育的目的是培养良好的法国公民，教育应首先考虑国家；④认为良好的教师是严谨、有道德且懂得如何读书的人，强调优秀课本的重要性。

2.《帝国大学令》与大学区制
拿破仑在第一帝国时期确立中央集权式教育管理体制，为牢固掌握教育管理权，颁布了《帝国大学令》。
(1) 法令规定：①以帝国大学名义建立整个帝国公共教育管理事务的团体；②帝国大学总监为最高教育管理长官；③设由30人组成的评议会，协助总监管理全国教育事务；④将全国划分为27个大学区，每区设总长1人及10人组成的学区评议会。
(2) 评价：中央集权式管理体制基本框架得以保留和延续，对法国国民教育的发展产生了深远影响。

3.《费里教育法》
1881年和1882年先后颁布了《第一费里法案》和《第二费里法案》，确立了国民教育义务、免费、世俗化三大原则，并将其贯彻实施予以具体化。
(1) 具体操作：①6-13岁为法定义务教育阶段，接受家庭教育的儿童须自第三年起每年到校接受一次考试检查；②对不送儿童入校学习的家长则予以罚款；③免除公立幼儿园及初等学校的学杂费，免除师范学校学费、膳食与住宿费；④废除教会监督学校及牧师担任教师的特权，取消公立学校宗教课，改设道德与公民教育课。
(2) 评价：该法案的颁布与实施为这一时期初等教育的发展提供了必要的法律保障，指明了进一步努力的方向，标志着法国初等教育步入一个新的历史发展阶段。

4.《郎之万—瓦隆教育改革方案》
(1) 六条原则：①社会公正；②社会上一切工作价值平等，任何学科价值平等；③人人都有接受完备教育的权利；④在加强专门教育的同时，适当注意普通教育；⑤各级教育实行免费；⑥加强师资培养，提高教师地位。
(2) 免费义务教育三阶段：①基础教育；②方向指导阶段；③决定阶段。
(3) 评价：受二战初期历史条件的影响，该法案并未付诸实践。但在它的影响下，法国开始大力扩充初等教育，同时把较好的初等学校升格为中学，极大促进了中等教育的普及，基本实现初等和中等教育的衔接。

5. 1959年《教育改革法》
(1) 法案规定：①义务教育年限从战前的6-14岁延长到16岁，规定到1969年完全实现；②6-11岁为初等教育，面向所有儿童；③完成初等教育后，合格儿童可进入中等教育第一阶段，观察两年即观察期教育（11-13岁）；④两年后，进入第二阶段（13-16岁），包括四种类型：短期职业型、长期职业型、短期普通型、长期普通型。
(2) 评价：实施步骤不够灵活，难以操作，在实践中并未完全实施。

（三）德国教育的发展

1. 国民教育的兴起：德国是较早将教育权从教会转移到世俗政权的国家。16 世纪中期起先后颁布了有关国家办学和普及义务教育的法令。1559 年威丁堡的法令强制家长送子女入学；1619 年魏玛公国的法令要求列 6-12 岁儿童名单，保证适龄儿童入学。18 世纪后，颁布了多项教育法令，详细规定了政府设校、强迫义务教育、学校课程、办学经费、教师等方面的具体要求和措施。1794 年法令宣布大、中、小学均由国家兴办的具体规定和措施。19 世纪末德国初等教育入学率达 100%。

2. 巴西多与泛爱学校：18 世纪后期德国"泛爱学校"，是夸美纽斯和法国启蒙学者的教育思想影响下出现的新式学校，创始人是巴西多。

（1）教育目的：最高目的是增进人类的现世幸福，培养掌握实际知识、具有泛爱思想、健康、乐观的人，反对压制儿童的封建式经院教育，主张热爱儿童，让儿童自由发展。

（2）教学方法：采用"适应自然"的教学方法，注重实用性和儿童兴趣，寓教育教学于游戏之中。

（3）教学内容：学习内容十分广泛，本族语和实科知识占重要地位，还有体育、音乐、劳动等。

（4）评价：泛爱学校传播资产阶级进步的人文主义教育思想，起到了反对封建教育的作用，但泛爱运动所形成的教育思想过于注重儿童的自由而受到了后来赫尔巴特等人的批评。

3. 实科中学：18 世纪德国出现了少量实科中学，19 世纪实科中学得以迅速发展，主要职责在于传授自然科学知识和历史科学知识。1832 年，普鲁士率先颁布《实科中学毕业考试章程》，标志着实科中学得到政府认可。

4. 柏林大学与现代大学制度的确立：洪堡在哲学家费希特的建议下，于 1810 年建立柏林大学。大学的真正的使命在于提高学术研究水平，为国家长远的发展开拓更广阔的前景。

（1）柏林大学拥有充分的办学自主权。教师和学生享有"教学自由"与"学习自由"。

（2）聘请学术造诣深厚、教学艺术精湛的教授到校任教，切实提高柏林大学的教学质量与学术声望。

（3）重视学术研究与培养学生的研究能力。

5. 德意志帝国与魏玛共和国时期的教育

（1）德意志帝国时期
① 形成了典型的三轨制，并形成了三类学校：国民学校、中间学校和文科中学，文科中学占比重。本时期教育具有明显的等级性和阶级性。
② 19 世纪末，开始对中等教育进行改革，主要特点：减少文科中学古典语言的分量，并在其他中学中增加自然科学和现代语言的课程；出现了实科中学和文实中学两类学术性中学。
③ 进入 20 世纪后，宣布文科中学、实科中学和文实中学的地位相等，都可为大学多数科系培养学生，但仍重视文科中学及其课程的地位。

（2）魏玛共和国
1919 年，德国废除君主政体，建立魏玛共和国并通过了《魏玛宪法》《德国宪法》。
① 规定德国教育发展的指导思想，明确教育权归各州所有，国家负责监督。
② 在普通教育上，主张废除"双轨制"教育，建立统一的公立学校系统。
③ 儿童本人的素质和倾向决定其进入何种学校。
④ 1920 年初设立对所有儿童进行国民教育的国民学校，在此基础上设立了中间学校和高级中学。

6. 《改组和统一公立普通学校教育的总纲计划》：简称《总纲计划》，1959 年 2 月 14 日公布，是 1959 年德国教育委员会提出最具代表性的教育改革建议。它集中探讨了普通初等和中等教育的改进问题，赞同保留中等学校的三分制体制，但要有所改革，注意发展儿童先天才能，促进儿童个别爱好和专门特长的发展。《总纲计划》建议设置三种中学：主要学校、实科学校、高级中学。

（四）俄国及苏联教育的发展

1. 彼得一世教育改革

17 世纪末沙皇彼得一世匿名考察欧洲各国，回国后立即进行多方面社会改革，拉开了俄国近代化的序幕。

（1）重要措施：创建实科性质的学校，特别是有关军事技术的专门学校。

（2）教育目的：培养科学技术（特别是军事技术）的专门人才。

（3）教育内容：一般先是基本的读、写、算的学习，然后转入高级班学习专门技术。

（4）提出了建立科学院的设想。

（5）评价：彼得一世的改革是为了强化国力，以大规模引进西方先进科学技术为主要特征的，在改革中强化了教育的实科倾向，扩大了普及面，向教育近代化迈出了一步。

2.《国民学校章程》

1786 年颁布《俄罗斯帝国国民学校章程》，是俄国政府历史上发布最早的有关国民教育制度的法令。

（1）学校管理：规定各地设国民学校，由当地政府领导，聘请校长进行管理。

（2）学制形式：县设两年制免费初级国民学校，省设五年制免费中心国民学校，可同时设初级国民学校。

（3）教学内容：两类学校前两年的课程相同，有读、写、算和文法课。中心国民学校后三年设机械、建筑、地理等学科。宗教、人与公民的义务是两类学校学生都必须学习的课程。

（4）评价：该章程标志着俄国教育制度化和法制化的开端。由于该法令的实施，初等、中等教育被忽视和外省缺乏学校教育的情况有所改变，对俄国近代教育发展，特别是国民教育制度的建立起到了一定的作用。但该章程没有涉及农村地区的教育，也未规定适龄儿童必须入学。

3. 苏联建国初期的教育管理体制改革

十月革命后，从地主、资产阶级手中夺回教育的领导权，彻底改革教育管理体制，成了苏维埃政府的首要任务。

（1）1917 年，建立教育人民委员部，成立国家教育委员会，负责研究和制定国民教育建设的原则。

（2）将原隶属于教会的所有学校转交教育人民委员部管辖，改为普通学校，剥夺教会的领导权。

（3）1918 年 1 月起，开始废除旧的国民教育管理体制，撤销学区制，撤销学堂管理处和观察处等机构。

（4）公布一系列法令，彻底消灭封建性，保证各族、各阶层人民子女都有受教育权。

（5）高等教育方面，取消了入学考试，无条件招收无产阶级和贫困人口，普遍发放助学金。

（6）在高等学校开设工人系保证工农群众顺利进入高等学校学习。

4.《统一劳动学校规程》：苏联教育史上第一个重要的立法，在世界教育史上第一次贯彻非宗教的、民主的和社会主义的教育原则。"统一"指所有学校是一个不间断的阶梯，所有儿童应进同一类型学校，沿着这个阶梯升入高一级学校；"劳动"强调"新学校是劳动的"，将劳动列入学校课程，学生通过劳动"积极、灵活、创造性地认识世界"。统一劳动学校分为两个阶段：第一级学校招收 8-13 岁儿童，学习期限 5 年；第二级学校招收 13-17 岁的少年和青年，学习期限 4 年。两级学校均免费，且相互衔接。

5. 20 世纪 20 年代的学制调整和教学改革实验

（1）学校制度的调整：把七年制学校作为普通学校的主要类型，允许在其基础上设立修业年限 3-4 年的中等技术学校和职业学校。新学制灵活多样，能在较短时间内为国家培养人才，满足经济建设的需要；但出现了普通学校和高等学校以及高等学校与职业技术学校之间在年龄和培养水平上不协调的现象，破坏了统一学校的原则。

（2）综合教学大纲的试行及其经验教训：①大纲完全取消学科界限，按自然、劳动和社会三方面的综合形式来编排，而且以劳动为中心；②采用所谓劳动的教学法，即在自然环境中，在劳动和其他活动中进行教学。

（3）加强劳动教育和综合技术教育。

（4）改革高等教育：①改进招生制度，逐步恢复新生入学考试；②改革高等学校的管理体制；③加强教学与生产的联系。

6. 20 世纪 30 年代教育的调整、巩固和发展

（1）联共（布）中央关于教育改革的重要决定：从实际情况出发，对学校的基本任务、教学方法、中小学的物质基础以及学校管理等方面提出了明确的要求和具体的改进措施。

（2）改革学校制度，延长学习年限。

（3）实施普及义务教育，提高全民文化水平。

（4）改进普通学校的教学工作，提高教学质量。

（5）发展师范教育，提高教师素质。

（6）继续改革和调整高等教育：①调整专业设置和学校网；②改革招生制度；③改进教学工作，加强专业课程的教学；④加强学校管理。

（五）美国教育的发展

1. 殖民地普及义务教育

（1）1636年马萨诸塞殖民地的清教徒们开办了美洲第一所高等学府，即哈佛学院。

（2）1642年和1647年马萨诸塞州制定了强迫教育法令。1635年在波士顿设立的拉丁文法学校，是最早的中等学校，后来成为哈佛学院的预备学校。

（3）17世纪北美殖民地的教育事业以移植欧洲教育模式为主，宗教是教育的主要出发点和归宿。

（4）1751年富兰克林在费城创办的一所文实中学，标志着美国中等教育的发展进入新阶段。

（5）1725年开始，马萨诸塞殖民地开始在镇周围的乡村设立若干教学点，各教学点附近的儿童定时集中，由市镇学校的教师去各教学点巡回上课。后来又在各教学点所在区域采取了独立办学的做法，是"学区制"的萌芽。

2. 贺拉斯·曼与公立学校运动

（1）贺拉斯·曼论教育

①教育作用：实施普及教育是共和政府存在的保证；教育是维持社会安定的重要工具；教育还是人民摆脱贫穷的重要手段。

②教育目的：培养社会需要的各类专业工作者。

③教育内容：完整的教育内容应包括体育、智育、政治教育、道德教育以及宗教教育诸方面。

④师范教育：提高公立学校教育的重要手段。

（2）公立学校运动：在贺拉斯·曼的宣传与领导下，马萨诸塞州自1839年起建立了美国第一批公立示范学校。为保障合格教师的培养，师范学校开设公立学校所开设的全部科目。贺拉斯·曼在美国公立学校教育实践中发挥了巨大作用，被誉为"美国公立学校之父"。

3. 《莫雷尔法案》

1862年，林肯总统批准实施《莫雷尔法案》（《莫里尔法》）。

（1）法案规定：①联邦政府向各州拨赠土地，各州将增地收入用于开办或资助农业和机械工艺学院；②利用这笔拨赠，大多数州专门创办了农业或机械工艺学院，有的州则在已有大学内附设农业或机械工艺学院。

（2）意义：此类学校的设立确立了美国高等教育为工农业生产服务的方向，在一定程度上改善了高等教育发展与社会需要联系不够密切的状况。

4. 六三三学制

1918年美国中等教育改组委员会提出了《中等教育的基本原则》报告，指出美国教育的指导原则应是民主的原则。

（1）中等教育主要目标可以概括为七项，为了实现这七项目标，报告建议改革学制，即六三三学制。

（2）六三三学制，即初等教育阶段为6年，以满足6-12岁学生的需要；中等教育阶段以满足12-18岁学生的需要，由初级和高级两个阶段组成，每个阶段3年。

（3）《中等教育的基本原则》肯定六三三学制和综合中学的地位，提出中学是面向所有学生并为社会服务的机构的思想。

5. 初级学院运动

1892年，芝加哥大学校长哈珀率先提出把大学的四个学年分为两个阶段的设想。第一阶段的两年为初级学院，第二阶段的两年为高级学院。

（1）初级学院的特点

①是一种从中等教育向高等教育过渡的教育。

②招收高中毕业生，传授比高中稍广一些的普通教育和职业教育方面的知识。

③初级学院由地方社区以及私人团体和教会开办，不收费或收费较低。

④学生就近入学，可以走读，无年龄限制，也无入学考试。

⑤初级学院课程设置多样，办学形式灵活，学生毕业后可直接就业或转入大学三年级继续学习。

6. 《国防教育法》

1958年9月2日，美国总统批准颁布《国防教育法》。

（1）法案内容：①加强普通学校的自然科学、数学和现代外语（即"新三艺"）的教学；②加强职业技术教育；③强调"天才教育"；④增拨大量教育经费。

（2）评价：《国防教育法》的颁布与实施，为第二次世界大战后美国教育改革提供了坚实的法律保障，促进了美国教育事业的发展，有利于教育质量的提高和科技人才的培养。

7. 《中小学教育法》：1965年，由美国国会通过，重申了黑人和白人学生合校教育的政策，制定了对处境不利儿童的教育措施。小学目标是加强普通文化科学知识的教育，为将来接受专业教育打基础；中学目标是使学生学习各种科学知识技能，扩大知识范围，学会钻研科学的方法，为高等学校输送合格生源做准备。

8. 生计教育：美国教育总署署长马兰于1971年首倡。生计教育的实质是以职业教育和劳动教育为核心，引导帮助人们一生学会许多新的知识技能，以在适应瞬息万变的社会过程中，实现个人生存与社会发展的双重目的。1974年美国国会通过《生计教育法》。

9. "返回基础"教育运动：主要针对中小学基础知识教学和基本技能训练薄弱问题而开展。该运动其实质上是美国的一种恢复传统教育的思潮，强调严格管理，提高教育质量。该报告以提高美国教育质量为中心，是直接引领美国20世纪80年代中期开始的教育改革实践的重要纲领性文件，产生了积极的效果。

10. 《国家处在危险之中：教育改革势在必行》

（1）加强中学五门"新基础课"的教育。

（2）提高教育标准和要求。

（3）改进师资培养。

（4）政府及学校发挥教育领导作用和负责领导教育改革的实施。政府、家长及全体公民提供必要的财政资助。

（六）日本教育的发展

1. 明治维新时期教育改革

（1）**教育管理体制**的演进：1871 年，明治政府在中央设立文部省，统一管理全国文化教育事业并兼管宗教事务。1872 年颁布《学制令》进一步确立了日本教育领导体制，即中央集权式的大学区制。

（2）**初等教育**的发展：《学制令》的规划因超出国力未能得到较好的实现；1886 年的《小学令》规定初等教育年限为八年，分 4 年寻常小学义务教育和 4 年高等小学收费教育实施。同时在一些贫困地区设三年制简易小学。

（3）**中等教育**的发展：《学制令》要求设立六年制的中等学校。《中学校令》规定：中学承担实业教育及为学生升入高等学校做准备的基础教育两大任务；中学类型分为寻常中学和高等中学。

（4）**高等教育**的发展：《帝国大学令》改东京大学为帝国大学，明确其任务为适应国家发展需要，讲授和研究学术及技术理论，培养大批管理干部及科技人才。在内部组织上，帝国大学由大学院及分科大学组成。

（5）**师范教育**：寻常师范学校由地方设立，招收小学毕业生，主要为公立小学培养教师和校长；高等师范学校由国家设立，招收寻常师范学校的毕业生，主要为寻常师范学校培养教师和校长。

2. 军国主义教育体制的形成与发展

（1）对日本**师生民主进步运动**的控制和镇压。

（2）**军国主义思想**的传播。

（3）**军事训练**学校化和社会化。

3. 《教育基本法》和《学校教育法》

（1）《教育基本法》：①教育必须以**陶冶人格**为目标，教育须致力于培养和平的国家及社会的建设者；②全体国民接受**九年义务教育**；③尊重学术自由；④政治教育是培养有理智的国民，不搞党派宣传；⑤国立、公立学校**禁止宗教教育**；⑥教育机会均等，**男女同校**；⑦教师要完成自己的使命，应受到社会尊重，保证教师享有良好的待遇；⑧家庭教育和社会教育应得到鼓励和发展。该法案被视为**日本教育史上划时代的教育文献**。

（2）《学校教育法》：①废除中央集权制，实行地方分权，新设教育委员会管理各地学校行政事务；②采用**六三三四制单轨学制**，延长义务教育年限；③高级中学以施行普通教育和专门教育为目的；④将原来多种类型的高等教育机构统一为单一类型的大学。作为确保《教育基本法》具体实施的法律文本，《学校教育法》为第二次世界大战后日本教育的系统化改革提供了有力的法律保障。

4. 20 世纪 70-80 年代的教育改革

（1）20 世纪 70 年代的教育改革：涉及各级各类教育，尤其重视日本中小学教育和高等教育改革。在中小学教育上，提出了 3 个基本目标和为实现目标而制订的 10 项具体措施。在高等教育方面，提出了 5 个方面的要求和 12 项具体措施。

（2）20 世纪 80 年代的教育改革：①教育改革的目标、责任和使命：培养青年一代具有广阔的胸怀、强健的体魄和丰富的创造力，具有自由、自律的品格和公共精神，成为面向世界的日本人。②教育改革原则：**重视个性**原则、**国际化**原则、**信息化**原则和**终身教育体制过渡**的原则。③教育改革宗旨：按照"**临教审**"提出的改革方向把教育改革推向前进。

八 欧美教育思想的发展

（一）夸美纽斯的教育思想
1. 论教育的目的和作用
2. 论普及教育、泛智教育、统一学制及其管理实施
3. 论学年制和班级授课制
4. 论教育适应自然的原则

（二）洛克的教育思想
1. 白板说
2. 绅士教育

（三）卢梭的教育思想
1. 自然教育理论及其影响
2. 公民教育理论

（四）裴斯泰洛齐的教育思想
1. 教育实践活动
2. 论教育目的
3. 论教育心理学化
4. 论要素教育
5. 初等学校各科教学法
6. 教育与生产劳动相结合

（五）赫尔巴特的教育思想
1. 教育思想的理论基础
2. 道德教育理论
3. 课程理论
4. 教学理论
5. 赫尔巴特教育思想的传播

（六）福禄培尔的教育思想
1. 教育适应自然原则
2. 幼儿园
3. 恩物与作业

（七）斯宾塞论教育
1. 生活准备说
2. 知识价值论
3. 科学教育论
4. 课程论
5. 教育原则与方法

（八）马克思和恩格斯的教育思想
1. 对空想社会主义教育思想的批判继承
2. 论人的全面发展与教育的关系
3. 论教育与生产劳动相结合的重大意义

（九）19世纪末至20世纪前期的教育思潮和教育实验
1. 新教育运动历程
2. 新教育运动中的著名实验
3. 梅伊曼、拉伊的实验教育学
4. 凯兴斯泰纳的"公民教育"与"劳作学校"理论
5. 蒙台梭利的教育思想
6. 进步教育运动历程
7. 昆西教学法
8. 有机教育学校
9. 道尔顿制
10. 文纳特卡计划
12. 设计教学法

（十）杜威的教育思想
1. 论教育的本质
2. 论教育的目的
3. 论课程与教材
4. 论思维与教学方法
5. 论道德教育
6. 杜威教育思想的影响

（十一）现代欧美教育思潮
1. 改造主义教育
2. 要素主义
3. 永恒主义
4. 新行为主义教育
5. 结构主义教育
6. 终身教育思潮
7. 现代人文主义教育思潮

（十二）苏联教育思想
1. 马卡连柯的教育思想
2. 凯洛夫的教育学体系
3. 赞科夫的教学理论
4. 苏霍姆林斯基的教育理论

夸美纽斯是17世纪捷克伟大的爱国者、教育改革家和教育理论家。其代表作有《大教学论》《世界图解》。《大教学论》是一本系统的教育学著作，它的问世标志着独立形态的教育学的开端。

（一）夸美纽斯的教育思想

1. 论教育的目的与作用
　（1）教育目的：从宗教世界观出发，认为人的最终目的是达到"永生"，教育的目的是使人为来世生活做好准备；现实性目的是通过教育使人认识和研究世界上一切事物，培养和发展他们的各种能力、德行和信仰，以便享受现世的幸福，并为永生做好准备。
　（2）教育作用
　　①教育对国家和社会的作用：把教育看作改造社会、建设国家的手段。
　　②教育对人的作用：夸美纽斯高度评价教育对人的发展的作用。人都有一定天赋，这些天赋发展得如何，关键在教育。只要接受合理的教育，任何人的智力都能得到发展。

2. 论普及教育、泛智教育、统一学制及其管理实施
　（1）普及教育：①一切人都要接受教育；②人人都应该受到一种百科全书式的教育。
　（2）泛智教育：基于教育的崇高目的，夸美纽斯提出了"将一切事物教给一切人"的泛智主义教育观，并由此大力主张普及教育于全体儿童和民众。泛智教育包含两层含义：①教育内容泛智化；②教育对象普及化。
　（3）统一学制及其管理实施：按照儿童身心发展的自然规律，夸美纽斯提出了建立统一的学制系统。他把人的学习期以六年为一阶段，提出四级学制系统，即①婴儿期（0-6岁）：母育学校；②儿童期（6-12岁）：国语学校；③少年期（12-18岁）：拉丁语学校；④青年期（18-24岁）：大学。为了改变当时学校教学活动缺乏统一安排的无序状况，他制定了学校教学活动的学年、学日制度。

3. 论学年制和班级授课制
　（1）学年制：目的是为了改变当时学校教学活动缺乏统一安排的无序状况。具体内容：①根据学年制度，各年级应在同一时间开学和放假；②每年招生一次，学生同时入学，以便全班学生的学习进度一致；③学年结束时，经过考试，同年级学生同时升级；④学校工作要有计划，使每月、每周、每日、每时都按照计划进行各项工作。
　（2）班级授课制：把全校的学生按照年龄和程度分成班级，作为教学的组织单元。①每个班级有一个教室，并配备一位教师同时对全班学生进行教学，以代替传统的个别施教。②每个班级分成多个小组，每组10人，选出一名学习好的学生为组长，帮助教师管理小组同学，考查同学学业。

4. 论教育适应自然的原则：①教育要适应自然界及其普遍法则；②教育要适应人的自然本性及其发展规律，要适应人的认识发展规律。

5. 主要教学原则
　①直观性原则。夸美纽斯把通过感官所获得的对外部世界的感觉经验作为教学的基础，并认为这是"一条教师的金科玉律"。
　②激发学生求知欲望原则。应该用一切可能的方法激发起孩子想知道、想学习的意愿。
　③巩固性原则。夸美纽斯特别强调使学生掌握并牢记所学知识，认为只有巩固的知识储备才能帮助学生随时随地地加以运用。
　④量力性原则。从教育适应自然的理论出发，在教育史上首次提出。
　⑤系统性和循序渐进性原则。教材的组织要具有系统性和逻辑性，教学过程要循序渐进。

6. 评价
　（1）优点
　　①夸美纽斯论述了教育的作用。
　　②呼吁开展普及教育，试图使所有人都能接受普及教育。
　　③详细制定了学年制度和班级授课制度。
　　④提出各级学校课程设置，编写了许多教科书。
　　⑤系统地提出了教育的基本原则和方法等。
　（2）缺点：①他的思想具有过分浓郁的宗教气息；②对科学知识及教育科学的认识也不准确。

（二）洛克的教育思想

洛克是英国著名的实科教育和绅士教育的倡导者。他关于教育的名著是《教育漫话》，还有《工作学校计划》《理解能力指导散论》《人类理解论》等。

1. 白板说：洛克认为人出生后心灵如同一块白板，一切知识都是建立在经验上的，最后是导源于经验的。白板说表明他是主张经验主义的认识论的。

2. 绅士教育：洛克认为绅士教育是最应该注意的。他注重的绅士教育，就是培养既有封建贵族遗风，又具有新兴资产阶级特点的新式人才的教育。他主张把社会中上层家庭的子弟培养成身体强健、举止优雅、有道德、智慧和实际才干的事业家。

3. 评价：洛克的教育思想以世俗化、功利性为显著特点。他的思想在实践中和理论上都对英国和西欧教育的现代化做出了贡献，但他的教育思想局限于绅士教育，缺乏夸美纽斯那样的民主性。

卢梭是18世纪法国启蒙运动中最激进的伟大思想家，其教育思想的基本特征是高度尊重儿童的天性，倡导自然教育和儿童本位的教育观，被称为教育史上的哥白尼。他是自然主义教育观的代表人物，主要著作有《爱弥儿》。

（三）卢梭的教育思想

1. 自然教育理论及其影响

（1）自然教育的基本含义：核心是回归自然，一方面善良的人性存在于纯洁的自然状态中，另一方面每个人都是由自然的教育、事物的教育、人为的教育三者培养起来的。只有三者圆满结合才能达到预期的目的。以自然的教育为基准，才是良好有效的教育。

（2）自然教育的培养目标：最终培养目标是"自然人"，即在社会生活中能保持自然的情感和品质的人。其特征是独立自主、平等、自由、自食其力。

（3）自然教育的方法原则
①必要前提是改变对儿童的看法。
②总原则是在任何事情上都让大自然按它最喜欢的办法去照顾孩子，成人不必干预。
③给予儿童充分的自由，贯彻遵循自然的消极教育。
④根据儿童天性的个体差异，因材施教。

（4）自然主义教育的实施
①婴儿期的教育（0-2岁）：这一时期应以身体的养育和锻炼为主。
②儿童期的教育（2-12岁）：这一时期是"理性睡眠期"，主要进行感官训练和身体发育，还应掌握一些道德观念。这一时期的儿童不适宜进行理性教育，不应让儿童读书。
③青年期的教育（12-15岁）：这一阶段主要进行知识学习和劳动教育。学习知识问题上，把培养兴趣和提高能力放在首位，并注意通过学习知识陶冶情操；学习内容方面，首先要求的是有用且能增进人的聪明才智，其次是不学孩子不能理解的人际关系方面的知识；智育方法上，基本原则是让学生在实际活动中自觉自动地学习。卢梭从培养"自然人"的独立性出发，主张青年期的孩子应当学会劳动。首先，培养尊重劳动和劳动者的感情，陶冶学生的思想；其次，通过学习劳动，锻炼学生的思维能力，养成反复思考的习惯。
④青春期的教育（15-20岁）：这一阶段主要接受道德教育及宗教教育，同时还会进行一定的爱情教育和性教育。

2. 公民教育理论：理想国家中的教育"必须给予人民的心灵以民族的形式"，其目标是培养忠诚的爱国者。卢梭主张国家掌管学校教育，要求儿童受同样的教育，认为体育是教育里最重要的部分。

3. 评价
（1）卢梭提出来的自然主义教育思想是教育思想史上由教育适应自然向教育心理学化过渡的一个重要环节。
（2）卢梭论证了自然主义教育的内容和方法。
（3）卢梭的教育思想对欧美教育的影响极其深远。

裴斯泰洛齐是 19 世纪享有世界盛誉的瑞士著名教育家,其主要著作有《林哈德和葛笃德》《隐士的黄昏》《关于人类发展的自然进程》等。

(四) 裴斯泰洛齐的教育思想

1. 教育实践活动
(1) 1768 年,建立示范农庄,取名诺伊霍夫,即新庄。由于经营不善,五年后示范农庄宣告破产。
(2) 1798 年,在斯坦兹城组建孤儿院,与孤儿院儿童相依为命,力求将孤儿院办成一个充满亲子之爱的大家庭式的教育机构。后由于战争,1799 年改成医院。
(3) 1805 年,建立伊佛东学校,设小学、中学和师范部。前 10 年成绩最为突出,成为欧洲"教育圣地"。由于各种矛盾和困难于 1825 年停办。

2. 论教育目的
(1) 教育的首要功能:促进人的发展,尤其是人的能力的发展。
(2) 教育的最终目的:发展各人天赋的内在力量,使其经过锻炼,使人能尽其才,能在社会上达到他应有的地位。
(3) 基本教育思想内涵:①由于上帝的创造,人有"心、脑、手"三种天赋的基本能力;②人只有通过艺术,才能成其为人;③教育意味着完整的人的发展;④通过教育可以使人成为人格得到发展的真正独立的人。

3. 论教育心理学化
裴斯泰洛齐是第一个明确提出"教育心理学化"的教育家。教育心理学化就是要把教育提高到科学的水平,将教育科学建立在人的心理活动规律的基础上。
(1) 主要内涵:
①要求将教育的目的和教育的理论指导置于儿童本性发展的自然法则的基础上。
②教学内容的选择和编制适合儿童的学习心理规律,即教学内容心理学化。
③教学原则和教学方法的心理学化。
④要让儿童成为他自己的教育者。

4. 论要素教育
(1) 基本思想:初等学校从它的本质讲,要求普遍地简化它的方法,初等学校的各种教育都应该从最简单的要素开始,然后逐渐转到日益复杂的要素,循序渐进地促进人的和谐发展。
(2) 要素教育的基本内容:
①德育:道德教育的任务是要遵循道德自我发展的基本原理,培养和发展儿童的德行;道德教育最基本的要素是儿童对母亲的爱;道德教育的实现首先在于家庭教育,然后是学校中的教育,二者应紧密联系。
②智育:是整个要素教育的核心,智育的目的是使学生既获得知识又发展智力。教学的基本要素是数目、形状和语言;要改进初等学校科目和教学内容;教师在教学中应引导和组织学生进行各种思维练习来发展智力。
③体育:遵循人的力量的自然发展规律。体育的基本要素是关节活动。

5. 初等学校各科教学法
(1) 语言教学:语言教学分三个阶段:发音教学、单词教学、语言教学。
(2) 算术教学:数字"1"是数目的最简单要素,计数是算术能力的要素。教学应通过具体实物或直观教具使儿童产生"1"的概念,从"1"开始,用个位数进行运算,并了解数的关系。
(3) 测量教学:也称形状教学,其目的是发展儿童对事物形状的认识能力。直线是构成各种形状的最简单要素,因此,测量教学应从认识直线开始,逐渐过渡到复杂图形。

6. 教育与生产劳动相结合
裴斯泰洛齐是西方教育史上第一位将教育与生产劳动相结合这一思想付诸实践的教育家。
(1) 最初的教育与生产劳动的结合,只是一种单纯的、机械的外部结合,教学与劳动间无内在联系。
(2) 后来在斯坦兹孤儿院继续进行了教育与生产劳动相结合的实验。以安排学习为主,参加手工劳动为辅,强调两者结合前必须分别打好基础。
(3) 他深信教育与劳动相结合对培养和谐发展的人具有重大教育意义,并认为这也是基于教育心理学化的教育途径。

7. 评价
(1) 优点:①教育思想具有鲜明的民主性和革新性,反映了时代对教育的要求,反映了一定的教育自身的规律。②教育实践和国民教育理论,对欧美国家的教育曾产生很大的影响。
(2) 缺点:①基本教育观中,具有一定的唯心主义色彩。②论述要素教育及教学原则、教学方法时,表现出一些机械主义和形式主义。

赫尔巴特是德国著名的哲学家、心理学家和教育家。在长期教育实践和理论探讨的基础上，他明确提出把教育学建设成为一门独立学科的设想，并为此做出巨大努力，提出了一个较为完整的教育思想体系。其主要著作有《普通心理学》《教育学讲授纲要》。《普通教育学》：是一本自成体系的教育学著作，它标志着教育学已经成为一门独立学科。此书全面、系统地阐述了赫尔巴特教育理论，由儿童的管理、教学和道德教育所构成的教育过程，兴趣的多方面性，教学形式阶段，教育性教学原则，由单纯提示的教学、分析教学和综合教学所构成的教学过程等。

（五）赫尔巴特的教育思想

1. 教育思想的理论基础
- （1）伦理学基础：主要内容是五项道德观念，即内心自由、完善、仁慈、正义、公平或报偿；伦理学的重要特征是强调知识或认识在德行形成过程中的作用。
- （2）心理学基础：西方历史上，赫尔巴特是第一位把心理学作为一门独立学科加以研究并努力把它建设成为一门科学的思想家。统觉或内在感觉，只有在条件允许的时候才会发生。统觉的条件，主要是兴趣。

2. 道德教育理论
- （1）教育目的
  - ①可能的目的（选择的目的）：与儿童未来所从事的职业有关的目的，即"学生将来作为成年人本身所要确立的目的"。教育的目的是要发展多方面的兴趣，使人的各种能力得到和谐发展。因此，赫尔巴特把兴趣的多方面性称为"教育目的的第一部分"。
  - ②必要的目的：教育所要达到的最高和最为基本的目的。教育的根本目的是要养成内心自由、完善、仁慈、正义、公平五种道德观念。
- （2）教育性教学原则
  - ①理论基础：赫尔巴特认为，知识与道德具有直接的和内在的联系。人只有认识了道德规范，才能产生服从道德规范的意志，从而形成符合道德规范的行为。
  - ②基本内容：赫尔巴特指出不存在"无教学的教育"这个概念，教育是通过，而且只有通过教学才能真正产生实际作用，教学是道德教育的基本途径，即"通过教学来进行教育"。
  - ③基本方法：要求教学的目的与整个教育的目的保持一致。教学还必须为自己设立一个近期的、较为直接的目的，即"多方面的兴趣"。
- （3）儿童的管理与训育
  - ①儿童管理的主要目的是为了"造成一种守秩序的精神"。
  - ②管理的任务主要是为随后进行的教学创造必要的条件。
  - ③管理的意义主要是在于对某些恶行的预防，训育是为了美德的形成。
  - ④训育是指"有目的地进行培养"，其目的在于形成"性格的道德力量"。
  - ⑤训育的四个阶段：道德判断、道德热情、道德决定和道德自制。
  - ⑥训育的具体措施：维持的训育；起决定作用的训育；调节的训育；抑制的训育；道德的训育；提醒的训育。

3. 课程理论
- （1）经验、兴趣与课程：课程内容的选择必须与儿童的经验和兴趣相一致。①经验：儿童在日常生活中，通过与自然接触和人交往，获得的经验是教学活动赖以进行的基础。②兴趣：兴趣存在于经验中，只有能够引起兴趣的教学内容，才能使儿童保持意识的警觉状态，从而更好地接受教材。③兴趣的分类：经验的兴趣，包括经验的、思辨的和审美的三种；同情的兴趣，包括同情的、社会的和宗教的三种。
- （2）统觉与课程：根据统觉原理，新的观念和知识总是在原有理智背景中形成，是以原有观念和知识为基础产生的。这要求课程的安排应当使儿童能够不断地从熟悉的材料逐渐过渡到密切相关但还不够熟悉的材料。赫尔巴特为了保持课程教学的逻辑结构和知识的系统性，提出了"相关"和"集中"的课程设计原则。
- （3）儿童与课程：课程的选择和设计的基础是文化纪元理论。赫尔巴特深入探讨儿童的年龄分期，提出了课程的程序。他认为课程的程序是：婴儿期，优先养护身体，同时加强感官训练，发展儿童感受性；幼儿期，发展儿童想象力；童年和青年期，发展其理性。

4. 教学理论
- （1）"教学进程"理论：统觉过程的完成大体上具有三个环节：感官的刺激、新旧观念的分析和联合、统觉团的形成。与此相应的三种教学方法：单纯提示的教学、分析教学和综合教学。这三种教学方法相联系，就产生了所谓的"教学进程"。
- （2）教学形式阶段理论：赫尔巴特提出的教学形式阶段，实际上就是课堂教学的完整过程，包括教学方法、教学形式等在内的规范化的教学程序。他认为，兴趣活动可以划分为注意、期待、要求和行动四个阶段；儿童在学习活动中的思维状态主要有专心与审思两种；教学活动的四个阶段是明了（清晰）、联合（联想）、系统、方法。

5. 赫尔巴特教育思想的传播：19世纪60年代开始，赫尔巴特教育学在德国得到复兴，并很快传播到德国以外的许多国家和地区。赫尔巴特及其德国信徒的大批著作被译成英文，赫尔巴特教育学说成为美国教育界的主导思想。赫尔巴特教育学说对亚洲的一些国家也产生了重要影响。

福禄培尔是 19 世纪德国著名的教育家、幼儿园的创立者、近代学前教育理论的奠基人。他创办了世界上第一所幼儿园，大力提倡幼儿教育，被称为"幼儿园教育之父"，其主要著作有《人的教育》。

1. 顺应自然的原则："自然"主要有两层含义：一方面指大自然；另一方面指儿童的天性，即生理和心理特点。论述教育顺应自然教育时，自然主要指后者。但福禄培尔并非绝对否认强制性、干预性的教育。他的教育顺应自然思想是建立在性善论的基础上的。

（六）福禄培尔的教育思想

2. 幼儿园
- （1）幼儿园工作的意义和任务
  - ①意义：福禄培尔认为母亲的教育是不够的，把幼儿园教育作为家庭教育的"补充"而非"代替"，强调幼儿园是家庭生活的继续和扩展。
  - ②任务：通过各种游戏和活动，培养儿童的社会态度和民族美德，使其认识自然与人类，发展智力与体力及做事或生产的技能和技巧，尤其是运用知识与实践的能力。还担负训练幼儿园教师、推广幼儿教育经验的任务。
- （2）幼儿园教育方法
  - ①幼儿园教育方法的基本原理：自我活动或自动性。
  - ②游戏的教育方法：重视儿童的亲身观察和游戏的教育价值。
  - ③社会参与的教育方法：教育儿童充分适应小组生活，并重视家庭和邻里生活之复演。
- （3）幼儿园课程：依据感性直观、自我活动与社会参与的思想，福禄培尔建立起一个以活动与游戏为主要特征的幼儿园课程体系，包括游戏与歌谣、恩物游戏、手工作业、运动游戏、自然研究及唱歌、表演和讲故事等。

3. 恩物与作业
- （1）恩物：恩物或福禄培尔恩物是福禄培尔创制的一套供儿童使用的教学用品。恩物的教育价值在于它是帮助儿童认识自然及其内在规律的重要工具。真正的恩物应该满足三个条件：①能使儿童理解周围世界，又能表达他对这个客观世界的认识；②每种恩物应该包含一切前面的恩物，并能预示后继的恩物；③每种恩物本身应表现为完整的有秩序的统一观念，即整体由部分组成，部分可形成有秩序的整体。
- （2）作业：作业与恩物关系密切，主要体现福禄培尔关于创造的原则。实际上，作业要求将恩物的知识运用于实践。
- （3）恩物与作业的关系：①从安排顺序看，恩物在先，作业在后；②恩物的作用主要在于接受或吸收，作业则主要在发表和表现；③恩物游戏不改变物体的形态，作业则要改变材料的形态；④从性质看，恩物是活动的材料。作业既包括活动，也包括活动材料。

4. 评价：福禄培尔首创"没有书本的学校"，即幼儿园，并在长期的幼儿教育实践中摸索、总结出一套教育幼儿的新方法，建立起近代学前教育的理论体系。但其学说有浓厚的神秘主义色彩；教育理论受自然科学的限制，他的活动和思想受到当时德国一般政治、社会条件的限制。

斯宾塞是 19 世纪英国著名哲学家、社会学家和教育家，科学教育的倡导者。他的教育思想集中体现在 1861 年结集出版的《教育论》中。

1. 生活准备说：教育目的在于为完满生活做准备，为实现此目的，教育应从当时古典主义的传统束缚中解放出来，应该切实适应社会生活与生产的需要。

2. 知识价值论：知识的价值就取决于知识给人带来的功利大小、给人带来幸福的程度和为人的完满生活做准备的效果。他认为，知识的价值可分为"实用价值"和"装饰价值"两种，在价值高低的评估上，实用价值应优先于装饰价值。

3. 科学教育论：以科学知识为中心，重视个人和社会生活，是教育思想上的一次变革。斯宾塞及其他提倡科学教育的思想家们不仅对英国中学和大学冲破古典教育传统的禁锢产生了深刻的影响，而且影响到欧美其他国家，极大地推动了科学教育的发展。但是，他的教育观也带有明显的时代局限性，如，课程论反映了资产阶级利益，带有个人主义、功利主义的色彩。

（七）斯宾塞论教育

4. 课程论：斯宾塞在外国教育史上第一次明确提出了"教育预备说"的观点。他提出学校应开设五种类型的课程：第一类是生理学与解剖学；第二类是逻辑学、数学、力学、化学、天文学、地质学、生物学和社会科学；第三类是生理学、心理学与教育学；第四类是历史学；第五类是文学、艺术等。从斯宾塞设计的课程结构来看，他主张以科学知识为中心，兼顾个人和社会生活的双重需要，实为教育发展史上的一次大变革。

5. 教育原则与方法
- （1）教育应符合儿童心智发展的自然顺序，具体表现为从简单到复杂、从不准确到准确、从具体到抽象。
- （2）儿童所接受的教育必须在方式和安排上与历史上的人类教育相一致。
- （3）教学的每个部分都应该从实验到推理。
- （4）引导儿童自己进行探讨和推论。
- （5）注意学生的学习兴趣；
- （6）重视实物教学。

6. 评价
- （1）积极影响：提出教育的目的在于为完满的生活做准备，科学的知识最有价值，并提出以科学知识为主的课程体系，突破了英国传统的古典人文主义的教学内容，使其与现实的社会生活密切联系；斯宾塞强调自然教育和自我教育，反对注入式、压制儿童智慧活动的旧教学；斯宾塞向保守的古典主义教育的挑战和对科学教育的论证，为各国中高等教育改革提供了依据，推动了近代实科教育的发展。
- （2）局限性：忽视人文学科的功利主义倾向受到人们的批评。

（八）马克思和恩格斯的教育思想

马克思和恩格斯凭借他们创立的辩证唯物主义和历史唯物主义世界观与方法论，基于对人类社会发展规律的综合考察，紧密结合无产阶级革命的理念与实践，论述了一些重要的教育问题，从而形成了一种独特的教育观。

1. 对空想社会主义教育思想的批判继承
   - （1）对资本主义社会教育的批判。
   - （2）关于环境和教育对人的发展的影响。
   - （3）关于人的全面发展。
   - （4）关于教育与生产劳动相结合。

2. 论人的全面发展与教育的关系：人的全面发展意味着劳动者智力和体力两方面，以及智力和体力各方面都得到发展，达到体力劳动和脑力劳动相结合，这是人的全面发展的基础。更深层次看，人的全面发展也指一个人在志趣、道德、个性等方面的发展，即作为一个真正完整的、全面性的人的发展，而且是每个社会成员得到自由的、充分的发展，即人的彻底解放。

3. 论教育与生产劳动相结合的重大意义：马克思、恩格斯既承续了历史上关于教育与劳动相结合的合理思想，又把教育与生产劳动相结合的理论建立在更为科学的论述上。在他们看来，教育与生产劳动相结合，是现代生产、现代科学与现代教育密切联系的反映和要求。

4. 评价：马克思、恩格斯教育学说最大的特点，是不以"抽象的人"而以现实的人，不从一般的社会而从一定历史条件下的社会去考察人的发展和教育，从而对教育领域中的许多重要问题做出了科学的论述；马克思、恩格斯的教育学说为揭示近现代教育的基本特征，为建立社会主义教育体系，提供了科学的、基本的理论基础。

（九）19世纪末至20世纪前期的教育思潮和教育实验

1. 新教育运动历程

新教育运动又称"新学校运动"，是指19世纪末20世纪初在欧洲兴起的教育改革运动，初期以建立不同于传统学校的新学校作为新教育的"实验室"为特征。

（1）1889年英国教育家雷迪创办阿博茨霍尔姆乡村寄宿学校，标志着新教育运动的开端。

（2）德国教育家利茨创办了德国第一所乡村教育之家，招收12-16岁的学生。在利茨的影响下，德国先后出现了许多以他的学校为模式的新学校，形成"乡村之家运动"。

（3）1899年德莫林创办了罗歇斯学校，是法国的第一所新学校。该校尤重体育，因此有"运动学校"之称。

（4）1899年瑞士教育家费利耶尔在日内瓦建立"国际新学校局"，作为欧洲各国新学校的联络中心。

（5）1921年在法国加来成立"新教育联谊会"，并出版杂志《新时期的教育》。

（6）1922年，新教育联谊会提出了"七项原则"，强调活动以及儿童个人自由而完善的发展。

（7）1966年，新教育联谊会改名为"世界教育联谊会"，标志着新教育运动的终结。

2. 新教育运动中的著名实验

（1）阿博茨霍尔姆乡村寄宿学校：英国教育家雷迪创办，标志着新教育运动的开端，被誉为欧洲"新学校"的典范。教育对象是11-18岁的男孩，目的是将其造就成新型的各领导阶层人士。学校作息时间分为三个部分：上午学习功课，下午从事体育锻炼和户外实践，晚上是娱乐和艺术活动。

（2）尼尔的夏山学校（萨默希尔学校）：其主要特征有，学校实行学生与教师民主自治，师生平等，共制规范，在人人遵守规范的前提下充分享有自由；学生可自主选择课程学习及活动项目；允许学生追求新异的自由生活方式和自由思维方式。

（3）乡村教育之家运动：德国教育家利茨创办了德国第一所乡村教育之家，招收12-16岁的学生。在利茨的影响下，德国先后出现了许多以他的学校为模式的新学校，形成"乡村之家运动"。

（4）罗歇斯学校：法国的社会学家和教育家德莫林创办的法国的第一所新学校。该校重视"小家庭"式的师生间的亲密关系；开设正规课程，还从事体力劳动和小组游戏，尤重体育，因此有"运动学校"之称。

（5）生活学校（隐修学校）：由德可乐利创办。生活学校的教育对象为4-18岁的儿童，从幼儿园到中学一体化。他主张学校应该加强教育与生活的联系，为儿童发展提供适宜的有刺激的环境。他的教育计划在教育史上以"德可乐利教学法"著称。

（6）《儿童的世纪》：爱伦·凯的著作，被视为新教育的经典作品。她重视家庭教育，认为家庭中和谐诚挚的气氛、父母高尚的情操及其以身作则，对儿童是最好的教育。

（7）皮肯希尔学校：罗素与妻子朵拉开办。学校招收2-10岁的儿童，按年龄分组教学，强调"自由教育""爱的教育"和更多地发展个人主义。其主要教育著作有《教育与美好生活》（又译《教育论》《教育与社会秩序》）。

3. 梅伊曼、拉伊的实验教育学

（1）基本特征
①重视研究儿童发展与教育的关系，批判旧教育注重逻辑推理和抽象思辨的方法。
②重视实验，强调从实验的结果中寻找教育的途径和方法。
③主张通过测量和统计等方法进行研究，努力将教育学建立在自然科学的基础上。

（2）三个阶段
①就某一问题构成假设。
②根据假设制订实验计划，进行实验。
③将实验结果应用于实际，以证明其正确性。

4. 凯兴斯泰纳的"公民教育"与"劳作学校"理论

（1）公民教育理论：教育有用的国家公民是国家公立学校的目的，也是一切教育的目的。公民教育的中心内容是通过个人的完善来实现为国家服务的目的。"有用的国家公民"应具备三项品质：具有关于国家的任务的知识；具有为国家服务的能力；具有热爱祖国、愿意效力于国家的品质。

（2）劳作学校理论：凯兴斯泰纳认为，劳作学校是一种最理想的学校组织形式，是为国家培养有用公民的重要教育机构。劳作学校的三项任务：职业陶冶的预备；职业陶冶的伦理化；团体的伦理化。

5. 蒙台梭利的教育思想

蒙台梭利是意大利具有国际影响的著名幼儿教育家，也是西方教育史上与福禄培尔齐名的两大幼儿教育家之一，她毕生致力于探讨科学的幼儿教育方法，创立了蒙台梭利教学（育）法。其主要著作有《蒙台梭利方法》和《童年的秘密》。

（1）论幼儿的发展：蒙台梭利的幼儿教育思想建立在幼儿生命力学说之上，她认为，儿童存在着内在的生命力，其生长是由于内在生命潜力的发展。因此，她强调遗传的作用，推崇内发论，也重视环境的教育作用。儿童心理发展具有四个存在内在联系的显著特点：①具有独特的心理胚胎期；②心理具有吸收力；③发展具有敏感期；④发展具有阶段性。

（2）论自由、纪律与工作
①自由：真正的科学的教育学的基本原则是给学生以自由，即允许儿童按其本性个别地、自发地表现。
②纪律：蒙台梭利认为"儿童之家"是需要纪律的，儿童也要守纪律。她指出，纪律不可能通过命令、说教或任何一般的维持秩序的手段而获得。一切想直接达到纪律的目的都是不能实现的，真正的纪律对于儿童来说必须是主动的，只能建立在自由活动的基础上。
③作业：纪律赖以建立的自由活动是指一种手脑结合、身心协调的作业，通常这种活动或作业称为"工作"，同时她认为工作是人类的本能与人性的特征。

（3）幼儿教育的内容
①感官教育：重视幼儿的感官（感觉）训练和智力的培养，是儿童之家的重要特色，也是蒙台梭利方法的一大特点。主要包括视觉、听觉、嗅觉、味觉及触觉的训练，其中以触觉训练为主。
②读、写、算的练习：在"儿童之家"里，蒙台梭利将写字的练习先于阅读的练习。掌握了文字书写的技能之后，儿童再转入阅读学习。
③实际生活练习：又称肌肉教育、动作教育，主要包括：日常生活技能的练习、园艺活动、手工作业、体操、节奏动作。

（4）评价：蒙台梭利在医学、生理学、实验心理学的基础上，结合自己的实验所形成的新教育方法体系，有力地挑战了传统教育的模式，体现了新教育运动强调自由、尊重儿童的基本精神，将新教育运动推向了深入，对20世纪学前教育产生了很大影响。但她的教育方法脱胎于低能儿童的教育方法，因此不可避免地带有机械训练的性质和神秘主义的色彩。

6.　7.　8.　9.　10.　11.　12.（见下页）

1. 新教育运动历程（见上页）
2. 新教育运动中的著名实验（见上页）
3. 梅伊曼、拉伊的实验教育学（见上页）
4. 凯兴斯泰纳的"公民教育"与"劳作学校"理论（见上页）
5. 蒙台梭利的教育思想（见上页）

（九）19世纪末至20世纪前期的教育思潮和教育实验

6. 进步教育运动历程

进步教育也称进步主义教育运动，指产生于19世纪末持续到20世纪50年代的美国的一种教育革新思潮，旨在反对工业社会的政治经济弊病。它经历了兴起、成型、转折和衰落四个阶段。
（1）兴起（19世纪末至1918年）：19世纪末，帕克进行教育革新实验，创造了"昆西教学法"，被杜威称作"进步教育之父"；1896年，杜威创办芝加哥实验学校，在他的影响下，许多进步教育实验以各种形式展开。
（2）成型（1918-1929年）：1919年，科布建立进步教育发展协会，后被改称美国进步教育协会；1920年，协会提出了改进初等教育的七点目标，实为进步教育的七项原则或纲领；1924年，创办《进步教育》杂志。
（3）转折（1929-1943年）：1929年的大萧条严重影响了美国进步教育运动的发展。
（4）衰落（1944-1957年）：1944年，美国的进步教育运动进入其衰落阶段，美国进步教育协会更名为"美国教育联谊会"；1957年，《进步教育》杂志停办，标志着美国教育史上一个时代的结束。

7. 昆西教学法

帕克是美国进步教育运动的先驱者，昆西教学法的创始人，其主要著作是《关于教育学的谈话》。
（1）强调儿童应处于学校教育的中心。
（2）重视学校的社会功能。
（3）主张学校课程应尽可能与实践活动相联系。
（4）强调培养儿童自我探索和创造的精神。

8. 有机教育学校

约翰逊是美国教育家，进步教育协会的创始人之一。她创办了费尔霍普学校，该校以"有机教育学校"而闻名。
（1）约翰逊称她的教育方法是"有机的"，因为它们遵循学生的自然生长。
（2）学校目的是为儿童提供每个发展阶段所必需的作业和活动。
（3）该校整个课程计划以活动为主，按照年龄来分"生活班"。
（4）约翰逊重视社会意识的培养，反对放纵儿童。

9. 葛雷制

葛雷制又称双校制、二部制、分团学制，创始人是沃特。
（1）沃特以杜威的基本思想为依据，把学校分成四个部分：体育运动场、教室、工厂和商店、礼堂。
（2）课程也分为四个方面：学术工作、科学、工艺和家政、团体活动、体育和游戏。
（3）在教学中采用二重编法，即将全校学生一分为二，一部分在教室上课，一部分在体育场等其他地方活动，上下午对调，解决了葛雷地区学校少、供不应求的矛盾。

10. 道尔顿制

帕克赫斯特是美国教育家，道尔顿制的创始人。道尔顿制是一种个别教学制度。
（1）在学校里废除课程教学、课程表和年级制，代之以"公约"或合同式学习。
（2）将教室改为各科作业室或实验室，按学科性质陈列参考用书和实验仪器，供学生使用。
（3）用"表格法"了解学生学习进度，既增强学生学习动力，也使学生管理简单化。
（4）三个原则：自由、合作和个性原则。

11. 文纳特卡计划

文纳特卡计划是华虚朋推行的教育实验计划，它是一种个别教学实验，它将课程分为共同的知识或技能和创造性的、社会性的作业，主要有五个步骤。
（1）针对每一个儿童的特殊情况，制定个别训练的特殊目标和标准。
（2）进行全面的诊断测验，以明确儿童的能力。
（3）编写儿童自我学习与自我订正的教材。
（4）学习进度个别化。
（5）集体活动和创造活动。

12. 设计教学法

克伯屈是美国教育家，1918年发表《设计教学法》被称为"设计教学法之父"。
（1）他强调有目的的活动是设计教学法的核心，儿童自动、自发的、有目的的学习是设计教学法的本质。
（2）他主张放弃固定的课程体制，取消分科教学及现有的教科书，把学生有目的的活动作为所设计的学习单元。
（3）设计教学法的四种类型：生产者设计、消费者设计、问题设计、练习设计，以生产者设计为重点，它最能体现教育的社会化。
（4）设计教学法的四个步骤：决定目的、制订计划、实施计划和评判结果，以学生为主，由他们自己找材料，自己研究。

杜威是美国著名的哲学家和教育家，他以实用主义哲学、民主主义政治理想和机能心理学为基础，通过批判地继承前人的思想，构建起庞大的教育哲学体系，成为现代教育的代表人物。其主要著作有《民主主义与教育》。

（十）杜威的教育思想

1. 论教育的本质

（1）教育即生活：使学校生活成为儿童生活和社会生活的契合点，实质上是要改造不合时宜的学校教育和学校生活，使之更富活力，更有乐趣，更具实效，更有益于儿童发展和社会改造。杜威进而提出"学校即社会"，意在使学校生活成为一种经过选择的、净化的、理想的社会生活，使学校成为一个合乎儿童发展的雏形的社会。"学校即社会"是对"教育即生活"的进一步引申，代表社会生活的活动性课程的引入是使学校与社会生活相联系的基本保证。

（2）教育即生长：实质上是在提倡一种新的儿童发展观和教育观。要求摒弃压抑、阻碍儿童自由发展之物，使一切教育和教学适合儿童的心理发展水平和兴趣、需要的要求。杜威认为生长是机体与外部环境、内在条件与外部条件相互作用的结果，是一个持续不断的社会化的过程，尤其是杜威要求尊重儿童但不同意放纵。

（3）教育即经验的改造：①克服了经验与理性的对立；②拓宽了经验的外延，不再视其为感觉作用和感性认识，而是一种行为、行动，含有知的因素，喜怒哀乐、酸甜苦辣等素也是其构成成分；③强调经验过程中人的主动性。

2. 论教育的目的

（1）教育无目的论：从教育论的本质出发，杜威反对外在的、固定的、终极的教育目的，认为教育无目的。他所追求的是过程的内在目的，这个目的就是"生长"。教育的过程，在它自身以外没有目的，它就是它自己的目的。

（2）教育的社会目的：教育存在社会性目的，即民主，教育为社会进步服务，为民主制度完善服务。杜威认为，教育是社会改良和进步的基本方法。在民主社会中，个人发展与社会进步是统一的。

3. 论课程与教材

（1）对传统课程的批判：旧课程和教材的两个弊端，一是儿童的生活和经验具有"统一性和完整性"，学校中的学科割裂了儿童的世界，使他们对世界的认识失去了应有的全面性而流于片面；二是社会精神匮乏。杜威要求教材不能只从本身出发，而应与社会生活相联系。

（2）从做中学：杜威要求从做中学、从经验中学，以活动性、经验性的主动作业来取代传统书本式教材的统治地位。

（3）教材心理化：是指把各门学科的教材或知识各部分恢复到它所被抽象出来的原来的经验，就是把间接经验转化为直接经验，即直接经验化。

4. 论思维与教学方法

（1）反省思维，指对某个经验情境中的问题进行反复的、严肃的、持续不断的思考，其功能在于求得一个新情境，把困难解决、疑虑排除、问题解答。

（2）五步教学法：杜威根据科学的实验主义探究方法和反思思维方式，提出了五步教学法。
①学生需要有一个真实的经验的情境：要有一个对活动本身感兴趣的连续活动。
②在这个情境内部产生一个真实的问题，作为思维的刺激物。
③要占有知识资料，从事必要的观察，对付这个问题。
④必须负责有条不紊地展开他所想的解决问题的方法。
⑤要有机会和需要通过应用检验观念，使这个观念意义明确，自己发现它们是否有效。

5. 论道德教育

（1）个人与社会：道德教育的主要任务是协调个人与社会的关系。杜威提倡与人合作的新个人主义：①新个人主义强调人与人之间的合作而不是无情的竞争；②新个人主义重视理智的作用。

（2）道德教育的途径和方法：杜威将道德教育的原理分为社会方面和心理方面。
①社会方面：道德教育应有社会性的情境、社会性的内容和社会性的目的。
②心理方面：道德教育必须建立在学生本能冲动和道德认识、道德情感的基础上才有效。
③杜威要求学校生活、教材、教法皆应渗透社会精神，视其为"学校道德之三位一体"，这三者是道德教育的重要途径。

6. 杜威教育思想的影响：杜威是西方现代教育派的理论代表、新教育的思想旗手。他对传统教育的整个理论体系进行挑战，奠定了现代教育理论大厦的基石。但其理论过于强调儿童中心、活动中心、经验中心，使得教育实践忽视了系统知识的传授，引发了自由与纪律，教师与学生关系等诸多矛盾。此外，根据经验和教材心理化原则编写新型教材的设想过于理想化难以实现。

（十一）现代欧美教育思潮

1. 改造主义教育

改造主义教育是一种把"社会改造"作为教育的主要目的和强调学校成为"社会改造"的主要工具的教育思潮。它是实用主义教育的分支。

（1）主要观点
①教育应当以"改造社会"为目标。
②教育应当重视培养"社会一致"的精神。
③教育工作当以行为科学为依据。
④课程教学当以社会问题为中心。
⑤教师的主要职责是劝说教育。代表人物是布拉梅尔德。

（2）特点和影响
①特点：与实用主义教育有相似性；自称是"危机时代"的教育理论；具有折中主义的特点。
②影响：它是实用主义教育在新的社会时期的继续，但是也批判了与它同一时期出现的要素主义教育和永恒主义教育，并吸收了它们所阐述的观点；在美国教育实践中的影响不大。

2. 要素主义

1938年在美国成立的"要素主义者促进美国教育委员会"，是其形成的标志。代表人物有巴格莱、科南特等人。

（1）主要观点
①学校课程的核心是人类文化遗产的共同要素。
②教学过程必须是一个严格的训练智慧的过程。
③学生在学习上必须刻苦和专心。
④教师应该是整个教育过程的权威人物。

（2）特点与影响
①特点：学校教育需系统地向学生传递民族文化（民族经验），培养文化同一性；学校课程要强调系统性、逻辑性和学术性，有利于学生训练智力；学校教育必须严格训练和严格考试，保证教育质量；教师应具有"权威性"，有效传递民族经验。
②影响：要素主义教育对美国20世界50-60年代的教育改革产生了重要影响，它提出的教育主张和教育观点受到了政府的重视，有些被采纳为国家的教育政策。但也存在不足，受到抨击。

3. 永恒主义

永恒主义教育也称"新古典主义教育"，是现代欧美国家一种强调理性训练以及人的理性和教育基本原则的永恒性的教育思潮，代表人物有美国的赫钦斯（哈钦斯）、艾德勒，英国的利文斯通和法国的阿兰等。

（1）基本观点
①教育的性质是永恒不变的。
②教育的主要目的是培养永恒的理性。
③永恒的古典学科应该在学校课程中占有中心地位。
④学生通过教师的教学进行学习。

（2）特点与影响
①特点：强调人的理性；强调培养理性的途径是学习古典名著；有较突出的复古主义倾向。
②影响：永恒主义教育作为一种教育哲学思想，在教育理论上有一定的影响，但在教育实践中的影响范围不大，主要限于大学和上层知识界中的少数人。

4. 新行为主义教育

新行为主义教育是现代欧美国家一种运用有关人类行为及学习过程理论来阐释教育和教学问题的教育思潮。主要代表人物是美国的托尔曼、赫尔、斯金纳和加涅等。

（1）主要观点
①教育就是塑造人的行为。
②学生的学习行为可以运用教学机器来强化。
③确立程序教学理论。
④构建新行为主义的学习理论。

（2）特点与影响
①特点：试图运用新行为主义心理学解决教育和教学问题；思想核心是学习理论和教学技术，未涉及教育本质、教育目的等问题；凸显较强的操作性。
②影响：从某种意义上讲，新行为主义教育有助于学习理论的发展，并为计算机辅助教学的发展开辟了道路，但它忽视了人的意识和心理在学习中的作用。另外，它把人类的学习归结为操作性条件作用，忽视了人类学习和动物学习的本质差别。

5. 结构主义教育

结构主义教育是现代欧美国家强调认知结构的研究和认知能力的发展的教育思潮，代表人物是皮亚杰、布鲁纳。

（1）主要观点
①教育应重视学生的认知能力发展。
②注重掌握各门学科的基本结构。
③尽早教授学科的基础知识。
④倡导发现法和发现学习。
⑤教师是结构教学的主要辅助者。

（2）特点与影响
①特点：将现代信息社会的系统科学概念和方法引入教育领域；将现代心理学和教育学相结合；以课程和教学改革为核心推动了教育改革。
②影响：为心理学研究和教育研究的结合提供了一个范例，提出了一些值得研究的课程教学问题，但它过分强调认知结构对儿童发展的作用，课程过于理论化和抽象化等。

6. 终身教育思潮

终身教育是现代欧美国家一种强调把教育贯穿人的一生的教育思潮。主要代表人物是朗格朗。

（1）主要观点
①终身教育的缘由：使人在各方面做好准备并应对新的挑战。
②终身教育的含义：包括教育的各个方面、各项内容，从出生至生命终结的不间断的发展，也包括在教育发展过程中的各阶段间的紧密而有机的内在联系。
③终身教育的目标是培养新人和实现教育民主化。
④终身教育是未来教育发展的战略，是现代社会的需要，没有固定的方法和内容。
⑤终身教育有助于冲破传统学校的僵化体制，采取灵活多样的组织形式、教学内容和手段。

（2）特点和影响
①特点：注重人的终身学习和教育的整体性；强调教育的民主化；凸显出国际性。
②影响：终身教育思潮正在教育领域引起一场广泛而深刻的革命，成为建立一个学习化社会的象征，世界上许多国家以它作为教育改革和发展的战略重点。

7. 现代人文主义教育思潮（见下页）

（十一）现代欧美教育思潮

1. 2. 3. 4. 5. 6.（见上页）

7. 现代人文主义教育思潮

现代人文主义教育是现代欧美国家一种以人本主义心理学为基础、突出"以人为本"理念、以培养自我实现的和完整的人为教育目的的教育思潮。主要代表人物是马斯洛、罗杰斯和弗洛姆（弗罗姆）。

（1）主要观点
- ①强调教育的目的是培养自我实现的人。
- ②构建人本课程。
- ③学校应该创设自由学习和发展的氛围。

（2）特点与影响
- ①特点：凸显人的主体性是教育的出发点和归宿；强调人的理智和情感的和谐一致；注重课程和教学的改革。
- ②影响：不仅对西方教育理论和实践产生了重要影响，而且对发展方向具有牵引的作用。但它过分强调主体性及个人的价值观和个人的自我实现，简单把个体的潜能实现与个体的社会价值画上等号，也受到了批评。

（十二）苏联教育思想

1. 马卡连柯的教育思想

马卡连柯是苏联早期著名的教育理论家和实践家，其主要著作有《父母必读》和《教育诗篇》等。

（1）论教育的目的：学校的任务是要为社会培养高质量的人才。教育的目的是把青年一代培养成真正有教养的苏维埃人、劳动者，一个有用的、有技术的、有学识的、有政治修养和高尚道德的身心健全的公民，他能自觉地、有毅力地且有成效地参加社会主义建设，捍卫无产阶级革命事业。

（2）论集体主义教育：集体主义教育是马卡连柯教育思想的核心。他创立了在集体中、通过集体、为了集体进行教育的思想和方法，提出了一系列教育原则：平行教育影响原则、前景教育原则、优良的作风与传统、尊重与要求相结合原则。

（3）论纪律教育：纪律教育与集体主义教育紧密联系。在他看来，纪律是达到集体目的的最好方式，它可以使集体更完善、更迅速地达到自己的目的；它也是良好的教育集体的外部表现形式。他建议学校开设道德伦理课，采取各种有说服力的方式和有计划地向学生讲授各种道德理论，同时他认为在学校纪律教育中必须适当地使用奖励和惩罚。

（4）论劳动教育：马卡连柯认为劳动教育是人的劳动品质的教育，也是公民将来生活水平及其幸福的教育。其目的是要发展儿童的体力、智力和培养他们从事生产劳动的技能技巧；尤其重要的是使学生在道德和精神上得到良好的发展。只有按照教育原则组织的、作为教育过程总的体系的一部分的劳动才有教育意义。劳动越复杂，越具有独立性，教育意义越大。

（5）论家庭教育：家庭教育的基本条件是建立一个"完整和团结一致"的家庭集体。在家庭教育的方法上要注意掌握尺度和分寸，要遵循"中庸之道"。同时，马卡连柯特别重视父母自身的行为在家庭教育中的作用。

2. 凯洛夫的教育学体系

凯洛夫是苏联著名的教育学家，他的教育思想主要反映在由他主编的《教育学》中。

（1）教学论
- ①关于教学过程本质的论述：教学是教育的基本途径，教学过程所具有的特点：通过教学过程应使学生接受的是前人已经获得的真理（知识）；在教学过程中学生是在有经验的教师领导下获得对现实事物的认识的；在教学过程中一定要有巩固知识的工作；在教学过程中还包括有计划地实现发展儿童智力、道德和体力的工作。
- ②教学原则：直观性原则、自觉性与积极性原则、巩固性原则、系统性与连贯性原则、通俗性与可接受性原则。
- ③论教养和教学的内容：具体表现在教学计划、教学大纲和教科书中。
- ④论教学工作的组织形式与方法：《教育学》详细地评述了班级授课制度的产生与发展，以历史的经验肯定它是教学工作的基本组织形式。

（2）德育论
- ①德育的任务和内容：主要培养苏维埃爱国主义精神、社会主义的人道主义精神、集体主义精神、对劳动和社会公共财产的社会主义态度、自觉纪律以及布尔什维克的意志与性格特征。
- ②德育的原则和方法：第一个德育原则是使德育过程渗透共产主义的目的性和思想性；德育的途径和方法首先强调教学，还包括说服法、练习法、儿童集体组织法、奖惩法。

3. 赞科夫的教学理论

赞科夫是苏联著名的心理学家和教育家，他对教学与发展关系的实验研究的形成了发展性教学理论。其主要著作有《论小学育》《和教师的谈话》《教学与发展》等。

（1）发展性教学理论
- ①教学与发展的关系：教学论核心是教学过程要使学生的一般发展取得成效。
- ②五项教学论体系的新原则：以高难度进行教学原则、学习时高速度前进原则、理论知识起主导作用原则、使学生理解学习过程原则、使班上所有的学生（包括最差的学生）都得到一般发展原则。

4. 苏霍姆林斯基的教育理论

苏霍姆林斯基是第二次世界大战后最杰出的教育实践家和教育理论家，被誉为"教育思想的泰斗"。他的著作被称为"活的教育学"和"学校生活的百科全书"。他的教育著作有《给教师的一百条建议》《把整个心灵献给孩子》《帕夫雷什中学》等。

（1）学校教育的理想和奋斗目标：培养和谐发展的人的教育理论核心是要使全体学生都得到全面和谐的发展。普通学校教育的培养目标是培养全面和谐发展的人，社会进步的积极参加者。

（2）和谐的教育：苏霍姆林斯基认为，为了培养全面和谐发展的人，就要深入改善整个教育过程，实施和谐的教育。

（3）论人的全面和谐发展与教育：按照诸育相互联系、相互渗透的整体观点进行德育、智育、体育、美育、劳动教育。

第四部分

教育心理学

1903年，美国心理学家桑代克出版了《教育心理学》，标志着教育心理学诞生的标志。这本书是西方第一本以教育心理学命名的专著。

一　教育心理学概述

（一）教育心理学的研究对象与任务

1. 研究对象：教育心理学是研究学与教相互作用基本规律的科学，主要研究对象是学生的学习及其规律的应用，具体包括：学习心理、教学心理、学生心理和教师心理。

2. 研究任务
（1）揭示教育系统中学生学习的性质、特点、类型及各种学习的过程和条件。
（2）运用学生的学习及其规律去设计教育、改革教育体制、优化教育系统。

（二）教育心理学的历史发展与趋势

早在 1531 年，西方学者比维斯的著作就出现了"教育心理学"一词。

1. 起源

（1）时代背景
①19 世纪政治、经济和教育的发展：裴斯泰洛齐，教育心理学化。
②19 世纪心理科学的发展。

（2）早期著作
①产生：1806 年，赫尔巴特《普通教育学》指出，心理学是教育者首先要掌握的学科，还提出了教学的"明了、联想、系统和方法"四个阶段。乌申斯基 1867 年（另一种说法是 1868 年）出版了《教育人类学》第一卷。卡普杰列夫 1877 年出版《教育心理学》，这是最早正式以"教育心理学"来命名的一部著作。
②早期著作及其特点：在日本，第一本教育心理学著作是依泽修二的《教育学》，最早以"教育心理学"命名的著作是贺卡雄的《实用教育心理学》。不过，多数著作是把心理学知识通过推论移植于教育。

（3）实验教育运动
①倡导者是梅伊曼。
②另一名倡导者是拉伊，1903 年出版《实验教育学》一书。

2. 发展过程

（1）初创时期（20 世纪 20 年代以前）：①1903 年，美国心理学家桑代克出版《教育心理学》标志着教育心理学的诞生，这本书是西方第一本以教育心理学命名的专著，内容包括人类的本性、学习心理、个别差异及其原因三个部分。②这时期形成了学习理论两大流派：行为主义、认知理论。

（2）发展时期（20 世纪 20 年代至 50 年代末）：①行为主义学习理论占据主导地位，其中以杜威的实用主义为基础的"做中学"的思想以及维果茨基是这时期的代表。②我国最早的教育心理学著作是 1908 年房东岳译，日本小原又一著作的《教育实用心理学》，1924 年廖世承编写了我国第一本《教育心理学》。

（3）成熟时期（20 世纪 60 年代到 70 年代末）：西方教育心理学重视为学校教育服务，认知学习理论发展、兴盛，发展出认知结构理论和信息加工理论，人本主义思潮出现；本时期代表人物有布鲁纳、奥苏伯尔。

（4）深化拓展时期（20 世纪 80 年代以后）：体系越来越完善，研究愈发深入，视角愈发综合，建构主义作为新的认知学习理论的影响很大。

3. 研究趋势

（1）在研究取向上，从行为范式、认知范式向情境范式转变。
（2）在研究内容上，强调教与学并重，认知与非认知并举，传统领域与新领域互补。
（3）在研究思路上，强调认知观和人本观的统一，分析观和整体观的结合。
（4）在学科体系上，从庞杂、零散逐渐转向系统、整合、完善。
（5）在研究方法上，注重分析与综合、量性与质性、现代化与生态化、人文精神与科学精神的结合。

二、心理发展与教育

（一）心理发展及其规律
1. 心理发展的内涵
2. 认知发展的一般规律
3. 人格发展的一般规律
4. 心理发展与教育的关系

（二）认知发展理论与教育
1. 皮亚杰的认知发展阶段理论：认知发展的实质；影响认知发展的因素；认知发展的阶段；认知发展与教学的关系
2. 维果茨基的文化历史发展理论：文化历史发展理论；心理发展的本本质；教学与认知发展的关系
3. 认知发展理论的教育启示

（三）人格发展理论与教育
1. 埃里克森的心理社会发展理论
2. 科尔伯格的道德发展阶段理论
3. 人格发展理论的教育含义

（四）社会性发展与教育
1. 社会性发展的内涵
2. 亲社会行为的发展阶段、影响因素与习得途径
3. 攻击行为及其改变方法
4. 同伴关系的发展及培养

（五）心理发展的差异性与教育
1. 认知差异与教育
2. 人格差异与教育
3. 性别差异与教育

1. 心理发展的内涵：个体从胚胎期经由出生、成熟、衰老一直到死亡的整个生命过程中所发生的持续而稳定的内在心理变化过程，包括认知发展和人格发展两大方面。

（一）心理发展及其规律

2. 认知发展的一般规律
（1）受遗传与环境的交互作用，是生理成熟和教育（学习）的结果。
（2）具有连续性和阶段性。
（3）具有方向性和顺序性。
（4）具有共同性和差异性
（5）具有互补性和相互关联协调发展。
（6）具有不平衡性和关键期。

3. 人格发展的一般规律
（1）具有社会性。
（2）具有稳定性和可变性。
（3）既有连续性又有阶段性。
（4）既有独特性又有共同性。
（5）是一个持续终身的毕生过程。

4. 心理发展与教育的关系
（1）心理发展是有效教育的背景和前提。
（2）有效的教育能促进个体心理发展。

（二）认知发展理论与教育

1. 皮亚杰的认知发展阶段理论

（1）认知发展的实质

皮亚杰认为，认知（或智力）的本质是适应，即儿童的认知是在已有图式基础上，通过同化、顺应和平衡等机制，不断从低级向高级发展。
①图式是指儿童用来适应环境的认知结构，如吸吮反射、定向反射等。
②同化是指儿童通过把新刺激物纳入已有图式中的认知过程。同化是图式发生量变的过程，不能引起图式质变，但影响图式生长。
③顺应是指儿童通过改变已有图式（或形成新图式）来适应新刺激的认知过程。儿童遇到自己不能同化的刺激时，会面临两种选择：创造新图式，纳入新刺激；修改原图式，纳入新刺激。顺应是图式发生质变的过程，使儿童认知能力达到一个新水平。
④平衡是指同化和顺应之间的均衡。平衡是相对的，不平衡是绝对的。儿童的认知是通过平衡—不平衡—平衡循环的过程，从低级水平向高级水平发展。

（2）影响认知发展的因素
①成熟：指有机体，特别是大脑神经系统和内分泌系统的成熟。
②练习与习得经验：是认知发展的必要条件。包括物理经验和逻辑—数理经验。
③社会经验：指社会的相互作用和社会信息相互交换的过程。它依赖个体与社会的相互作用。
④平衡化：是心理发展的决定因素，具有自我调节作用。

（3）认知发展的阶段
①感知运动阶段（0-2岁）：通过探索感知觉与运动之间的关系来获得动作经验，形成一些低级的行为图式，以适应和探索外界环境。手的抓取和嘴的吸吮是探索世界的主要手段。此阶段的显著标志是儿童的客体永久性（大约在9-12个月获得）。
②前运算阶段（2-7岁）：儿童的言语与概念发展速度惊人，具有了符号功能，发展了运用符号来表征客观物体的能力。此阶段儿童认知思维的特点有：泛灵论、自我中心、集体的独白、具体形象性、不可逆性、刻板性、缺乏守恒性、集中化。
③具体运算阶段（7-11岁）：儿童开始接受学校教育，出现显著的认知发展。此阶段儿童认知思维的特点有：守恒性、可逆性、去集中化（本阶段儿童思维成熟的最大特征）、刻板地遵守规则。
④形式运算阶段（又称命题运算阶段）（11岁至成年）：儿童思维已超越了对具体可感知事物的依赖，使形式从内容中解脱出来，思维发展接近成人的水平。此阶段儿童认知思维的特点有：假设—演绎推理能力、命题推理能力、组合分析能力。

（4）认知发展与教学的关系：①提供活动；②创设最佳的难度；③关注儿童的思维过程；④认识儿童认知发展水平的有限性；⑤让儿童多参与社会活动。

2. 维果茨基的文化历史发展理论

（1）文化历史发展理论

维果茨基从种系和个体发展的角度分析了心理发展的实质，说明人的高级心理机能的社会历史发生问题。
①两种心理机能：一是作为动物进化结果的低级心理机能，是个体早期以直接的方式与外界相互作用时表现出的特征；二是作为历史发展结果的高级心理机能，即以符号系统为中介的心理机能。高级心理机能的实质是以心理工具为中介，受到社会历史发展规律的制约。
②两种工具理论：一是物质生产工具，指向外部，引起客体变化；二是精神工具，主要指人类所特有的语言、符号等，指向内部，影响人的行为。

（2）心理发展的本质：维果茨基认为，心理发展是个体的心理自出生到成年，在环境与教育影响下，在低级心理机能基础上，逐渐转化为高级心理机能的过程。这个过程的发展有4个主要的表现：①随意机能不断发展；②抽象—概括机能提高；③各心理机能间的关系不断变化、重组，形成间接的、以符号为中介的心理结构；④心理活动个性化。

（3）教学与认知发展的关系
①教学的含义：维果茨基将教学分为广义和狭义两种。广义的教学指儿童通过活动和交往掌握精神生产的手段，它带有自发性质；狭义的教学指有目的、有计划进行的一种交际形式，"创造"学生心理的发展。
②最近发展区：即实际发展水平与潜在发展水平之间的差距。前者由学生独立解决问题的能力而定；后者则指在成人指导下或与更有能力同伴合作时，能够解决问题的能力。
③教学的作用：一是使最近发展区变为现实；二是教学创造着最近发展区。

（4）内化学说：内化是指个体将社会环境中吸收的知识转化到心理结构中的过程。内化学说的基础是工具理论，即语言、标志和符号等。内化过程中，自我中心言语起至关重要的作用。它是外部言语向内部言语转化中一种过渡形式，是言语交际机能向言语自我调节机能转化的一种过渡形式。

（5）学习存在最佳期：维果茨基认为，儿童在学习任何内容时，都有一个最佳年龄。教师在教学时要处于儿童最佳期内，教学最佳期是由最近发展区决定。

3. 认知发展理论的教育启示

（1）皮亚杰发展理论对教育的影响
①不主张教给儿童那些明显超过他们发展水平的和过于简单的材料。
②保持学生的学习主动性和自主性，使他们积极参与到学习活动中。
③儿童在认知发展过程中存在个体差异，教师要保证所实施的教学与学生认知水平相匹配。

（2）维果茨基的理论对教学的影响
①在维果茨基搭建支架的基础上提出了支架式教学。
②维果茨基阐释了相互作用情境下学习的机制。
③维果茨基的理论对合作学习有一定指导作用。
④维果茨基的理论在情境认知理论及其教学模式中有一定应用。

（三）人格发展理论与教育

1. 埃里克森的心理社会发展理论

（1）理论内涵：基于对文化和个体关系的重要性的认识，埃里克森提出了社会化发展理论。他把发展看成一个经过一系列阶段的过程。个体在每一阶段都有其特殊的目标、任务和冲突，个体均面临一个发展危机，每一危机都涉及一个积极选择与一个潜在的消极选择之间的冲突。各阶段相互依存，后一阶段发展任务的完成依赖于早期冲突的解决。

（2）八个阶段

①信任对怀疑（0-1.5 岁）：婴儿的目标是建立起对周围世界的基本信任感。婴儿与母亲建立良好的亲子关系，产生信任感，否则将产生怀疑和不安。

②自主对羞怯（1.5-3 岁）：儿童开始表现出自我控制的需要与倾向，渴望自主并试图自己做一些事情。但是这种渴望常常与父母的要求相冲突。父母要允许儿童自由地探索并给予适当关怀和保护，帮助其建立自信心，否则将会使儿童对自己的能力产生怀疑，甚至导致其一生对自己的能力缺乏信心。

③主动感对内疚感（3-6、7 岁）：儿童开始主动参与一些活动，想象自己正扮演成年人角色，并从中体验愉快的情绪。这一阶段的危机在于，儿童既要保持对活动的热情，又要控制那些会造成危害或可能会被禁止的活动。因此，成年人应监督而不是干涉儿童主动性和创造性的活动，否则会造成其形成缺乏尝试和主动的性格。

④勤奋感对自卑感（6、7-12 岁）：儿童进入学校学习，开始体会到持之以恒的能力与成功之间的关系，形成一种成功观。成功的体验有助于儿童形成勤奋的特质，表现为乐于工作和有较好的适应性。遭遇困难和挫折会导致自卑感。学生在这一阶段的危机未解决好往往是其以后学业颓废的重要原因。

⑤角色同一性对角色混乱（12-18 岁）：相当于少年期和青春初期。个体开始体会到自我概念问题的困扰，即开始考虑"我是谁"这一问题，体验着角色同一与角色混乱的冲突。在埃里克森看来，自我既与个体过去经验相联系，又与个体当前面临的任务有关，自我同一性的形成与职业的选择、性别角色的形成、人生观的形成等有密切的联系。如果个体在这一时期能把这些方面很好地整合起来，他所想的和所做的与他的角色概念相符合，个体便获得较好的角色同一性。

⑥友爱亲密对孤独（18-30 岁）：相当于青年晚期。个体如能在人际交往中与他人建立正常的友好关系，就能形成一种亲密感。如果害怕被他人占有和不愿与人分享便会陷入孤独。

⑦繁殖对停滞（30-60 岁）：包括中年期和壮年期。个体面临抚养下一代的任务，并把下一代看成自己能力的延伸。发展顺利的个体表现为家庭美满，富有创造力；反之，则陷入自我专注，只关心自己的需要与舒适，对他人及后代感情冷漠，以至颓废消极。

⑧完美无憾对悲观绝望（60 岁以后）：相当于老年期。如果个体在前几阶段发展顺利，就会获得自我完满感；反之，将陷入绝望，并因此害怕死亡。

（3）评价：①优点：埃里克森注重文化和社会因素对人的发展的作用；从整体上、各层面及其相互关系上进行考察，而非孤立地看待心理发展历程；从人的一生进行研究，符合人的发展实际。②缺点：一定程度上忽视高级心理过程在发展中的作用；未解释个体如何及为何从一个阶段发展到另一阶段；理论缺乏实证性研究的支持。

2. 科尔伯格的道德发展阶段理论（见下页）

3. 皮亚杰的道德认知发展阶段（见下页）

4. 人格发展理论的教育含义（见下页）

（三）人格发展理论与教育

1. 埃里克森的心理社会发展理论（见上页）

2. 科尔伯格的道德发展阶段理论

（1）理论内容

科尔伯格认为儿童道德的发展是分阶段的，他开创了道德两难故事法，作为研究道德发展问题的重要研究方法，并在20世纪60年代提出了著名的三水平六阶段的道德发展阶段论。

①前习俗水平：幼儿园及小学低中年级阶段。该时期特征是儿童遵守规范，但尚未形成自己的主见，着眼于人物行为的具体结果，关心自身的利害。

阶段1：惩罚和服从的定向阶段。儿童缺乏是非善恶观，服从规范，认为可免受处罚的行为都是好的，遭受批评指责的事都是坏的。

阶段2：工具性的相对主义定向阶段。行为好坏按行为后果带来的赏罚来定，没有主观的是非标准。

②习俗水平：小学中年级以上直到青年、成年。该时期特征是个人逐渐认识到团体的行为规范，进而接受并付诸实践。

阶段3：人际协调的定向阶段，又称"好孩子"定向阶段。个体按照"好孩子"要求去做。

阶段4：维护权威或秩序的定向阶段。服从团体规范，"尽本分"，尊重法律权威，个体判断是非有了法制观念。

③后习俗水平：青年期人格成熟的人。该阶段已经发展到超越现实道德规范的约束，达到完全自律（自己支配）的境界。

阶段5：社会契约定向阶段。有强烈的责任心与义务感，尊重法制，但相信它是人制定的，不适应社会时理应修正。

阶段6：普遍道德原则的定向阶段。个体有个人的人生哲学，对是非善恶有其独立的价值标准，对事有所为有所不为，不受现实规范的限制。

（2）评价

①优点

形成一个研究个体品德发展阶段的重要模式。

揭示了人类道德认知发展的两大规律：从他律向自律方向发展的规律和循序渐进的规律。

清楚看到了道德判断与道德行为之间的关系。

道德教育须吻合儿童心理发展。

②不足

只研究了公正问题。

只研究禁令取向的道德推理。

只通过研究言语反应考察人的道德发展水平。

只研究了道德发展的一般性问题。

没有证据证明理论的普遍有效性。

将"习俗"与"道德"等同。

3. 皮亚杰的道德认知发展阶段

（1）前道德阶段——无律阶段：这一阶段的儿童既不是道德的，也不是非道德的。

（2）他律道德阶段：5-8岁儿童处于这一阶段，道德认知一般是服从外部规则，接受权威指定的规范，他们只根据行为后果判断对错。

（3）自律道德阶段：9-11岁儿童处于这一阶段，不再无条件服从权威，儿童的判断还不成熟，要到十一二岁才能独立判断。

4. 人格发展理论的教育含义

（1）埃里克森心理社会发展理论的教育意义

①帮助学生适应勤奋和自卑危机。

②帮助学生适应同一性和角色混乱危机。

（2）科尔伯格道德发展阶段理论的教育意义

①教师对儿童道德思维和行为水平的预期应符合儿童的年龄。

②教师在课上可以组织学生讨论两难问题，以帮助学生发展道德推理。

③教师应该注意文化和性别对道德推理的影响。

（四）社会性发展与教育

1. 社会性发展的内涵

 （1）社会性的本质
  ①广义的社会性是指人在社会生活过程中所形成的的全部社会特征的总和，是与人作为生物个体的生物性相对而言的。
  ②狭义的社会性是指个体参与社会生活，与人交往，在他固有生物特性基础上形成的独特的心理特性。

 （2）社会性发展：实质就是个体由自然人成长为社会人。

2. 亲社会行为的发展阶段、影响因素与习得途径

 （1）内涵：指有益于他人和社会的行为，其发展过程就是道德认识水平提高、道德情感丰富的过程。

 （2）发展阶段
  艾森伯格等利用两难故事情境，提出儿童亲社会行为的发展要经历五种水平。
  ①享乐主义、自我关注取向（学前儿童及小学低年级学生）：关心自己，对自己有利情况下可能帮助他人。
  ②他人需求取向（小学生及一些正步入青春期的少年）：助人决定以他人需求为基础，不助人不产生同情或内疚。
  ③赞许和人际关系取向（小学生及一些中学生）：关心别人是否认为自己的利他行为是好的或值得称赞的，有好的或适宜的表现是重要的。
  ④自我投射的、移情的取向（一些小学高年级的学生及中学生）：因同情而关心他人，设身处地为他人着想。
  ⑤内化的法律、规范和价值观取向（少数中学生）：助人决定以内化的价值、规范和责任为基础，违反个人内化的原则将会损伤自尊。

 （3）影响因素：①文化因素；②情境因素；③家庭成员的行为；④学校、同伴与媒体的影响；⑤助人者特征。⑥受助者特征。

 （4）习得途径：①移情反应的条件化；②直接训练；③观察学习。

3. 攻击行为及其改变方法

 （1）含义：指经常有意伤害和挑衅他人的行为，儿童、青少年中较常见。

 （2）产生原因：①遗传因素；②家庭因素；③环境因素。

 （3）分类
  ①按攻击行为表现形式分为，身体攻击、言语攻击和间接攻击。
  ②按攻击行为起因分为，主动型攻击和反应型攻击。
  ③按攻击行为目的分为，敌意性攻击和工具性攻击。

 （4）改变方法：①消退法；②暂时隔离法；③榜样示范法；④角色扮演法。

4. 同伴关系的发展及培养

 （1）含义：指个体交往过程中建立和发展起的个体之间的，特别是同龄人之间的人际关系。

 （2）友谊的发展
  塞尔曼提出儿童友谊发展要经历五个阶段。
  ①阶段1（3-7岁），尚不稳定的友谊。儿童未形成友谊的概念，他们的关系不能称为友谊，只是短暂的游戏同伴关系。该阶段儿童认为朋友往往与实际的利益和空间上的接近相关联。
  ②阶段2（4-9岁），单向帮助关系。该阶段的儿童要求朋友能服从自己的愿望和要求。顺从自己就是朋友，否则不是。
  ③阶段3（6-12岁），双向帮助关系。该阶段的儿童能互相帮助，但不能共患难。儿童对友谊的交互性有一定了解，但带有明显的功利性。
  ④阶段4（9-15岁），亲密的共享。该阶段的儿童对朋友的要求发生了明显变化，即从行为方面向品质方面转变。
  ⑤阶段5（12岁以后），友谊发展成熟。随着年龄增长，儿童对朋友的选择性增强，朋友关系一旦建立持续时间都较长。

 （3）良好同伴关系的培养
  ①开设相关课程，进行交往技能训练。
  ②丰富课堂教学交往活动。
  ③组织丰富多彩的交往实践活动。
  ④培养学生的亲社会能力。

（五）心理发展的差异性与教育

1. 认知差异与教育

认知差异主要表现在认知水平的差异和认知类型的差异两方面。

（1）认知水平的差异：认知水平的差异主要表现为智力水平的差异，智力水平的差异表现为智力发展水平和智力发展速度的差异。

（2）认知类型的差异
- ①场依存型与场独立型。由赫尔曼·威特金提出。场依存型受环境因素影响大；场独立型不受或很少受环境因素影响。
- ②反思型（慎思型）和冲动型。由罗杰姆·卡根提出。反思型表现为深思熟虑后再做决定；冲动型表现为快速做决定。
- ③整体性和系列性。由戈登·帕斯克提出。系列性策略表现为每个假设只包括一个属性；整体性策略表现为每个假设同时涉及若干属性。
- ④深层加工和表层加工。深层加工指深刻理解所学内容，与更大概念框架联结，获取深层意义；表层加工指记忆学习内容的表面信息，不与更大概念框架联结。

（3）针对认知差异的教育
- ①针对认知类型差异
  - 帮助学生识别自身认知类型。
  - 明确两类教学策略：匹配策略和失配策略。
  - 调整教学风格，多模式教学。
- ②针对认知水平差异
  - 按能力分组：班级间分组；班级内分组；重新分组。
  - 设置不同教育目标。
  - 选择不同教育方式。

2. 人格差异与教育

（1）人格差异
- ①人格类型差异。
- ②人格特质差异。
- ③气质差异：多血质、胆汁质、抑郁质、粘液质。

（2）人格差异与教育的关系
- ①根据学生人格差异，因人施教。
- ②根据不同人格特质，因势利导。

（3）人格差异的教育意义
- ①因材施教。
- ②发挥集体作用。
- ③引导学生自我教育。

3. 性别差异与教育

（1）智力的性别差异
- ①总体水平平衡，男性智力分布离散程度大于女性。
- ②智力结构表现不平衡。
- ③智力发展具有年龄倾向。
- ④受遗传、环境和教育等因素的影响。

（2）人格和行为上的性别差异：①性格特征；②学习兴趣；③学习动机；④学习归因。

（3）性别差异的教育意义：①改变不同性别学生的性格局限；②一视同仁。

三　学习及其理论

（一）学习概述
1. 学习的实质
2. 学习的种类
3. 学生学习的特点

（二）行为主义的学习理论
1. 桑代克的联结说
2. 巴甫洛夫的经典性条件反射说
3. 斯金纳的操作性条件反射说
4. 班杜拉的观察学习理论及其教育应用

（三）认知派的学习理论
1. 布鲁纳的认知—发现说：认知学习观；结构教学观；发现学习
2. 奥苏伯尔的有意义接受说：有意义学习的实质和条件；认知同化理论与先行组织策略；接受学习的界定及评价
3. 加涅的信息加工学习理论：学习的信息加工模式；学习阶段及教学设计

（四）人本主义的学习理论
1. 罗杰斯的自由学习观
2. 学生中心的教学观

（五）建构主义的学习理论
1. 建构主义的思想渊源与理论取向
2. 建构主义学习理论的基本观点：知识观、学生观、教学观
3. 认知建构主义学习理论与应用
4. 社会建构主义学习理论与应用

学习是个体在特定情境下由于练习或反复经验而产生的行为或行为潜能的较持久的变化。

1. 学习的实质
- （1）学习的发生是由经验引起。
- （2）学习导致行为或行为潜能的变化。
- （3）行为变化不等同学习存在。
- （4）学习与表现不能等同。
- （5）学习是广义概念。

（一）学习概述

2. 学习的种类
- （1）学习主体分类：动物学习、人类学习、机器学习。
- （2）学习水平（加涅8类学习）分类：信号学习、刺激—反应学习、连锁学习、言语联想学习、辨别学习、概念学习、规则的学习、解决问题的学习。
- （3）学习结果分类：言语信息的学习、智力技能的学习、认知策略的学习、态度的学习、动作技能的学习
- （4）学习性质与形式（奥苏伯尔）分类：接受学习、有指导的发现学习、独立的发现学习
- （5）学习的意识水平分类：内隐学习（阿瑟·S·雷伯）、外显学习
- （6）学习内容分类：知识的学习、技能学习、道德品质或行为习惯的学习
- （7）正式学习和非正式学习

3. 学生学习的特点
- （1）接受学习是学习的主要形式。
- （2）学习过程是主动构建过程。
- （3）学习内容的间接性。
- （4）学习的连续性。
- （5）学习目标的全面性。
- （6）学习过程的互动性。

（二）行为主义的学习理论

1. 桑代克的联结说

桑代克是美国第一个系统论述教育心理学的心理学家，被誉为现代教育心理学的奠基人。他创立了学习的联结—试误说，最著名的实验是饿猫打开迷笼（猫开迷箱）的实验。
- （1）实验原理：①学习的实质在于形成一定的联结。②三大学习律：准备律：学习开始时存在预备定势；练习律：学习需要经过反复多次的练习；效果律：满意的结果增强联结。
- （2）对教育的启示：①使用具体奖励；②通过大量重复、练习和操练训练学生。

2. 巴甫洛夫的经典性条件反射说

巴甫洛夫最早提出经典条件作用，即一个新刺激替代另一个刺激与一个自发的生理或情绪反应建立联系。最著名的实验是狗分泌唾液实验。
- （1）主要规律：①习得、强化、消退；②泛化；③分化；④高级条件作用；⑤第一信号系统和第二信号系统。

3. 斯金纳的操作性条件反射说

斯金纳在桑代克的迷笼基础上创设了斯金纳箱，提出了独具特色的操作性条件作用说。
- （1）行为分类：①应答性行为：已知刺激引起，机体被动地对环境刺激做出反应；②操作性行为：机体自身发出的，行为受到强化而成为在特定情境中随意或有目的的操作。
- （2）主要规律：①强化：正强化、负强化、一级强化、二级强化；②强化程式：连续强化程式、断续强化程式、固定时距程式、固定比率程式、变化时距程式、变化比率程式；③逃避条件作用与回避条件作用；④惩罚与消退；⑤程序教学与行为矫正；⑥连续渐进法与塑造。

4. 班杜拉的观察学习理论及其教育应用

班杜拉是社会学习理论、社会认知理论的奠基人。著名的实验是赏罚控制实验。
- （1）基本过程与条件：
  - ①注意过程。观察学习的首要阶段。它决定着在大量榜样影响中选择的观察对象及抽取的信息。影响因素有：榜样行为的特性；榜样的特征；观察者的特点。
  - ②保持过程。观察者依赖表象系统和言语系统保持示范信息。
  - ③复制过程（动作再现过程）。观察者把符号性表征转换成适当的行为。
  - ④动机过程。观察者观察到的行为受到激励，包括直接强化（模仿行为后直接给予强化，提供信息和诱因）；替代性强化（观察者看到榜样受强化而受到的强化）；自我强化（观察者依照自己的标准对行为做出判断后进行的强化）。
- （2）教育应用：
  - ①选择适当榜样行为，并反复示范。
  - ②引导学生学习和保持榜样行为，注意表扬和批评教育。
  - ③促进学生替代强化和自我强化，发挥主观能动性。
  - ④消除不良榜样行为。
  - ⑤监控学生习得行为的表现。

布鲁纳是美国著名的认知教育心理学家，主张学习的目的在于以发现学习的方式，使学科的基本结构转变为学生头脑中的认知结构。他最为知名的一本书是 1960 年出版的《教学过程》。

（一）认知学习观：学习的实质是主动的形成认知结构，而不是被动的形成刺激—反应的联结。学习包括获得、转化和评价三个过程。

1. 布鲁纳的认知—发现说
（2）结构教学观：布鲁纳强调学习的主动性和认知结构的重要性，认为教学的目标在于理解学科的基本结构；掌握学科基本结构的教学原则：动机原则、结构原则、程序原则和强化原则。

（3）发现学习
①含义：指学习者用自己头脑亲自获得知识的一切形式。
②四个阶段：提出问题；做出假设；验证假设；形成结论。
③四点作用：提高智力的潜力；使外部奖赏转化为内部动机；学会发现的最优方法和策略；帮助信息的保持和检索。
④评价
优点：激发学生的好奇心及探索未知事物的兴趣；调动学生的内部动机和学习积极性；最大限度提供自由回旋余地；利于学生批判性、创造性思维发展。
局限性：无视学生学习特点，歪曲接受学习本义；缺乏科学性和严密性；浪费时间，不能保证学习水平。

（三）认知派的学习理论

2. 奥苏伯尔的有意义接受说
（1）有意义学习的实质和条件
①实质：符号代表的新知识与学习者认知结构中已有适当观念建立非任意的和实质性的联系。实质性联系是一种非字面联系。
②条件
外部条件：有意义学习材料必须具有逻辑意义。
内部条件：学习者具有有意义学习的心向；学习者认知结构中必须具有适当知识，以便与新知识联系；学习者必须积极主动地将潜在意义的新知识与原有知识结合形成新知识。

（2）认知同化理论
①下位学习（类属学习）：指将概括程度或包容范围较低的新概念或命题，归属到认知结构中原有的概括程度或包容面较广的适当概念或命题之下，包括派生类属和相关类属。
②上位学习：指新概念、新命题概括程度较高或包容范围较广。
③组合学习：只能凭借组合关系来理解意义的学习。

（3）先行组织策略：①逐渐分化原则；②整合协调原则；③先行组织者：陈述性组织者、比较性组织者。

（4）接受学习的界定与评价：接受学习是在教师指导下，学习者接受事物意义的学习。在教师的合理指导下，学习者可以尽快掌握大量间接知识。它特别适合于知识的学习，但对于学生技能的发展，尤其是创新能力的发展则有一定的局限性。

3. 加涅的信息加工学习理论
（1）学习的信息加工模式：①信息流；②控制结构，包含期望事项和执行控制。
（2）学习阶段及教学设计：学习是学生与环境之间相互作用的结果。学习过程是由一系列事件构成的。加涅认为，学习过程分为动机阶段、领会阶段（注意和选择性知觉）、习得阶段、保持阶段、回忆阶段、概括阶段（促进迁移）、作业阶段和反馈阶段；教师是教学活动的设计者和管理者，也是学生学习效果的评定者，完整的教学应该按照这八个阶段进行。

20 世纪 60 年代，罗杰斯将"来访者中心疗法"移植到教育领域，创立了"以学生为中心"的教育和教学理论，成为 20 世纪最重要的教育理论之一。

1. 知情统一的教学目标：罗杰斯的教育理想就是要培养既用情感的方式也用认知的方式行事的情知合一的人。他称这种情知融为一体的人为"全人"或"功能完善者"。

（四）人本主义的学习理论

2. 罗杰斯的自由学习观
（1）学习类型：认知学习和经验学习。
（2）学习方式：有意义学习和无意义学习。
（3）有意义学习的四个要素
①学习具有个人参与性质。
②学习是由自我发动的。
③全面发展。
④学习是由学生自我评价的。
（4）自由学习：罗杰斯认为教师的任务不是教学生学习知识，也不是教学生如何学习，而是为学生提供各种学习的资源，提供一种促进学习的气氛，让学生自己决定如何学习。罗杰斯所倡导的学习原则的核心就是让学生自由学习。

3. 学生中心的教学观：罗杰斯主张废除教师这一角色，代之以"学习的促进者"。学生自身具有学习的潜能，促进者只需为他们设置良好的学习环境，提供各种学习资源，使他们知道如何学习，他们就能学到所需要的一切。罗杰斯认为，促进学习的心理气氛因素有三条：①真诚一致；②无条件积极关注；③同理心。

（五）建构主义的学习理论

1. 思想渊源与理论取向

（1）思想渊源：行为主义发展到认知主义以后的进一步发展。皮亚杰、布鲁纳和维果茨基等人的理论都起到极大作用。

（2）理论取向

①激进建构主义：以皮亚杰思想为基础，以冯·格拉塞斯菲尔德和斯泰费为代表。两条基本原则：第一，知识不是通过感觉或交流被个体被动地接受的，而是由认知主体主动地通过新旧经验的相互作用建构的；第二，认知的机能是适应和组织自己的经验世界，而不是去发现本体论意义上的现实。

②信息加工建构主义：常被称为"温和建构主义"，不属于严格意义上的建构主义。以斯皮罗等人的认知灵活性理论为代表。

③社会建构主义：以维果茨基的理论为基础，以鲍尔斯菲尔德和科布为代表。它认为，世界是客观存在的，对每个认识世界的个体来说是共通的。

④社会文化取向：也受到维果茨基的影响。它着重研究不同文化、不同时代和不同情境下个体的学习和问题解决等活动的差别。提倡师徒式教学。

2. 基本观点

（1）知识观：知识相对论

一定程度上质疑知识的客观性和确定性，强调其动态性。

①知识是一种解释、假设，而非对现实的准确表征。

②知识不能精确概括世界法则，需要针对具体情境再创造。

③知识不可能以实体形式存在于具体个体之外。

（2）学生观：意义的生成与建构。教学不能无视学生的先前经验，应将其现有知识经验作为新知识的生长点，引导"生长"新知识。教学是知识的处理和转换。教师应重视学生的理解，并与其一起探索、交流，促进学生合作。

（3）学习观：知识的处理与转换。三个基本特点：①主动建构性；②社会互动性；③情境性。

（4）教学观：建构主义提出了一系列改革教学的思想，其中最基本、最核心的思想是：①让学生通过问题来解决问题。②教学的目的是帮助学生进行知识建构，以培养学生的求知欲和探究能力为目标。

3. 认知建构主义

以皮亚杰思想为基础，典型代表是维特罗克的生成学习理论和斯皮罗等人的认知灵活性理论。

（1）理论内容：学习是意义建构过程，通过新旧经验相互作用而形成、丰富和调整认知结构的过程。

（2）理论应用：①探究性学习；②随机通达教学。

4. 社会建构主义

（1）理论内容：以维果茨基思想为基础，同时受当代科学哲学、社会学和人类学等的影响。典型代表是文化内化与活动理论和情境认知与学习理论。学习是文化参与过程，学习者借助一定文化支持参与某个学习共同体实践活动内化有关知识，掌握有关工具。知识建构需要个体与物理环境以及学习共同体互动完成。

（2）理论应用：①情境性教学；②分布式认知；③认知学徒制；④抛锚式教学；⑤支架式教学；⑥合作学习；⑦交互式学习。

四 学习动机

（一）学习动机概述

1. 内涵：动机是引发、导向并维持活动的倾向。学习动机指激发学习行为，导向学习目标，维持行为的动力倾向。

2. 分类
- （1）按动机的动力来源划分：内部动机和外部动机。
- （2）按奥苏伯尔根据动机对学业成就的影响划分：认知内驱力、自我提高内驱力和附属内驱力。
- （3）按学习动机的社会意义划分：①高尚的、正确的学习动机；②低级的、错误的学习动机。
- （4）按学习动机的作用与学习活动的关系划分：近景的直接性学习动机和远景的间接性学习动机。
- （5）按学习动机起作用范围划分：一般动机和具体动机。
- （6）按学习动机的地位划分：主导动机和辅助动机。

3. 作用：①引发作用；②定向作用；③维持作用；④调节作用。

（二）学习动机的主要理论

1. 强化理论：联结主义理论家用 S—R 公式来解释人的行为，认为动机是由外部刺激引起的一种对行为的冲动力量，并特别重视用强化来说明动机的激发与作用。人们的行为倾向完全取决于先前这种行为和刺激因强化而建立的稳固联系。强化能提高学习动机。

2. 需要层次理论
马斯洛是理论提出者和代表人物，他认为所有行为都有意义，都有其特殊的目标，这种目标来源于我们的需要。
- （1）七种基本需要：①生理需要；②安全需要；③归属与爱的需要；④尊重的需要；⑤求知与理解的需要；⑥审美的需要；⑦自我实现的需要。
- （2）两类需要：包括基本需要（缺失性需要）和成长需要。前四种需要属于缺失需要，它们是我们生存所必需的，对生理和心理的健康是很重要的，必须得到一定程度的满足，一旦满足，由它们产生的动机就会消失。后三种需要是成长需要，它们虽不是我们生存所必需的，但对于我们适应社会却有着重要的积极意义，它们很少能得到完全满足。一般而言，学校里最重要的缺失需要是爱和尊重。

3. 认知理论

（1）期望—价值理论：①阿特金森认为，人们追求成就时有两种倾向：一是力求成功的动机（Ts），二是避免失败的动机（Tf）。②追求成功的动机由成就需要、期望水平和诱因价值三者决定，动机强度（T）= f（需要 × 期望 × 诱因）。避免失败的倾向是避免失败的动机、失败的可能性以及失败的诱因值三者乘积的函数；用公式表示就是：$T = T_s - T_f = (M_s \times P_s \times I_s) - (M_f \times P_f \times I_f)$。一般而言，任务难度越大，成功所带来的满足感也就越强，二者存在互补关系，即 $I = 1 - P$；由此可以推出，若 $M_s > M_f$，则 T 为正值，而且当 $P_s = 0.5$ 时，动机强度最大；若 $M_s < M_f$，则 T 为负值，且当 $P_f = 0.5$ 时，动机强度最小；若 $M_s = M_f$，则 T 为 0，此时不会出现追求目标的行动。阿特金森认为，力求成功者的目的是获取成功，因而倾向于选择难度适中的任务，而避免失败者倾向于选择最易或最难的任务。

（2）成败归因理论：最早的归因理论由海德提出。罗特进行发展提出了控制点理论，分为外控型和内控型。维纳（韦纳）在两人基础上进行了系统探讨。
①成败归因六个因素：能力高低、努力程度、任务难易、运气（机遇）好坏、身心状态、外界环境等。
②归因的三个维度：内部和外部、稳定性和非稳定性、可控性和不可控性。
③归因的影响因素：他人操作的有关信息；先前的观念或因果图式；自我知觉。

（3）自我效能感理论：班杜拉最早提出。自我效能感是对自己能成功从事某一成就行为的主观判断。
①理论观点：人的行为受结果（强化）影响，行为出现不是由于随后的强化，而是认识到强化与行为间的依赖关系后建立了对下一步强化的期望。
②两种期望：结果期望、效能期望。
③三种强化：直接强化、替代强化、自我强化。
④四个因素：直接经验、替代经验、言语说服、情绪唤起。

（4）自我价值理论：科温顿（卡文顿）认为，人天生具有一种维护自己的自尊和自我价值感的需要，当一个人的自尊和自我价值感受到威胁时，他就需求各种措施来维护自尊，保持自我的价值感和有能力感。自我价值感是个体追求成功的内在动力。能力、成功和自我价值感三者之间就形成前因后果的连锁关系。也就是说，高能力的个体容易成功，成功的经验会使个体产生自我价值感。根据学生追求成功和避免失败的倾向，可以将学生分为四类：①高趋低避者，又称成功定向者。该类学生拥有无穷的好奇心，对学习有极高的自我卷入。②低趋高避者，又称避免失败者。这类学生有很多保护自己胜任感的策略，使用各种自我防御术，从外部寻找个人无法控制的原因来解释失败。③高趋高避者，又称过度努力者。该类学生一方面对自我能力的评价较高，另一方面这一评价又不稳定，极易受到失败经历的动摇。他们往往有完美主义的倾向，给了自己太大压力，处在持续恐惧之中。④低趋低避者，又称失败接受者。这些学生在面临学业挑战时表现出退缩，他们用于学习的时间很少，焦虑水平也很低，对极少获得的成功不自豪，对失败也不感到羞耻。这一分类模型是对成就动机理论的有益发展和补充。

（三）学习动机的培养与激发

1. 影响因素
- （1）主观因素：①需要与目标结构；②成熟与年龄特点；③性格特征与个别差异；④志向水平与价值观；⑤焦虑程度。
- （2）客观因素：①家庭环境与社会环境；②学校教育。

2. 培养
- （1）成就动机的培养：意识化、体验化、概念化、练习、迁移、内化。
- （2）成败归因训练：归结于努力与否。
- （3）自我效能感的培养：直接经验培训、间接经验培训、说服教育。

3. 激发
- （1）创设问题情境，实施启发教学。
- （2）根据作业难度，控制动机水平。
- （3）利用反馈信息，给予恰当评定。
- （4）妥善进行奖罚，维护内部动机。
- （5）设置课堂环境，搞好竞争合作。
- （6）进行归因训练，促进继续努力。
- （7）培养自我效能，增强学生自信。
- （8）维护自我价值，警惕自我妨碍。
- （9）维护内在需要，促进动机内化。

五、知识的学习

（一）知识及知识获得的机制

1. 知识的含义：从认识论本质上讲，知识是人对事物属性与联系的能动反映，通过人与客观事物相互作用形成。

2. 知识的类型

（1）陈述性知识和程序性知识：安德森从信息加工角度分类。①陈述性知识是关于"是什么"的知识，对事实、定义、规则和原理等的描述。②程序性知识是关于"怎么做"的知识，如怎样推理、决策、解决问题等。

（2）显性知识和隐性知识：波兰尼从知识是否容易传递角度分类。①显性知识是书面文字、图表和数学表述的知识，通常用人为方式表述实现，又称言明的知识。②隐性知识是尚未表述的知识，是尚未言明或难以言传的知识，如波兰尼的"我们知晓的比我们能说出的多"。

（3）感性知识和理性知识：不同反映深度分类。①感性知识反映事物的外表特征和外部联系，有感知和表象两种水平。②理性知识反映事物本质属性及各属性间本质联系，有概念和命题两种形式。

（4）具体知识和抽象知识：不同抽象程度分类。①具体知识是具体有形、直接观察获得的信息。②抽象知识不能直接观察，只能定义获取的知识。

（5）结构良好领域的知识和结构不良领域的知识：应用复杂多变程度分类。①结构良好领域的知识是由明确事实、概念等构成的结构化知识。②结构不良领域的知识是有关知识被灵活应用的知识。

（6）具体知识、方式方法知识和普遍原理知识：布卢姆的分类。①具体知识是具体、独立的信息，主要指具体指称物的符号，有术语的知识和具体事实的知识两个亚类。②方式方法知识是有关组织、判断和批评方式方法的知识，有惯例、趋势和顺序、分类和类别、准则、方法论的知识五个亚类。③普遍原理知识是把各种现象和观念组织起来的主要体系和模式的知识，包括原理和概括的知识及理论和结构的知识。

（7）一般知识和特殊知识：反映事物的范围分类。①一般知识是对一类事物的普遍知识。②特殊知识是对具体或专门事物的知识。

3. 知识的获得机制

（1）陈述性知识获得的机制：同化与顺应。①赫尔巴特最早用同化概念解释知识的学习，认为学习过程是新旧观念的同化过程。②皮亚杰发展同化思想，认为儿童已掌握的知识经验是学习新知识的基础和关键，儿童通过同化和顺应将新旧知识联系起来。同化是纳入新知识，量变过程；顺应是改变原有认知结构，质变过程。③奥苏伯尔进一步发展了皮亚杰的认知同化论思想，认为同化是使知识从一般到个别、上位到下位逐渐分化和横向联系的相互作用过程，既是量变也是质变过程。三种同化模式：下位学习、上位学习和并列结合学习。

（2）程序性知识获得的机制：产生式。①现代认知心理学运用产生式解释程序性知识获得的心理机制。"产生式"这一术语来自计算机科学，西蒙和纽厄尔首次将它用于心理学来说明程序性知识的表征和获得机制。②产生由条件和行动两部组成，基本原则是"如果条件为 X，那么实施行动 Y"，即当一个产生式条件得到满足，则执行规定的某个行动。③程序性知识的学习在本质上是掌握一个程序，即在长时记忆中形成一个解决问题的产生式系统。产生式系统理论为揭示程序性知识表征和获得的心理机制提供了新思路，为程序性知识的教学提供了科学依据。

（二）知识的理解

维特罗克的生成学习理论对理解的过程做了深入分析和解释，认为学习是学习者通过原有认知结构及相关知识经验从环境中接收到的感觉信息相互作用实现的有意义过程。学习者主动选择、注意、建构信息的意义。

1. 类型

（1）陈述性知识理解的类型：①加涅把陈述性知识视为言语信息，由简到繁分为：符号、事实和有组织的知识。②奥苏伯尔将其视为意义学习，分为：表征学习、概念学习和命题学习。

（2）程序性知识理解的类型：按程序性知识的性质和特点，分为智慧技能（心智技能）、动作技能（运动技能）和认知策略。

2. 过程

（1）西方：①三阶段论：诺曼和鲁梅哈特根据图式理论，提出知识掌握需经三个阶段：生长、重构和协调。②三水平论：图尔文提出，将知识记忆分为三种水平：情节记忆、语义记忆和程序性知识的记忆。情节记忆是知识生长的基础，语义记忆是知识重构的基础，程序性知识记忆是知识协调的基础。

（2）我国：冯忠良提出了知识掌握的领会、巩固、应用三阶段理论。

3. 影响因素

（1）客观因素：①学习材料的内容；②学习材料的形式；③教师语言的提示和指导。

（2）主观因素：①原有的知识经验背景；②学生的能力水平；③主动理解的意识与方法。

（三）知识的整合与应用（见下页）

（一）知识及知识获得的机制（见上页）
（二）知识的理解（见上页）

五、知识的学习

（三）知识的整合与应用

1. 知识的整合

（1）记忆及其种类

记忆是通过识记、保持、再现（再认或回忆）等方式，在人脑中积累和保存个体经验的心理过程。
①按记忆结构，分为瞬时记忆（感觉记忆）、短时记忆（工作记忆）和长时记忆。瞬时记忆是感觉刺激停止后保持的瞬间映象，不做任何形式加工，保持时间很短。短时记忆是当时注意的信息，为现实进行有意识加工、操作服务的记忆过程。记忆容量有限、存储时间短，唯一对信息有意识加工和具有语音听觉、视觉形象、语义等多重编码特点。长时记忆是部分短时记忆信息经加工而永久储存的记忆。保持时间长，容量无限。
②按长时记忆中不同角度，分为程序性知识和陈述性知识的记忆、形象记忆和情绪记忆、情境记忆和语义记忆、表象系统和言语系统的记忆等。

（2）遗忘的特点：信息储存的动态变化。①保持量的减少；②保持量的增加；③记忆内容变化。

（3）遗忘的原因：①记忆痕迹衰退说；②材料间的干扰说；③检索困难说；④知识同化说；⑤动机性遗忘说。

（4）促进知识整合的措施：知识的整合实际上是运用记忆规律促进知识保持的过程。①提高加工水平；②多重编码；③联系记忆法；④过度学习与试图回忆相结合；⑤合理复习，包括及时复习和分散复习等。

2. 应用与迁移

（1）知识应用的形式：知识的应用指运用获得的知识解决同类或类似课题的过程。①两种形式：课堂应用和实际应用；②四个环节：审题、联想、课题类化和检验。

（2）知识迁移的种类

知识迁移即学习迁移，即一种学习对另一种学习的影响。
①从迁移发生的学习类型或领域分，知识、技能和态度的迁移。
②从迁移的方向分，顺向迁移和逆向迁移。
③从迁移效果分，正迁移、负迁移和零迁移。
④从迁移的不同程度分，自迁移、近迁移和远迁移。
⑤从迁移发生的自动化水平分，低通路迁移和高通路迁移。
⑥从迁移内容的不同分，一般迁移和具体迁移。
⑦从迁移内容的不同抽象和概括水平分，水平迁移（横向/侧向迁移）和垂直迁移（纵向迁移）。

（3）知识迁移的理论

①形式训练说：以官能心理学为基础，主张迁移要经过一个"形式训练"的过程，是无条件的、自动发生的；它训练的重点在于训练的形式。
②相同要素说：桑代克于20世纪初提出，认为只有在原先的与新的学习情境有相同要素时，才可能迁移。迁移程度取决于两种情境相同要素的多少，越多越高；越少越低。
③概括化理论：贾德以水中打靶实验研究了原理和概括性的迁移，认为在经验中学到的原理是迁移发生的主要原因。
④奥斯古德的三维迁移模型（又称迁移逆向曲面模型）：表明了迁移与两个学习情境的刺激或学习材料的相似程度和反应的相似程度的关系。
⑤关系理论：格式塔心理学家从理解事物关系的角度对经验类化的迁移理论进行了重新解释，通过实验证明迁移产生的实质是对事物间关系的理解，习得的经验能否迁移取决于能否理解要素间形成的整体关系，能否理解原理与实际事物间的关系。
⑥认知结构迁移理论：奥苏伯尔认为，在有意义学习中，学生积极主动地将新知识与认知结构中有关的旧知识发生相互作用，旧知识得到充实和改造，新知识获得了实际意义。这个过程实际上就是陈述性知识迁移的过程，而其中的关键因素是认知结构本身的可利用性、可辨别性与清晰稳定性。

（4）影响学习迁移的因素：①相似性：学习材料的相似性、学习目标与学习过程的相似性；②原有认知结构：原有经验的水平、原有经验的组织性、原有经验的可利用性；③学习定势。

（5）促进知识应用与迁移的措施：①整合学科内容；②加强知识联系；③强调概括总结；④重视学习策略；⑤培养迁移意识。

六 技能的形成

（一）技能及其作用

1. 技能及其特点

（1）技能的概念：指通过练习形成的合乎规则或程序的身体或认知活动方式。

（2）技能的特点
①技能由练习导致。
②技能表现为身体或认知动作。
③合乎规则或程序是技能形成的前提。合法则的熟练技能具有五个基本特点：流畅性、迅速性、经济性、同时性、适应性。

2. 技能的类型

技能通常按其本身的性质和特点分为动作技能和心智技能两种。

（1）动作技能（运动技能、操作技能）：由一系列外部动作以合理程序组成的操作活动方式。①根据是否需操纵一定工具，分为操纵器具的动作技能和机体动作技能。②特点：客观性、外显性和展开性。

（2）心智技能（智慧技能、智力技能）：借助于内部语言在人脑中进行的认知活动方式。①根据适用范围不同，分为专门心智技能和一般心智技能。②特点：动作对象的观念性、动作执行的内潜性和动作结构的简缩性。

（3）动作技能与心智技能的联系与区别
①联系：心智技能是动作技能的调节者和必要的组成成分，动作技能是心智技能形成的最初依据和外部体现的标志。两者相辅相成、相互制约、互相促进。
②区别：动作技能具有物质性、外显性和扩展性等特点，主要为外显的肌肉骨骼的操作活动；心智技能具有观念性、内隐性和简缩性等特点，主要为内隐的思维操作活动。

3. 技能的作用
（1）技能的掌握是进行学习活动，提高学习效率的必要条件。
（2）技能的形成有助于对有关知识的掌握。
（3）技能的形成有利于智力、能力的发展。

（二）心智技能的形成与培养

1. 心智技能的原型模拟：苏联心理学家兰达最早使用心理模拟法，主要原理是模拟与人的心理功能系统的运行法则，找出能与心理关键特征——对应的物质系统。用心理模拟法建立智力活动的实践模式需要两个步骤：确立模型和检验修正模型。

2. 心智技能的形成过程

（1）加里培林五阶段模式：①活动定向阶段：让学生在头脑中形成对活动程序和活动结果的映像。②物质活动或物质化活动阶段：运用实物或模拟品进行教学活动。③有声的言语活动阶段：不依赖实物或模拟品，借助出声的外部言语活动完成各步骤。④无声的外部言语活动阶段：以词的声音表象、动觉表象为中介，进行智力活动。⑤内部言语活动阶段：具有简缩和自动化的特点。

（2）冯忠良三阶段模型：①原型定向：了解心智活动的实践模式或原型活动的结构。②原型操作：以外显物质与物质化操作方式，执行活动程序和计划。③原型内化：外部言语转向内部言语达到活动方式定型化、简缩化和自动化。

（3）安德森的心智技能形成的三阶段理论：①认知阶段：了解问题结构，形成最初问题表征。②联结阶段：把某一领域的描述性知识编辑为程序性知识，应用具体方法解决问题。③自动化阶段：个体对特定程序化知识进一步深入加工和协调。

3. 心智技能的培养方法
（1）遵循智力活动按阶段形成的理论。
（2）根据心智技能的种类选择方法。
（3）积极创造应用心智技能的机会。
（4）注重思维训练。

（三）操作技能的形成与训练

1. 操作技能的主要类型

（1）按肌肉运动强度分为，精细技能和粗大技能。①精细技能：局限于较狭窄空间进行较精巧的协调动作，主要为腕关节和手指运动。②粗大技能：运用大肌肉完成。

（2）按操作的连续性分为，连贯技能和不连贯技能。①连贯技能：以连续、不间断方式完成一系列动作。②不连贯技能：具有直接感知的开端和终点。

（3）按操作的控制机制分为，封闭性技能和开放性技能（开放环路技能）。①封闭性技能：完全依赖内部肌肉反馈作为刺激指导的技能。②开放性技能：依赖周围环境提供的信息，正确感知周围环境是运动调节的重要因素。

（4）按操作对象不同分为，徒手型操作技能和器械型操作技能。①徒手型操作技能：操纵对象是机体自身，无须操纵各种器械或仪器。②器械型操作技能：操纵一定器械进行。

2. 操作技能的形成过程

（1）菲茨与波斯纳的三阶段模型：①认知阶段：了解动作技能的动作结构和特点及动作间的联系，形成动作映象。②联系阶段：合并或"组块"各独立步骤，形成更大单元。③自动化阶段：各动作达到自动化，整个程序的完成不需注意。

（2）冯忠良的四阶段模型：①操作的定向：了解活动结构与要求，建立定向映象。包括两方面：一是操作活动本身的信息；二是各种有关或无关的内外刺激信息。②操作的模仿：再现出特定动作或行为模式。③操作的整合：固定模仿阶段习得的动作，使之结合，成为定型的、一体化的动作。④操作的熟练：形成的动作对各种变化条件具有高度适应性。

3. 操作技能的训练要求
（1）指导与示范：①掌握相关知识；②明确练习目的和要求；③形成正确动作映象；④获得一定学习策略。
（2）练习：①练习曲线（成绩逐步提高、高原现象、成绩起伏现象、学生个别差异）；②练习方式；③练习时间。
（3）反馈：①结果反馈；②情境反馈；③分情况反馈；④内在动觉反馈。

（一）学习策略的概念与结构

1. 学习策略的概念：指学习者为提高学习效果效率，有目的、有意识地制定有关学习过程的复杂方案，具有四个特征：主动性、有效性、过程性和程序性。

2. 学习策略的结构
- （1）温斯坦的分类：①认知信息加工策略；②积极学习策略；③辅助性策略；④元认知策略。
- （2）丹瑟洛的分类：①基本策略；②辅助性策略。
- （3）迈克卡的分类：①认知策略；②元认知策略；③资源管理策略。

七、学习策略及其教学

（二）认知策略及其教学

1. 注意策略
- （1）含义：指保证学习者将注意力指向和集中于学习材料的策略，具有指向性和集中性的特点。
- （2）教学
  - ①教师有意识培养学生区别重要信息与次要信息的能力。
  - ②教给学生专注于重要信息的策略。
  - ③以问题为导向，引导学习者对重要信息加以注意。
  - ④巧妙运用刺激物的特点，吸引选择性注意。

2. 精细加工策略
- （1）含义：指通过把所学的新信息和已有的知识联系起来以增加新信息意义的策略。
- （2）种类：①记忆术，包括位置记忆法、首字联词法、谐音联想法、琴栓—单词法、关键词法、视觉想象。②灵活处理信息，包括意义识记、主动应用、利用背景知识。
- （3）教学
  - ①给学生适当时间，让学生思考。
  - ②充分运用学生原有知识。
  - ③向学生介绍一些精细加工实例，让学生掌握其方法。
  - ④及时反馈评价。

3. 复述策略
- （1）含义：在工作记忆中为保持信息，运用内部语言在脑中重现学习材料或刺激，以便将注意力维持在学习材料之上的学习策略。
- （2）种类：①利用记忆规律，包括干扰、抑制和促进、首因效应和近因效应、集中复习和分散复习；②合理复习，包括及时复习、部分学习和整体学习、自问自答或尝试背诵、过度学习；③自动化；④亲自参与；⑤情境相似性和情绪生理状态相似性；⑥心理倾向、态度和兴趣。
- （3）教学
  - ①经常要求学生复述，培养学生复述习惯。
  - ②通过多种方式发展学生的复述能力。
  - ③引导学生复述，通过理解材料间的意义、连接、关系来复述而不是死记硬背。

4. 编码与组织策略
- （1）含义：指整合所学新知识间、新旧知识间的内在联系，形成新知识结构的策略。
- （2）种类：①列提纲；②做图解，包括系统结构图、概念关系图、运用理论模型；③做表格。
- （3）教学
  - ①教给学生组织材料的步骤。
  - ②培养学生的概括能力，教给学生概括的方法。
  - ③给学生提供更多的运用组织策略的练习或机会。
  - ④注意理论与实践相结合。

（三）元认知策略及其教学

1. 元认知及其作用
- （1）元认知的含义：弗拉维尔认为，元认知是对认知的认知，具体地说，是关于个人认知过程的知识和调节这些过程的能力，是对思维和学习活动的认知和控制。
- （2）元认知的作用
  - ①可以提高学生对学习目标的意识水平。
  - ②可以使学生意识和体验到学习情境中的变量及其关系与变化情况。
  - ③是学习策略迁移的关键。

2. 元认知策略
- （1）含义：指对信息加工流程进行控制的策略。
- （2）种类：①计划策略；②监察策略，包括领会监控和集中注意力；③调节策略。
- （3）教学
  - ①教给学生元认知知识。
  - ②丰富学生元认知体验，指导学生调节与监控自己的学习过程。
  - ③经常给学生提供反馈的机会。
  - ④指导学生调节和监控自己的学习过程。

（四）资源管理策略及其教学

资源管理策略是辅助学生管理可用环境和资源的策略，包括时间管理策略、努力管理策略和学业求助策略。

1. 时间管理策略：指通过一定方法合理安排时间、有效利用学习资源的策略。包括计划时间策略、最优时间策略和化零为整策略。

2. 努力管理策略：指为维持和促进意志努力，而对自己的学习兴趣、态度、情绪状态等心理因素进行约束和调整，实现学习目标的策略。包括归因于努力、调整心境、意志控制和自我强化。

3. 学业求助策略：指学生在学习上遇到困难时向他人请求帮助的行为，是一种重要的社会支持管理策略。包括执行性求助和工具性求助。奈尔森-黎高把学业求助过程划分为5个阶段：①意识到求助的需要；②决定求助；③识别和选择潜在的帮助者；④取得帮助；⑤评价反应。

4. 学业求助策略的教学
- （1）教会学生正确看待学业求助。
- （2）注意发展学生学业求助能力。
- （3）要求学生采用工具性求助。
- （4）注意营造一种良好的社会性学习环境。
- （5）强调元认知策略。

八 问题解决能力与创造性的培养

（一）有关能力的基本理论

1. 传统智力理论

（1）二因素论：斯皮尔曼提出，认为智力包括两种潜在因素：一般因素（G因素），是一种假想的、被用于许多不同任务中的智力能力；特殊因素（S因素），只影响个体在某种能力测验中的表现。特殊因素只能解释个体在单一测验中的表现，没有提供综合信息，一般因素是一般的、总体的、与智力相关。斯皮尔曼认为，一般因素是关键，是由智力活动的个体差异导致的。

（2）群因素论：瑟斯顿提出群因素论，认为人类智力由七种主要因素组合而成：①语词理解能力（V）；②一般推理能力（R）；③语言流畅性（W）；④计算能力（N）；⑤记忆能力（M）；⑥空间关系（S）；⑦知觉速度（P）。

（3）流体智力与晶体智力理论：卡特尔等人提出，认为流体智力指基本与文化无关的、非言语的心智能力；晶体智力指应用从社会文化中习得的解决问题的方法的能力，是在实践中形成的能力。

（4）智力结构理论，主要包括美国心理学家吉尔福特的三维智力模型和英国心理学家阜南的智力层次结构模型。①吉尔福特否认g因素的存在，坚持智力因素的独立性。他认为对智力结构的分析应该从智力活动的内容、操作和产品三个维度考虑。其中，内容维度分为5个项目：图形、符号、语义、行为和听觉；操作维度分为6个项目：短时记忆、长时记忆、认知、发散思维、聚合思维和评价；产品维度分为6个项目：单位、分类、关系、系统、转换和推测。②阜南将智力划分为四个层次：最高层次是智力的一般因素（g因素）；第二层次为大因素群；第三层次为小因素群；第四层次为特殊因素（s因素）。

2. 加德纳的多元智力理论

加德纳认为，智力应该是在某一特定文化情境或社群中所展现出的解决问题或制作生产的能力。

（1）八种智能：①语言智能：对声音、节奏、单词的意思和语言具有不同功能的敏感性。②逻辑—数学智能：能有效运用数字、推理和假设。③空间智能：能以三维空间的方式思考，准确感觉视觉空间，并把所感知到的表现出来，对色彩、线条、形状及空间关系敏锐。④肢体—动觉智能：能巧妙运用身体表达想法和感觉，能灵活运用双手灵巧地生产或改造事物。⑤音乐智能：能觉察、辨别、改变、欣赏、表达或创作音乐。⑥人际智能：善于觉察并区分他人情绪、动机、意向及感觉，有效与人交往。⑦内省智能：能正确建构自我，知道如何利用这些意识察觉做出适当行为，规划、引导自己的人生。⑧自然观察智能：具备对生物分辨观察力及对自然景物敏锐的注意力。

（2）评价：以加德纳的理论为指导，人们在课程、活动、评估方法和教学方法上都进行了深入的实践探索，这对美国各级学校有深远的影响，对推动我国教育改革也有着重要的启示。

3. 斯滕伯格的成功智力理论

斯滕伯格认为，传统智力概念仅关注学业方面过于狭窄，智力应与真实世界的成功相联系，应能解释生活中的各种成功，即成功智力，它与传统IQ测量中所测量和体现的学业智力有本质区别。

（1）三种基本成分：①分析性智力；②创造性智力；③实践性智力。

（2）四个方面的内涵：①应在一个人的社会文化背景内，按照个人标准，根据在生活中取得成功的能力定义智力。②个体取得成功的能力依赖利用自己的长处和改正或弥补自己的不足。③成功是通过三方面智力的平衡获得的，包括分析性智力、创造性智力和实践性智力。④智力平衡是为实现适应、塑造和选择环境的目标，而不仅是传统智力所强调的对环境的适应。

（二）问题解决的实质与过程

1. 问题解决的内涵

（1）问题是个体想做某件事，但不能马上知道完成这件事所需采取的一系列行动。包括三种成分：给定信息、目标和障碍。

（2）问题解决是指个体在面临问题情境而没有现成方法可利用时，将已知情境转化为目标情境的认知过程。

（3）问题解决的共同特点：①所解决的是新问题；②问题解决中，个体要把掌握的规则重新组合，形成高级规则，以适用于当前问题；③个体的能力或倾向会随问题解决而变化。

2. 问题解决的心理过程

（1）理解和表征问题阶段：①识别有效信息；②理解信息含义；③整体表征；④问题归类。

（2）寻求解答阶段：①算式式；②启发式：手段—目的分析法、逆向反推法、爬山法和类比思维法。

（3）执行计划或尝试某种解答阶段。

（4）评价阶段。

（三）问题解决能力的培养（见下页）

（四）创造性及其培养（见下页）

八、问题解决能力与创造性的培养

（一）有关能力的基本理论（见上页）
（二）问题解决的实质与过程（见上页）

（三）问题解决能力的培养

1. 影响问题解决的因素
（1）知识经验。
（2）个体的智能与动机。
（3）问题情境与表征方式。
（4）思维定势与功能固着。
（5）原型启发与酝酿效应。

2. 有效问题解决者的特征
（1）在擅长的领域表现突出。
（2）以较大的单元加工信息。
（3）能迅速处理有意义的信息。
（4）能在短时记忆和长时记忆中保持大量信息。
（5）能以深层方式表征问题。
（6）愿意花时间分析问题。
（7）能很好地监视自己的操作。

3. 问题解决能力的培养措施
（1）一般问题解决能力的训练：①创造性思维教程；②德波诺的 CoRT 教程；③批判性思维教程；④弗斯坦的思维工具强化过程；⑤问题解决模式。
（2）专家和新手：①专家知识（庞大的知识储备、独特的知识组织方式）；②新手的误区。
（3）教学中问题解决能力的培养：①鼓励质疑；②设置难度适当的问题；③帮助学生正确表征问题；④帮助学生养成分析问题的习惯；⑤辅导学生从记忆中提取信息；⑥训练学生陈述自己的假设及其步骤。

（四）创造性及其培养

1. 创造性的内涵
对创造性的理解归纳起来主要有四种观点。
（1）能力观：把创造性看成是发现新联系、产生不寻常观念和背离传统思维方式的一种能力。
（2）过程观：依据创造活动的发展进程和个体创造活动的认知过程，将创造性分为不同质的几个阶段。沃拉斯把创造过程分为准备、酝酿、分析、验证四个阶段。
（3）人格说：创造性本质在于个体在创造活动中表现出来的不同于一般的某种人格特征。
（4）产品观：包括新颖性和恰当性两种重要特征。

2. 创造性与智力的关系
（1）高创造力者，智商一定很高；低创造力者，智商可高可低。
（2）高智商者，创造力可高可低；低智商者，创造力一定低。

3. 创造性的心理结构
（1）创造性认知品质：①创造性想象；②创造性思维：流畅性、变通性、独特性、综合性和突发性；③创造性认知策略。
（2）创造性人格品质：①创造性动力特征；②创造性情意特征：明确的目的性、独立性和顽强性；③创造性人格特质。
（3）创造性适应品质：具体表现为创造的行为习惯、创造策略和创造技法的掌握运用等。

4. 创造性的培养措施
（1）营造鼓励创造的环境。
（2）培养创造型的教师队伍。
（3）培养创造意识，激发创造动机。
（4）开设创造性课程，教给创造技法。
（5）发展和培养创造性思维。
（6）塑造创造性人格。

九 社会规范学习与品德发展

（一）社会规范学习与品德发展的实质

1. 社会规范学习的含义与特点
   - （1）含义：指个体接受社会规范，内化社会价值，将外在行为要求内化为自己的行为需求，而构建主体内部社会行为调节机制的过程，即社会规范的内化过程。
   - （2）特点：①情感性；②约束性；③延迟性。

2. 品德发展的实质
   - 品德或道德品质指个人依据一定的道德行为准则行动时形成和表现出的某些稳固的特征。包括道德认知、道德情感和道德行为三种基本心理成分。
   - （1）品德发展是个体的品德心理结构的形成和不断完善，是品德各构成因素的不断协调发展。
   - （2）随着个体年龄增长，品德发展表现出阶段性特点，即不同年龄阶段个体表现出不同品德特点。
   - （3）品德发展是个体对社会规范的学习和内化过程。
   - （4）品德发展过程是个体不断社会化的过程。

（二）社会规范学习的心理过程

1. 规范学习的遵从
   - （1）含义：指行为主体对别人或团体提出的某种行为要求的依据或必要性缺乏认识，甚至有抵触的认识和情绪时，既不违背也不反抗，仍然遵照执行的一种遵从现象。
   - （2）特点：①盲目性；②被动性；③工具性；④情境性。
   - （3）作用：①是社会规范接受及品德形成的初级阶段；②在个体社会规范接受及品德形成中具有重要意义。
   - （4）影响因素：①群体特征；②外界压力；③个体特征。

2. 规范学习的认同
   - （1）含义：认同作为社会规范的一种接受水平，指行为主体在认识、情感和行为上与规范趋于一致，从而产生自愿对规范的遵从现象。
   - （2）类型：①偶像认同；②价值认同。
   - （3）特点：①自觉性；②主动性；③稳定性。
   - （4）作用：①认同是社会规范接受及品德形成的一个关键阶段；②认同并非社会规范接受和品德形成的最高阶段。
   - （5）影响因素：①榜样的特点；②规范本身的特性；③强化方式。

3. 规范学习的内化
   - （1）含义：高级接受水平或高度遵从态度，是品德形成的最高阶段。
   - （2）特点：指一种①高度自觉性；②高度主动性；③坚定性。
   - （3）作用：①从规范的接受来说，规范的内化行为接受了规范本身的含义、价值及价值观。②从遵从的态度机制确立来看，在内化阶段，主体能依据规范做出合乎规范要求的行为，及对规范的依据或价值有了深刻的认识与情感体验。③从规范的内化意义上说，内化行为的产生，标志外在于行为主体的规范的社会要求转化为行为主体的内在需求。
   - （4）影响因素：①对社会规范价值的认识；②对社会规范价值的情感体验。

（三）品德的形成过程与培养

1. 影响品德形成的因素
   - （1）外在因素：①家庭环境，包括家庭教养方式、父母的道德观念、家庭成员构成；②社会环境，包括社会风气、大众传媒；③学校集体，包括班集体、同辈团体、学校德育、校园文化等。
   - （2）内在因素：①自身的智力水平；②道德认识；③个性品质，包括个性倾向性、个性心理特征；④适应能力。

2. 道德认知的形成与培养
   - （1）含义：道德认知是品德结构中的引导性要素。
   - （2）培养方法：①言语说服，包括单面论据和双面论据、以理服人与以情动人；②小组道德讨论；③道德概念分析。

3. 道德情感的形成与培养
   - （1）含义：人根据一定道德行为规范评价自己的举止、行为、思想、意图时产生的情感。
   - （2）发展理论：①人本主义情感取向的道德教育理论；②移情及其训练。
   - （3）培养方法：①移情能力的培养，包括表情识别、情境理解、情绪追忆；②羞愧感。

4. 道德行为的形成与培养
   - （1）含义：指指人们在一定道德认识指引和道德情感激励下，表现出的对他人或社会所履行的具有道德意义的行动。道德行为是衡量个体道德品质的客观标志。
   - （2）发展：①斯金纳的品德理论。②班杜拉的道德行为形成理论。
   - （3）培养方法：①群体约定；②道德自律，包括自我观察、自我评价、自我强化。

（四）品德不良的矫正

1. 品德不良的含义与类型
   - （1）含义：指经常发生违反道德准则的行为或采用违背道德规范的方式和手段达到个人目的，构成对他人利益的侵犯，犯有较严重的道德过错。
   - （2）类型：①作弊行为；②诚信及文明礼仪缺失；③责任意识淡薄。

2. 品德不良的成因分析
   - （1）客观原因：①家庭方面；②社会方面；③学校方面。
   - （2）主观原因：①不正确的道德认识；②异常的情感表现；③明显的意志薄弱；④不良习惯的支配；⑤某些性格缺陷；⑥某些需要未满足。

3. 品德不良的纠正与教育
   - （1）以充满信任的教育和关爱消除疑惧心理和对抗情绪。
   - （2）坚持心理疏导，消除心理障碍。
   - （3）在集体活动中激发道德自尊感。
   - （4）转变德育模式，实施知、情、行的整合训练。
   - （5）加强道德意志训练，增强抗诱惑能力。
   - （6）学校、家庭、社会全方面配合。

十、心理健康及其教育

（一）心理健康概述

1. 心理健康的实质、标准
- （1）实质：一种良好而持续的心理状态和过程，表现为个人具有生命的活力、积极的内心体验、良好的社会适应，并能有效发挥个人身心潜能和积极的社会功能。
- （2）判断依据：①临床模式；②统计常模；③社会常模；④生活适应；⑤心理成熟；⑥主观感受。
- （3）标准：①自我实现的人就是心理健康的人；②适应良好的人是心理健康的人；③适应与发展和谐统一的人是心理健康的人。

2. 中小学生常见心理健康问题
- （1）学习问题，包括厌学、逃学、学习效率低等。
- （2）人际关系问题，包括亲子关系、师生关系、友伴关系等。
- （3）学校生活适应，包括生活自理困难、对学校集体生活不适应、对高学段学习生活不适应等。
- （4）自我概念问题，包括缺乏自知、自信，自我膨胀和沉湎于自我分析等。
- （5）与青春期性心理有关的问题，包括青春期引发的各种情绪困扰、异性交往中的问题等。

3. 心理健康与心理素质的关系
- （1）从根本上说，都是人的心理现象，但在两个不同层面。
- （2）从心理素质的功能看，心理素质的高低和心理健康的水平有直接关系。
- （3）从心理测量和评定的角度看，心理素质和心理健康的测量分别包含双方的许多成分。
- （4）从心理素质的内容要素与功能作用的统一性意义看，心理健康是心理素质的表现层面，即功能性层面。
- （5）从总体看，心理素质和心理健康是"本"与"标"的关系。

（二）心理健康教育的目标与内容

1. 心理健康教育的目标
- （1）总目标：提高全体学生心理素质，充分开发潜能，培养学生乐观、向上的心理品质，促进人格健全发展。
- （2）具体目标：
  - ①正确认识自我，增强调控自我、承受挫折、适应环境的能力。
  - ②培养健全人格和良好的个性心理品质。
  - ③帮助少数有心理困扰或心理障碍的学生摆脱障碍，调节自我，提高心理健康水平和增强自我教育能力。
- （3）主要任务：
  - ①全面推进素质教育，增强德育工作的针对性、实效性和主动性。
  - ②帮助学生树立出现心理行为问题时的求助意识，促进其形成健康的心理素质。
  - ③培养身心健康，具有创新精神和实践能力，有理想、有文化、有纪律的一代人。

2. 心理健康教育的内容
- （1）小学低年级：适应新环境；体验友情。
- （2）小学中、高年级：培养进取态度；培养健全人格和自主参与活动的能力。
- （3）初中年级：培养正确的学习观，把握升学方向，克服青春期烦恼，培养挫折耐受力。
- （4）高中年级：发展创造性思维，获得情感体验；确立、选择和准备职业方向；建立对他人的积极情感反应和体验；提高承受和应对挫折的能力，形成良好的意志品质。

（三）心理健康教育的途径

1. 教育途径
- （1）专题训练。
- （2）咨询与辅导。
- （3）学科渗透。

2. 教育方法：认知法、游戏法、测验法、交流法、讨论法、角色扮演法、行为改变法、实践操作法。

第五部分

附录：333 教育综合重要及高频考点

　　333 教育综合重要及高频考点来自近十年的 333 教育综合真题，涉及的院校主要有：北京师范大学、华东师范大学、东北师范大学、华中师范大学、陕西师范大学、西南大学、华南师范大学、南京师范大学、湖南师范大学、上海师范大学、天津师范大学、浙江师范大学、杭州师范大学、安徽师范大学、辽宁师范大学、福建师范大学、西北师范大学、苏州大学、湖北大学等。另外，各知识点标注的页码为本书中相应的知识点所在页码。

第一章

教育学原理

考点 1 　教育学概述

1. 教育学的研究对象和任务

名词解释（P2）

教育学

简答题（P2）

简述什么是教育学

简述教育学的研究对象和任务

论述题（P2）

试述教育学的价值是什么

2. 教育学的产生和发展

名词解释（P2）

《大教学论》

实验教育学

简答题（P2）

简述教育学发展有哪几个阶段，并写出其中一个阶段的代表作

列举教育学独立时期的代表人物及其著作

简述实验教育学的基本观点

简述 19 世纪末 20 世纪初的实验教育学的主要观点和意义

简述实用主义教育学的基本观点

论述题（P2）

论述教育学的产生和发展

论述实验教育学

1. 教育的质的规定性

论述题（P3）

论述什么是教育？联系实际分析教育的本质特征

2. 教育的基本要素

名词解释（P3）

教育要素

教师

受教育者

教育中介系统

教育内容

简答题（P3）

简述教育的基本要素及相互联系

简述教育的基本要素有哪些，它们在教育活动中发挥怎样的作用

论述题（P3）

论述教育的三要素

3. 教育的历史发展

名词解释（P3）

教育的劳动起源论

简答题（P3）

简述教育起源学说主要观点

简述原始教育的基本特征

简述古代教育的特点

简述现代教育的趋势和特点

论述题（P3）

试述现代教育有哪些基本特征，在这些特征中你能看出中国教育有哪些亟待改革和发展的方面，试提出解决的对策

4. 教育概念的界定

名词解释（P3）

教育

学校教育

狭义教育

广义教育

考点 3 教育与人的发展

1. 人的发展概述

名词解释（P4）

个体发展

人的发展

简答题（P4）

简述人的身心发展的一般规律及意义

简述学生身心发展的规律及其要求

请简述人的发展的特点和规律性

简述学生的心理发展特点

论述题（P4）

试述人的发展的特点及其教育学意义

试述人的身心发展特点及其对教育的要求

试述人的发展的规律性及评价

试述人的发展的规律性及其教育学意义

试述人的发展有哪些规律，教育如何适应人的发展规律

试述学生身心发展主要的共性特征，这些共性特征对学校的教育教学工作提出的要求是什么

辨析题（P4）

人的发展速度不同，说明人的发展具有阶段性

2. 影响人的发展的基本因素

简答题（P4）

简要回答影响人身心发展的因素及其各自的地位和作用

简述在人的发展中，哪四个方面的因素是最重要的，每方面的基本内容是什么

简述遗传素质在人的发展中的作用

试评"环境决定论"

简述环境在人身心发展中的作用是什么

论述题（P4）

论影响人身心发展的因素及其各自作用

论述环境、教育、遗传在人的身心发展中的作用

有人说："一两遗传胜过万吨黄金"，这种说法对吗？说明你的道理

论述个体能动性在人的发展中的作用

3. 教育对人的发展的重大作用

简答题（P4）

简要回答教育的本体功能

简述教育对人的发展的主导作用

简述学校教育在人的身心发展中的作用

简述教育对人的发展的作用

简述学校教育的主要价值

简述知识对人的发展的价值

简述学校教育在学生的身心发展中起主导作用的条件

论述题（P4）

试述教育对人的发展的作用及实现条件

试述教育与人的发展关系

试述学校教育对人发展的影响

为什么教育对于人的发展起主导作用？试分析教育起主导作用的条件

结合你自己的教育、教学实际，谈谈教育与人的身心发展关系

试述学校教育在人的发展中起什么作用，为什么

试述学校教育的特征及对人发展的影响

试述学校教育对人的特殊功能

试论学校教育对学生人文精神的培养

试论中学生的学校生活对其成长的作用

试述文化知识的育人价值

论述书本知识的学习对学生生活经验的意义

考点 4 教育与社会发展

简述教育与经济、政治、文化的关系（P5）

简述教育与社会发展的关系（P5）

联系我国实际论述教育与社会发展的关系（P5）

1. 教育的社会制约性

简答题（P5）

简述教育的社会制约性

简述生产力对教育的制约

简述文化对教育的作用

论述题（P5）

试述教育的社会制约性

试论述教育与社会生产力

2. 教育的社会功能

简述教育的基本职能（P5）

简述如何理解教育公平是社会公平的基础（P5）

试述教育个体功能与社会功能的关系（P4、P5）

名词解释（P5）

社会流动功能

教育的流动功能

教育的社会流动功能

教育的相对独立性

简答题（P5）

简述教育的社会功能

简述教育的政治功能

简述教育的文化功能

简述教育如何体现其文化的功能

简述教育的经济功能

简述教育对生产力发展作用的表现在哪些方面

简述现代教育的生态功能

简述教育的生态功能

简述教育的社会流动功能及其当代意义

简述教育的相对独立性及意义

论述题（P5）

从教育的经济、政治、文化，谈教育的社会功能

联系实际论述教育社会功能

试述教育如何实现其社会发展的功能

试述教育的社会变迁功能及其启示

联系实际论述教育社会流动功能的涵义及其在当代的重要意义

试述社会流动功能以及对个人流动功能的意义

从教育的社会流动功能分析教育不公平的现象

论述教育的相对独立性原理的主要内容，并在此基础上对"教育的发展应当先于经济的发展"（简称"教育先行"）的观点进行分析

谈谈你对教育的相对独立性的认识

教育的相对独立性表现在哪些方面，并就此谈谈你对教育与社会发展的关系的认识

辨析题（P5）

教育传承文化，但是教育不能创造文化，不能产生新文化

3. 教育与我国社会主义建设

简答题（P5）

简述教育为什么要"以人为本"

简述教育在我国社会主义建设中的地位和作用

简述为什么把教育放在优先发展的战略地位

论述题（P5）

试论为什么要树立以人为本的教育观

考点 5　教育目的

1. 教育目的概述

名词解释（P6）

教育目的

价值性教育目的

简答题（P6）

教育目的的结构层次与内容结构

教育目的与教育方针的不同之处

2. 教育目的的理论基础

名词解释（P6）

个人本位论 / 教育目的的个人本位论

社会本位论 / 教育目的的社会本位论

全面发展 / 人的全面发展

简答题（P6）

简述我国教育目的的理论基础

简述教育目的的个人本位论和社会本位论

简述我国教育目的个人本位论的价值取向的启示，并进行评述

论述题（P6）

试述教育目的的价值取向

试论述个人本位论与社会本位论教育目的的分歧和调和原则

试述"个人本位论"与"社会本位论"之争对于人的培养与成长有何重大意义

试述马克思主义关于人的全面发展学说及其对教育目的各育的影响

结合人的全面发展理论，说明中国学生核心素养的构成

3. 我国的教育目的

名词解释（P6）

体育

智育

美育

综合实践活动

简答题（P6）

简述我国的教育目的

简要回答我国教育目的的基本精神

简述我国的教育目的在《教育法》中的体现，其中体现的精神实质是什么

简要回答全面发展教育的组成部分及其关系和各自的地位和作用

概括全面发展教育内容之间的关系，联系实际探讨该关系理论的实践指导意义

简述全面发展教育的实质

简述学校美育及其应遵循的原则

论述题（P6）

请结合当今社会热点，论述教育所培养人才的基本要求

如何看待普通中小学的性质与任务

结合现实分析全面发展教育各组成部分的相互关系

考点 6　教育制度

1. 教育制度概述

名词解释（P7）

教育制度 / 现代教育制度

简答题（P7）

简述教育制度的特点

简述学制制定的依据有哪些

2. 现代学校教育制度

名词解释（P7）

学制 / 学校教育制度

双轨制

分支型学制

简答题（P7）

学校教育制度的概念、类型以及我国现行学校教育制度的改革

简述当代学制改革的趋势

3. 我国现行学校教育制度

简答题（P7）

评述我国的基本学制

论述题（P7）

根据 1922 年提出的新学制的教育宗旨，说说我国学制改革的方向

联系我国的中小学教育制度现状，试论述其现代中小学教育制度改革的要求

考点 7　课程

1. 课程概述

名词解释（P8、P9）

课程

狭义的课程

课程内容

课程方案

课程标准

教科书 / 教材

泰勒的课程编制原理

学科课程 / 学科课程论

活动课程 / 活动课程论

综合课程

国家课程

校本课程

隐性课程 / 潜在课程

简答题（P8、P9）

简述课程的多样性

简述经验主义课程论代表人物及观点

简述泰勒课程原理理论

简述学科课程与活动课程的优缺点

简述学科课程和活动课程的区别

简述活动课程的内涵及特点

简述综合课程以及综合课程的优缺点

阐述综合课程的内涵及特点，联系中小学教学的实际分析综合课程的利、弊影响

简述校本课程开发的特征、优势、不足及思考

论述题（P8、P9）

试比较博比特活动设计法和泰勒目标法对课程开发的作用

试述课程编制的泰勒理论

论述活动课程和学科课程以及它们存在的分歧

根据学科课程的课程性质和课程特点，谈谈中小学设置学科课程的合理性

分析分科课程、活动课程、综合课程的特点，以及我国基础教育课程设置的现状

试论校本课程的开发

辨析题（P8）

课程内容即教材内容

2. 课程设计

名词解释（P9）

课程设计

课程目标

简答题（P9）

简述课程设计的主要依据

简述课程目标的几种表述形式

简述什么是课程内容以及课程内容的设计

简述课程内容组织编排时要处理好的逻辑组织形式关系

举例说明螺旋式课程内容组织及其依据和适用性

论述题（P9）

试述课程目标设计的基本方式

试述课程内容的设计及对学生学习的影响

3. 课程改革

简答题（P9）

简述世界各国课程改革的总体趋势

简述我国基础教育课程改革的六大具体目标

简述我国新课程改革的基本理念

论述题（P9）

试述新一轮基本教育课程改革的具体目标并说明课程改革发展趋势

论述世界课程改革总趋势

论述新课程改革六大目标如何落实到课堂

评述我国的基础教育改革和发展的趋势

论述新课改教育的基本理念

考点8 教学（上）

---

1. 教学概述

名词解释（P10）

教学

简答题（P10）

简述教学与教育、智育的关系

简述你对"德育应该存在于一切教学活动之中"这句话的理解

简述教学的任务

论述题（P10）

试分析论证教学、教育及德育的关系

联系实际论述教学是德育的基本途径

论述教学的任务与意义

有校长说："如果没有升学率的压力，我真想好好做德育。"试从学校教学和德育关系的角度谈谈你对这一论点的看法

2. 教学过程

名词解释（P10）

教学过程

简答题（P10）

如何理解教学过程

简述教学过程的基本性质

简述学生掌握知识的基本阶段

简述教学过程中应处理好的基本关系有哪些

简述如何处理教师主导作用与学生主动性的关系

简述教学过程中直接经验和间接经验的关系

在教学中，如何处理掌握知识与发展智力之间的关系

教学活动中如何处理智力活动与非智力活动的关系

论述题（P10）

教学过程的性质决定教学过程的特点，联系实际论述教学过程的性质和特点

试析教学过程的特点及学生在不同教学模式下掌握知识的基本阶段（注：这里的"不同教学模式"是指以师生授受知识为特征的教学模式和以学生主动探索知识为特征的教学模式）

结合实例论述传授／接受学习的主要过程

根据教育过程的性质，联系教学实际分析教学过程中应当处理好的几种关系

结合实例，分析教师主导和学生主动性之间的关系

请结合实际，谈谈在教学过程中如何处理好间接经验与直接经验的关系

有人说教学就是传授知识，有人说是智力发展，你怎么看

论述重视发展智力的重要性以及掌握知识和发展智力的关系

论述传授知识与提高思想觉悟的关系

论述智力因素与非智力因素的关系

说理题（P10）

教学只是教师教的过程

3. 教学原则

名词解释（P11）

启发性原则

教学直观性原则

循序渐进原则

发展性原则

因材施教 / 因材施教原则

简答题（P11）

简述我国中小学教学过程中有哪些原则

举例说明在教学中如何更好地进行启发式教学

简述教学中的理论联系实际原则

简述科学性与思想性统一的原则

简述直观性教学原则及要求

请简述循序渐进教学原则的含义及要求

何谓发展性教学原则？在教学中遵循发展性教育原则有哪些基本要求

论述题（P11）

列举教学原则的要求和意义，任选一个举例展开论述

论述启发性原则的涵义、要求，结合自己的经验说明这一原则在教学中的运用

结合实例论述教学中理论与实际相联系的观点

论述教学原则中的科学性与思想性统一原则及要求

联系实际论述在教学中如何贯彻直观性原则

评述循序渐进教学原则及对教学的启示

结合教学实际，论述因材施教原则

考点9　教学（下）

4. 教学方法

名词解释（P12）

教学方法

教学模式

教学策略

讲授法
谈话法
谈话教学法
研究法

简答题（P12）

举例说明教学策略的应用对课堂有效教学的作用
简述教学方法选择的基本依据
简述我国中小学教师教学方法的内涵及类型
简述如何高效地使用讲授法
简述教学中的讨论法及其应用要求

论述题（P12）

试述教学方法选择依据
讲授法被现代教育学和教育实验所诟病，却仍在基础学校教育中普遍应用，试论述你的观点
说明在教学中如何使用讨论法

5. 教学组织形式

名词解释（P12、P13）

教学组织形式
班级授课制 / 班级上课制
分组教学

简答题（P12、P13）

简述教学组织形式及内涵
简述班级授课制的内涵、优缺点及其改革趋势
简述教学工作的基本环节及意义
简述上好一堂课的要求

论述题（P12、P13）

联系实际分析班级授课制优缺点及教学组织形式改革方向
论述教学工作的基本环节及意义

6. 教学评价

名词解释（P13）

教学评价 / 教育评价
诊断性评价
形成性评价
总结性评价
相对性评价
绝对性评价
客观性测验

简答题（P13）

简述教学评价的意义
简述教学评价的分类

简述教学评价的原则与方法

简述教师评价与学生自评之间的关系

简述学生评价的功能

论述题（P13）

什么是教学评价？教学评价有哪些类型？分析我国目前教学评价中存在的问题

考点 10　德育

1. 德育概述

名词解释（P14）

道德教育 / 德育

学校德育

简答题（P14）

简述德育与其他各育的关系

论述题（P14）

请你针对我国当前学校道德教育中存在的某个问题，谈谈你的看法

2. 德育过程

名词解释（P14）

德育过程

简答题（P14）

简述德育过程及其基本规律

简述德育过程相关理论

简述德育是培养知情意行的过程

简述知、情、意、行的相互关系

简述自我教育能力的构成要素及其在德育过程中的作用

论述题（P14）

联系实际论述德育过程及其基本规律

试析品德学习的过程及条件

论述德育过程是在教师引导下的能动的活动过程

论述德育是培养知情意行的过程

论述德育过程的知、情、意、行统一规律

论述德育过程是提高学生自我教育能力的过程

苏霍姆林斯基在《给教师的建议》中说："我深信，只有能够激发学生去进行自我教育的教育才是真正的教育。"说出这段话体现了德育过程的哪一规律，并进行分析

3. 德育原则

名词解释（P14）

德育原则

长善救失

因材施教

简答题（P14）

简述学校德育原则和要求

简述道德教育如何与生活相联系

简述德育的疏导原则及要求

简述长善救失的德育原则内涵和要求

简述德育中的严格要求与尊重学生相结合的原则

简述德育中教育影响一致性和连贯性原则内涵及基本要求

论述题（P14）

有人说"现在的青年是垮掉的一代。"有人说："不！现代的青年一代是生气勃勃的；大有希望的一代。"请说说你的看法，并论述当前德育应该坚持什么原则

论述德育原则中的理论与实际相结合的原则

4. 德育途径与方法

名词解释（P15）

说服法

榜样法 / 榜样示范法

陶冶 / 陶冶教育 / 情感陶冶法 / 情景陶冶

实践锻炼法 / 锻炼法

修养

简答题（P15）

举例说明学校实施德育的途径与方法

论述题（P15）

联系当前学校教育实际阐述德育的途径

试述学校德育的特征，举例说明教师如何运用"奖惩"这一德育方法

考点 11　班主任

1. 班主任工作概述

简答题（P16）

简述班主任素质的主要内容

论述题（P16）

举例说明班主任工作对集体和学生品德的意义

试述班主任的基本任务有哪些

请结合你的教育经验，根据教师的劳动特点，谈谈合格班主任的素质要求

2. 班集体的培养

名词解释（P16）

学生非正式群体

简答题（P16）

班集体发展的阶段以及班集体的培养方法

论述题（P16）

试述班集体的教育功能及特点

结合班级管理实际，谈谈班集体的发展阶段及其培养方法

3. 班主任工作的内容和方法

论述题（P16）

结合实例说明和评价班主任工作的内容和方法

考点 12　教师

1. 教师劳动的特点、价值与角色扮演

简答题（P17）

简述教师职业的劳动特点

简述教师职业的基本特征

简述教师劳动的价值

简述教师的权利和义务

简述教师职业常见的角色冲突及解决

简述在现代社会变迁中教师角色体现出哪些发展趋势

论述题（P17）

结合实际评述我国教师劳动的特点及价值

教师劳动的特殊性体现在哪几个方面以及在这种特殊性中对教师的要求

结合实际，分析教师角色冲突及其解决办法

论述现在教师角色发展的趋势以及教师如何扮演好多种职业角色

试论社会变迁中教师角色及教师专业发展的具体影响

一位出色的科学家放弃现有工作成了一名教师，对此他的导师觉得很可惜。请从教师专业的角度谈谈对这一案例的看法

2. 教师的素养

名词解释（P18）

教师的专业素质

简答题（P18）

简述教师的基本素养并说明它们之间的关系

论述题（P17、P18）

请联系实际谈谈在教师专业化要求的背景下，谈谈教师的素养以及作用与培养

教师素养及社会变迁中教师角色的转化

请结合实际，谈谈你对教师要具有高尚师德的认识

3. 教师的培养与提高

名词解释（P18）

教师专业发展

教师专业长期发展

简答题（P18）

教师专业化发展的内涵及要求

简述教师个体专业性发展的基本内容

论述题（P18）

评价当前我国中小学教师专业发展的现状，概括影响教师专业发展的因素，提出改善教师专业发展的建议

试论教师的专业化及教师专业发展的实现

如何理解教师专业发展的内涵及发展途径

针对教师专业发展的不同阶段应该怎样帮助教师的成长

4. 师生关系

名词解释（P18）

师生关系

理想师生关系的特征

简答题（P18）

简述良好师生关系及其建立途径与方法

论述题（P18）

结合一个具体案例，阐述良好的师生关系有助于提高学生的学习兴趣和学习成绩

论述师生关系的历史嬗变，并结合自己的经验谈谈你对这一问题的认识

论述师生关系模式和理想的师生关系

考点 13　学校管理

1. 学校管理概述

名词解释（P19）

学校管理

学校管理制度

校长负责制

简答题（P19）（　）

校长负责制的内涵及需要注意的问题

2. 学校管理的目标与过程

名词解释（P19）

学校管理目标

3. 学校管理的内容和要求

简答题（P19）

简述学校管理及其内容和要求

学校管理过程包括哪些基本环节

4. 学校管理的发展趋势

名词解释（P20）

学校管理人性化

简答题（P20）

简述当代学校管理的发展趋势是什么

论述题（P20）

联系实际分析学校管理的发展趋势

试述如何推进"依法治校"的工作

有人主张依法治校有人主张以德治校评述这两种观点

第二章
中国教育史

考点 1　西周官学制度的建立与"六艺"教育的形成

1. "学在官府"

名词解释（P22）

学在官府

2. 西周的教育制度

暂无

3. "六艺"

名词解释（P22）

六艺

"六艺"教育

简答题（P22）

简述"六艺"教育的内容和特征

简述"六艺"教育及其对当今教育改革的启示

考点 2　私人讲学的兴起与传统教育思想的奠基

试述中国古代教育家的道德修养方法，并谈谈对今天德育改革的启示（P24、P25、P26）

中国古代教师观和尊师重道的思想（P25、P26）

简述儒家和墨家教育思想的异同（P25、P26）

比较孟子与荀子人性观以及它们对教育的作用认识（P26）

1. 私人讲学的兴起

名词解释（P24）

稷下学宫

简答题（P24）

简述稷下学宫的性质特色与意义

2. 孔丘的教育实践与教育思想

名词解释（P25）

孔子

孔子《六经》

《论语》

有教无类

学而优则仕

启发式教育

简答题（P25）

简述孔子对教育的历史性贡献

简述孔子的教育实践与教育思想

简述孔子的教育思想及其历史影响

简述孔子的人性观及教育意义

简述孔子"有教无类"及其现实意思和价值

简述孔子的"学而优则仕"思想及其历史影响

简要评述孔子的道德教育思想

简述孔子的教师观

论述题（P25）

阐述孔子的教育实践与教育思想

试述孔子教育内容与方法及教学方法的现实意义

根据教育对社会的发展作用，论述下孔子"庶、富、教"的思想

评析孔子"性相近、习相远"的教育思想

试述有教无类

试述孔子的德育思想及其现实意义和对当今社会德育的启示

论述孔子的道德教育思想，并举出反映其思想的四条至理名言

3. 孟轲的教育思想

名词解释（P26）

性善论

简答题（P26）

简述孟子的教育思想

简述孟子的人性论和教育作用观

4. 荀况的教育思想

名词解释（P26）

性伪说

化性起伪

简答题（P26）

简述荀子的性恶论

5. 墨家的教育实践与教育思想

名词解释（P26）

素丝说

简答题（P26）

简述墨家教育思想及启示

6. 法家的教育思想

名词解释（P27）

以吏为师

简答题（P27）

简述法家的教育思想

7. 战国后期的教育论著

名词解释（P27）

《大学》

《学记》

三纲领八条目

尊德性，道问学

藏息相辅

简答题（P27）

简述《大学》的三纲领八条目

简述《中庸》中关于学习过程的论述

简述《学记》在教学论上的主要贡献

简述《学记》在教学思想上的贡献

概述《学记》关于教育教学原则及其思想

简述学记"善喻"原则

论述题（P27）

《学记》中的教育理论与历史地位

试论述《学记》在教育管理和教学论上的贡献

论述《学记》中的教育思想

论述《学记》中提出的教学原则

考点 3 **儒学独尊与读经做官教育模式的形成**

1. "独尊儒术"文教政策的确立

简答题（P28）

"独尊儒术"文教政策的内容

2. 封建国家学校教育制度的建立

名词解释（P28）

经学教育

太学

鸿都门学

3. 董仲舒的教育思想

简答题（P28）

简述董仲舒三大文教政策

论述题（P28）

论述董仲舒的教育思想

考点 4　封建国家教育体制的完备

1. 魏晋南北朝官学的变革

暂无

2. 隋唐学校教育体系的完备

简答题（P29）

请简述唐代学校管理制度

简述我国隋唐时期教育制度的特点

论述题（P29）

试述隋唐时期私学的演变

试述唐代教育制度的特点

3. 科举制度的建立

名词解释（P30）

科举制度 / 科举 / 科举考试制度 / 科举制

简答题（P30）

简述我国科举制度的主要特点及其对社会和教育的影响

论述题（P30）

试论隋唐科举制与学校教育的关系，并分析其在历史上的影响

试论唐代科举教育制度的作用及意义

试论科举制的演变，以及对当今教育（高考）改革的启示

4. 颜之推的教育思想

名词解释（P30）

《颜氏家训》

简答题（P30）

简述颜之推儿童教育

论述题（P30）

论述颜之推的家庭教育思想

5. 韩愈的教育思想

名词解释（P30）

《师说》

简答题（P30）

简述韩愈关于教师问题的主要见解
简述韩愈的教师观及其现实意义

论述题（P30）

评述韩愈《师说》中的教师观

考点5　理学教育思想和学校的改革与发展

1. 科举制度的演变与学校教育的改革

名词解释（P32）

熙宁兴学
三舍法
苏湖教法 / 分斋教学法
监生历事制度
六等黜陟法

简答题（P32）

简述宋朝历史上三次著名的兴学运动
简述王安石的教育改革

论述题（P32）

评述北宋的三次兴学

2. 书院的发展

名词解释（P33）

书院
《白鹿洞书院揭示》

简答题（P33）

简述学院产生的条件及其教育特点
列举中国最有名的五大书院
简述白鹿书院揭示以及书院教育宗旨
简述宋代书院教育的特点
简述东林书院的讲会制度

论述题（P33）

试以白鹿洞书院为例，分析我国书院教育的宗旨、特点与意义
论述中国古代书院的发展过程及其教育特点

3. 私塾与蒙学教材

简答题（P33）

简述蒙学教材与特点

宋元时期蒙学教材种类、特点与影响

4. 朱熹的教育思想

名词解释（P34）

朱子读书法

简答题（P34）

朱熹的存天理，灭人欲与教育目的与作用

简述朱子读书法及其现代价值 / 意义

论述题（P34）

论述朱子读书法的主要内容和思想，和现代"快餐文化"比过时么？如何看待

试述朱子读书法及其现实意义

5. 王守仁的教育思想

名词解释（P34）

致良知

简答题（P34）

简述王守仁教育思想

论述题（P34）

评述王守仁的教育思想

论述王阳明的致良知教育目的及意义

论述王守仁的儿童教育思想及意义

考点 6 早期启蒙教育思想

---

1. 黄宗羲的教育思想

暂无

2. 王天之的教育思想

暂无

3. 颜元的教育思想

简答题（P35）

简述颜元对学校教育的改革

简述颜元的"习行"教学方法

考点 7　中国教育的近代转折

1. 教会学校的举办和西方教育理念的引入

简答题（P36）

简述中国近代教会学校的发展情况和教会教育的性质与作用

2. 洋务教育的创立和发展

名词解释（P36）

洋务学堂

京师同文馆

福建船政学堂

简答题（P36）

简述洋务学堂类型有哪些

简述洋务运动的特点

简述洋务运动时期学校的特点

论述题（P36）

谈谈洋务运动中的教育革新

洋务学堂有哪些特点？结合洋务教育的背景谈谈洋务教育对我国教育史的意义

述评福建船政学堂及其意义

试述洋务运动幼童留美的历史影响

3. 张之洞的"中体西用"教育思想

名词解释（P37）

中体西用

劝学篇

简答题（P37）

简述张之洞的"中体西用"教育思想

简述中体西用思想的历史价值 / 作用与局限

论述题（P37）

以张之洞《劝学篇》为例，评述"中体西用"

试述张之洞中体西用的历史意义和局限性

考点 8　近代教育体系的建立

1. 早期改良派的教育主张

暂无

2. 维新派的教育实践

暂无

3. "百日维新"中的教育改革

名词解释（P38）

京师大学堂

简答题（P38）

简述"百日维新"中的教育政策

简述百日维新的教育主张

简答"百日维新"中的教育改革措施

4. 康有为的教育思想

暂无

5. 梁启超的教育思想

简答题（P38）

简述梁启超的教育思想

简述梁启超"新民"的教育目的观

6. 严复的教育思想

简答题（P39）

简述严复的三育论

简述严复体用一致文化教育观

7. 清末教育新政与近代教育制度的建立

名词解释（P39）

癸卯学制

庚款兴学

简答题（P39）

简述清末新政教育

评述癸卯学制

论述题（P39）

评述清末新政时期的"庚子兴学"

考点 9　近代教育体制的变革

1. 民国初年的教育改革

名词解释（P41）

壬子癸丑学制

简答题（P41）

简述中华民国临时政府教育部的教育改革内容

简述壬子癸丑学制

论述题（P41）

试述民国时期教育方针的内容及其意义

试述我国近代教育体制的变革表现在哪些方面

2. 蔡元培的教育实践与教育思想

名词解释（P41）

蔡元培

五育并举 / 五育并举的教育方针 / 五育方针

简答题（P41）

简述蔡元培的"五育并举"的教育方针

简述蔡元培的教育改革方针

简述蔡元培改革北大

简述蔡元培的教育思想及实践

简述蔡元培的教育独立思想

简述蔡元培的高等教育实践对我国现代大学发展的意义

论述题（P41）

联系实际阐述蔡元培的教育思想与教育实践

评述蔡元培的"五育并举"教育思想

论述蔡元培先生的"思想自由、兼容并包"原则

论述蔡元培北大改革的措施、影响及评价

试分析蔡元培的教育思想和实践对中国近代教育的贡献和影响

辨析题（P41）

蔡元培的办学原则"思想自由、兼容并包"是指无所不包

3. 新文化运动影响下的教育思潮和教育运动

名词解释（P42）

平民教育思潮

工读主义教育

勤工俭学

简答题（P42）

简述新文化运动影响下的教育思潮和教育运动

简述新文化运动抨击传统教育，促进教育变革体现在哪里

论述题（P42）

论述"五四"新文化运动对国人教育观念变革的影响

论述"五四"运动中的平民教育思潮和科学教育思潮

论述新文化运动影响下的科学教育发展

4. 学校教学方法的改革与实验

暂无

5. 1922 年 "新学制"

名词解释（P43）

壬戌学制 /1922 新学制

论述题（P43）

评述 1922 年新学制

评述 1922 年壬戌学制改革

试分析 1922 年新学制的标准，特点，意义以及对现代教育改革的启发

评述 "六三三制" 改革前后对我国中小学教育的影响，有什么优缺点，对我国教育改革有什么启示

6. 收回教育权运动

暂无

考点 10　南京国民政府时期的教育

1. 教育宗旨与教育方针的变迁

简答题（P44）

简述南京国民政府的教育宗旨和教育方针

2. 教育制度改革

名词解释（P44）

大学院制

简答题

暂无

论述题

暂无

3. 学校教育的管理措施

暂无

4. 学校教育的发展

暂无

考点 11　中国共产党领导下的教育

1. 新民主主义教育的发端

简答题（P45）

简述恽代英的教育理论

2. 新民主主义教育方针的形成

简答题（P45）

简述新民主主义教育方针

3. 革命根据地的干部教育

暂无

4. 革命根据地和解放区的群众教育和学校教育

暂无

5. 革命根据地和解放区教育的基本经验

简答题（P46）

简要评述我国革命根据地教育的基本经验

论述题（P46）

论述中国共产党革命根据地经验

考点 12　现代教育家的教育探索

1. 杨贤江的马克思主义教育理论

名词解释（P47）

全人生指导

论述题（P47）

述评杨贤江的马克思主义教育理论

2. 黄炎培的职业教育思想与实践

名词解释（P47）

中华职业教育社

简答题（P47）

简述黄炎培职业教育思想及现代启示

论述题（P47）

论述黄炎培的职业教育思想 / 理论及其当代价值

试述黄炎培的职业教育思想及其对当前中国教育改革的启示

试述职业教育的三要旨及对当今职业教育的借鉴意义

试述黄炎培职业教育社会化内涵、内容、意义

3. 晏阳初的乡村教育试验

简答题（P47）

简述晏阳初的乡村教育理论

简述晏阳初的四大教育三大方式

4. 梁漱溟的乡村教育建设

简答题（P48）

简述梁漱溟乡农学校的原则和内容

论述题（P48）

试述梁漱溟的乡村教育建设思想

5. 陶行知的"生活教育"思想与实践

名词解释（P48）

陶行知

小先生制

生活教育 / 陶行知的生活教育理论

教学做合一

简答题（P48）

简述陶行知的生活教育理论，并分析其历史价值和现实意义

简述陶行知生活教育理论中"社会即学校"思想

简述陶行知教学思想和杜威教学思想的关系

论述题（P48）

论述陶行知生活教育的实践和理论创新

试分析论述陶行知的生活教育思想及其当代价值

试述陶行知的"生活教育"思想和对我国当前教育的启示

论陶行知"生活即教育"思想内涵并联系实际分析其现实意义和历史价值

试述陶行知的生活教育理论，结合实际谈谈学校教育与生活之间的理想关系

试比较陶行知和杜威的教育思想理论

谈谈你对教学回归学生生活的理解

6. 陈鹤琴的"活教育"探索

名词解释（P48）

活教育

简答题（P48）

简述陈鹤琴的"活教育"思想

简述陈鹤琴的课程论及其现实意义

论述题（P48）

试论陈鹤琴的"活教育"思想体系

简要论述陈鹤琴活教育的目的论

试述陈鹤琴的儿童教育理论

试述陈鹤琴教学论现代意义

第三章

外国教育史

考点 1　古希腊教育

1. 古风时代的教育

简答题（P52）

简述斯巴达教育的特点

简述古希腊雅典教育

论述题（P52）

试比较古代雅典和斯巴达的教育体制

试述雅典教育和斯巴达教育的主要特征

2. 古典时代的教育

名词解释（P52）

智者派

苏格拉底法 / 产婆术 / 苏格拉底教学法

学园

《理想国》

美德即知识

三艺

七艺教育 / 自由七艺 / 七艺

简答题（P52）

简述苏格拉底"知识即美德"

简述苏格拉底法 / 产婆术

简述苏格拉底法的基本内容

简述苏格拉底的教育思想

论述题（P52）

试述柏拉图的教育思想

考点2 古罗马教育

1. 共和时期的罗马教育

名词解释（P53）

修辞学校

2. 帝国时期的罗马教育

暂无

3. 古罗马的教育思想

论述题（P54）

试述昆体良的教育思想

辨析题（P54）

昆体良认为教学是双边过程

考点3 西欧中世纪教育

1. 基督教教育

简答题（P55）

简述基督教教育的特点

论述题

试述基督教育的特点

2. 世俗教育

名词解释（P55、P56）

骑士教育

城市学校

中世纪大学

简答题（P55、P56）

简述中世纪大学兴起的原因及当时文化教育和社会发展的作用

西欧中世纪大学的主要特权

西欧中世纪大学的特征与意义

简述中世纪主要的世俗教育形式

论述题（P56）

试述中世纪大学特征及意义

3. 拜占廷和阿拉伯教育

暂无

考点 4　文艺复兴时期的教育

文艺复兴时期的教育特点（P57）

1. 人文主义教育家

名词解释（P57）

快乐之家

简答题（P57）

简述弗吉里奥的教育贡献
简述近代人文主义教育的基本主张有哪些

2. 人文主义教育的特征、影响和贡献

名词解释（P57）

人文主义教育

简答题（P57）

简述近代人文主义思想的观点
简述欧洲文艺复兴时期人文主义教育的基本特征和历史影响
简述文艺复兴时期人文主义教育对教育的贡献

论述题（P57）

论述文艺复兴时期人文主义教育的主要特征、影响及其贡献

考点 5　宗教改革时期的教育

1. 新教的教育思想与实践

论述题（P58）

评析马丁·路德的义务教育思想

2. 天主教教育

暂无

考点 6　欧美主要国家和日本的教育发展

1. 英国教育的发展

名词解释（P60）

公学
贝尔 - 兰开斯特制 / 导生制
《初等教育法》
巴尔福法案
《1988 年教育改革法》

简答题（P60）

简述英国《初等教育法》的内容

简述英国《1944年教育法》

简述英国《1988教育改革法》的主要内容

2. 法国教育的发展

论述题（P60）

论述法国朗之万瓦隆教育改革法对教育民主化的意义

辨析题（P60）

法国教育体制是地方分权式

3. 德国教育的发展

名词解释（P61）

泛爱学校

实科中学

简答题（P61）

简述德国的实科中学

辨析题（P61）

17-18世纪，德国中等教育的主要类型是实科中学

4. 俄国及苏联教育的发展

暂无

5. 美国教育的发展

名词解释（P63）

公立学校运动

《莫雷尔法案》

初级学院运动

《国防教育法》

生计教育

美国的《国家在危机中的报告》

简答题（P63）

简述美国公立学校运动的主要内容

简述美国返回基础教育

简述美国1958年的《国防教育法》的主要内容并给予简要评价

简述美国1958年《国防教育法》制定的背景

简述1958年美国颁布实施的"国防教育法"的主要措施有哪些

论述题（P63）

试论述贺拉斯·曼的教育理论

评述20世纪60年代美国的课程改革/美国中小学的课程改革

试从教育发展的历史角度论述美国近现代教育发展的原因

论述美国的《国家在危机中》的教育改革建议

6. 日本教育的发展

名词解释（P64）

《学制令》

简答题（P64）

简述明治维新的教育改革

简述日本教育的发展

论述题（P64）

试述日本明治维新时期的教育改革措施

考点 7 　欧美教育思想的发展

比较杜威和赫尔巴特在课程理论方面的异同并阐述自己的观点（P69、P74）

杜威和赫尔巴特的教育论思想及对我国各时期教育实践的影响（P69、P74）

请论述对我国当前教育改革具有启示意义的相关外国教育思想（P67、P74、P76）

在国外近现代教育史上，你喜欢哪一位教育家，并就此阐释喜欢的原因（P66-76）

1. 夸美纽斯的教育思想

名词解释（P66）

教育适应自然

泛智论／泛智教育

简答题（P66）

简述夸美纽斯的教育思想

简述夸美纽斯教育思想的基本主张

简述夸美纽斯关于班级授课制的设想

夸美纽斯教学原则

夸美纽斯在教育学上的地位和贡献

论述题（P66）

论述夸美纽斯的班级授课制

论述夸美纽斯的自然适应性原理

对夸美纽斯的教育适应自然原则进行评述

论述夸美纽斯教育适应自然的原则对当代基础教育的启示

论述夸美纽斯的教学思想及对后世理论的影响

论述夸美纽斯教育改革及其意义

阐述夸美纽斯教育思想体系的构成，并分析其历史贡献

试论夸美纽斯在教育历史上的地位

2. 洛克的教育思想

名词解释（P66）

洛克的白板说／白板说

绅士教育

《教育漫话》

简答题（P66）

简述洛克白板说

简述绅士教育的主要观点

论述题（P66）

讲述洛克的绅士教育思想

3. 卢梭的教育思想

名词解释（P67）

卢梭

《爱弥儿》

自然主义教育（狭义）

卢梭的自然教育主义

自然教育

卢梭的自然教育原则

简答题（P67）

简述卢梭的自然教育的主要内容

简述卢梭自然教育理论及其影响

简述卢梭自然教育理论的基本观点是什么，有何积极意义

论述题（P67）

请你根据卢梭的教育思想，结合自己的理解，谈谈你对教育的认识

论述卢梭的自然主义教育理论及其影响

论述卢梭的自然主义教育思想及其现代意义

卢梭儿童教育观

请结合现实教学说明卢梭自然教育理论

4. 裴斯泰洛齐的教育思想

名词解释（P68）

要素教育／要素教育论／要素教学

教育心理学化

简答题（P68）

简述裴斯泰洛齐的要素教育论

裴斯泰洛齐的劳动教育思想

简述裴斯泰洛齐"教育心理学化"

论述题（P68）

论述裴斯泰洛齐的"教育心理学化"思想

评述裴斯泰洛齐的要素教育论
阐述裴斯泰洛齐教育思想及意义

5. 赫尔巴特的教育思想

名词解释（P69）

赫尔巴特《普通教育学》
赫尔巴特的教育目的
教育性教学
"教育性教学"原则
教学形式阶段论 / 形式阶段教学论
赫尔巴特的四段教学 / 四段教学法
五段教学法

简答题（P69）

简述赫尔巴特的教育心理学化的思想
简述赫尔巴特的教育思想
赫尔巴特教育性教学原则
简述赫尔巴特的教学阶段论 / 四段教学法

论述题（P69）

评述赫尔巴特的教学思想，并说说他的历史贡献和局限之处
赫尔巴特的教育学思想的心理基础
赫尔巴特的道德教育理论
论述赫尔巴特的教育性教学理论
论述赫尔巴特"教育性教学"在实际教育中的应用
赫尔巴特的课程理论和教学理论，结合实际谈谈对于现在的教育改革是否还有借鉴意义
评述赫尔巴特课程理论
评述赫尔巴特的教学阶段理论 / 四阶段教学过程论

辨析题（P69）

德国教育家康德提出教育性教学原则，他认为教育目的就是要让学生尽可能获得知识和技能

6. 福禄培尔的教育思想

名词解释（P70）

恩物

辨析题（P70）

恩物是福禄培尔给儿童的教学用具

7. 斯宾塞论教育

名词解释（P70）

生活准备说 / 教育准备生活说

简答题（P70）

简述斯宾塞生活准备说的主要观点
简述斯宾塞的科学教育思想

简述斯宾塞的课程理论思想

论述题（P70）

阐述斯宾塞的教育思想

论述斯宾塞的科学教育理论

8. 马克思和恩格斯的教育思想

论述题（P71）

论述马克思和恩格斯的教育思想

评述马克思和恩格斯的人的全面发展理论和教育要与劳动生产相结合思想

9. 19世纪末至20世纪前期的教育思潮和教育实验

名词解释（P72、P73）

新教育运动

进步主义教育/美国进步教育运动/进步主义教育运动

进步主义教育运动的特征

昆西教学法

道尔顿制/道尔顿主义

文纳特卡制

设计教学法

简答题（P72、P73）

简述19世纪末20世纪初期的教育思潮和教育实验

试比较欧洲的新教育运动和美国的进步教育运动

简述欧洲新教育运动

简述19世纪末20世纪初西欧乡村寄宿学校的主要特征

简述蒙台梭利教学法

简述进步主义教育运动的特征

简述帕克赫斯特的道尔顿制

论述题（P72、P73）

评析19世纪末20世纪初欧美新教育和进步主义教育思潮的共同特征、意义及其局限性

试述19世纪末-20世纪初期欧美教育运动的异同点

10. 杜威的教育思想

名词解释（P74）

《民主主义与教育》

教育适应生活说

学校即社会

儿童中心论

教育即经验的改造

教育无目的

做中学/从做中学

五步探究教学法

简答题（P74）

简述杜威的教育思想

杜威教育本质

杜威关于教育的本质与目的的基本观点是什么

简述杜威的教育无目的论

简述杜威教学方法的五个阶段

简述杜威的道德教育思想

论述题（P74）

试述杜威的教育思想及其现实意义

试述杜威教育影响

评述杜威的实用主义教育理论

杜威的教育思想及对我国基础教育改革的启示

概括、评价杜威的著作《民主主义与教育》的基本思想，分析其影响

论述杜威关于教育本质论

结合杜威对教育本质的"三大主张"，谈谈教育与生活之间的关系

评述杜威的儿童中心论的主要观点

试论述杜威的"学校即社会"观的含义及其意义

论述杜威的教育本质与目的教育观

试论述杜威的课程论与教材论的相关内容及其现实意义

论述杜威的"做中学"理论

评述杜威关于教学方法的理论

11. 现代欧美教育思潮

名词解释（P75）

要素主义 / 要素主义教育

永恒主义

结构主义教育

终身教育思潮

终身教育

简答题（P75、P76）

列举五种现代欧美教育思潮

简述要素主义教育理论

简述永恒主义教育

简述终身教育思潮的基本观点

20 世纪 60、70 年代现代人文主义教育家的教育思想

论述题（P75、P76）

简述要素主义教育

试述永恒主义教育理论及其对当代世界教育实践的影响

评述结构主义教育及其影响

论述布鲁纳结构主义教育

论述终身教育思想及其影响

联系我国实际加以举例阐述，试述终身教育思想及其引发的教育变革

现代人文主义教育思潮

12. 苏联教育思想

名词解释（P76）

一般发展

简答题（P76）

简述马卡连柯集体教育理论的主要内容

简述前苏联教育家赞可夫的发展性教育思想

论述题（P76）

赞可夫的教育思想

赞可夫的发展性教学理论

评析苏霍姆林斯基的教育思想

评述苏霍姆林斯基的个性全面和谐发展的教育思想

第四章

教育心理学

考点 1　教育心理学概述

1. 教育心理学的研究对象与任务

简答题（P78）

简述什么是教育心理学

2. 教育心理学的历史发展与趋势

暂无

考点 2　心理发展与教育

1. 心理发展及其规律

名词解释（P80）

心理发展

简答题（P80）

简述人格发展的一般规律

2. 认知发展理论与教育

名词解释（P81）

同化

守恒

皮亚杰

认知结构

客体永恒性

自我中心思维

最近发展区

简答题（P81）

简述皮亚杰的认知发展理论

简述皮亚杰认知发展理论的教学含义

简述皮亚杰的认知发展因素

简述认知发展与教学的辩证关系

简述最近发展区及其教育启示

简述最近发展区和支架式教学的关系

论述题（P81）

试述皮亚杰的认知发展阶段理论及其对学校教育的启示

试述皮亚杰的认知发展阶段理论及影响认知发展的因素

试述为什么教育局要严查并禁止幼儿园老师让幼儿学习 20 以上的运算

试论述维果斯基的社会文化历史发展理论及其对教育的启示

小欣有一道数学题不会，老师发现后并没有直接教她怎么做，而是一步一步地找到与数学题接近的题的答案，请问老师这种方法符合维果斯基和布鲁纳的理论吗？并结合他们的理论论述如何达到教育目的

3. 人格发展理论与教育

简答题（P82、P83）

简述埃里克森的心理社会发展理论

简述埃里克森人格发展理论的教育意义

简述科尔伯格的道德发展／三水平六阶段理论

简述柯尔伯格道德形式阶段理论

简述皮亚杰关于道德认知理论的基本观点

论述题（P82、P83）

试论科尔伯格的道德发展阶段理论

试论皮亚杰的道德认知发展理论对教育的影响

论述皮亚杰的道德认知发展理论，并联系实际加以评价

人格发展理论及其教育含义

4. 社会性发展与教育

名词解释（P84）

社会性发展

同伴关系

简答题（P84）

简述攻击行为

简述同辈生活对学生的影响

简述儿童友谊发展的阶段

5. 心理发展的差异性与教育

名词解释（P85）

认知风格

学习风格

简答题（P85）

简述学习者的个体差异包括哪些

简述学生的认知差异有哪些表现，为此，教学应该注意哪些方面

论述题（P85）

试述人格和行为在性别上的差异

结合儿童友谊发展的五阶段理论，论述同伴关系的发展及其策略

试述认知方式的差异

考点3 学习及其理论

试述并评价主要的学习理论（P87、P88、P89）

1. 学习概述

名词解释（P87）

学习 / 学习的实质

有效教学

2. 行为主义的学习理论

名词解释（P87）

操作性条件反射

程序教学

负强化

正强化

替代强化

观察学习

简答题（P87）

简述尝试错误学习理论对教学的启示

简述试误说对教育教学的启示是什么

举例说明道德教育的社会学习模式

简述行为主义的教育理论

简述班杜拉的观察学习理论及其教育应用

如何正确看待学校教育的惩罚

运用教育心理学的相关理论知识，谈谈在现实学生教育中应该如何对待奖励（及惩罚）

有的家长在学生取得高分时便给予金钱或物质上的奖励，在学生考差的时候就责骂处罚，甚至棍棒加身。请分析这种做法的利弊，并提出合理化建议

论述题（P87）

论述观察学习的过程及在教育中的作用

说明班杜拉的观察学习对教学工作的启示

辨析题（P87）

负强化就是惩罚

3. 认知派的学习理论

名词解释（P88）

发现学习

发现法

奥苏泊尔的有意义学习

下位学习

上位学习

概念同化

接受学习

先行组织者

简答题（P88）

简述布鲁纳学习理论的主要观点

简述布鲁纳认知结构教学原则

简述布鲁纳的发现学习的步骤

简述奥苏泊尔的有意义接受说

简述奥苏贝尔的有意义学习及条件

简述奥苏泊尔的先行组织者策略

请简述有意义接受学习的内涵和条件

论述题（P88）

评述布鲁纳的认知 - 发现说

试论述结构主义教学的创始人及其指导思想

举例说明奥苏泊尔的有意义学习的实质和条件

论述奥苏泊尔的有意义学习理论及其在教学中的运用

试分析奥苏泊尔意义学习对课堂讲授教学的启示

论述奥苏伯尔讲授教学的特点和性质

试述先行组织者及其在学习中的运用

试分析上位学习，下位学习和并列学习

试述发现学习和接受学习的异同

试述接受学习和发现学习的特点，及怎样处理两者之间的关系

试述加涅学习过程分类及信息加工对教学上的启示

有人说，"讲授法就是注入式教学，发现法就是启发式教学"，请运用教学的有关原理评析这一观点

4. 人本主义的学习理论

简答题（P88）

简述人本主义心理学

简述罗杰斯学习与教学观

论述题（P88）

论述人本主义学习理论及现实意义

评析人本主义教育观

论述人本主义教育心理学的理论和实践具有什么贡献与局限性

试评析现代人本主义教育思想

5. 建构主义的学习理论

名词解释（P89）

建构主义教学理论

简答题（P89）

简述建构主义学习观

简述社会建构理论对学习的作用

简述建构主义学习理论的基本观点 / 基本特征

简述建构主义学习理论

论述题（P89）

试述建构主义的学习理论

试述建构主义学习观

试述建构主义学习理论的基本观点以及对教学的启示 / 意义

结合我国基础教育课程改革，谈谈建构主义学习理论的知识观、学生观、学习观对教学实际的作用

考点4 学习动机

1. 学习动机概述

名词解释（P90）

学习动机

内部学习动机与外部学习动机

自我提高驱动力

附属内驱力

耶基斯 - 多德森定律

简答题（P90）

简述内部学习动机和外部学习动机，二者对学习的影响分别是什么，二者的关系如何

简述学习动机的作用

简述学习动机对学习效率的影响

简述学习动机与学习效果的关系

论述题（P90）

结合实例说明学习动机的实质及其在学生学习中的重要作用

2. 学习动机的主要理论

名词解释（P90）

自我效能感

成就动机

简答题（P90）

学习动机的强化理论

简述马斯洛需要层次理论及其对教育的启示

简要介绍几种主要的动机理论

简述成败归因理论

简述归因方式怎样影响学生，如何指导学生归因

简述自我效能感及影响因素

简述习得性无助

论述题（P90）

试述马斯洛需要层次理论的主要内容并分析其教育的启示意义

论述维纳归因理论，并举例说明

论述归因主义学习

论述成败归因理论的基本观点及其教育实践启示

老师让学生回答问题，回答出来就坐下，回答不出就站着等下次回答出来再坐下，一段时间后发现教学效果没有取得好效果，举手学生愈来愈少。请结合强化理论，分析这位教师做法中的问题，并给出改进措施的建议

评述自我效能感

论述自我效能理论的运用及对学习的作用

3. 学习动机的培养与激发

简答题（P90）

简述影响学习动机的因素及其意义

简述培养和激发学习动机的措施

论述题（90）

论述影响学生学习动机的因素

联系教学实际论述学习动机的培养与激发

结合实际谈谈如何激发和维持学生的学习动机

结合实际，谈谈如何激发学生的外部学习动机和内部学习动机

对于一个在学习上自暴自弃，不思进取的学生，面对这种情况，教师应该怎么做

试联系实际谈谈"动机与学习"关系对教育的启示

考点 5　知识的学习

1. 知识及知识获得的机制

名词解释（P91）

知识

知识表征

陈述性知识

程序式知识 / 程序性知识

隐性知识

简答题（P91）

简述什么是程序性知识，以及如何进行程序性知识的教学

简述陈述性知识与程序性知识的联系与区别

论述题（P91）

比较分析陈述性知识和程序性知识的异同

2. 知识的理解

简答题（P91）

简述影响知识理解的因素

论述题（P91）

举例论述影响知识理解的因素

3. 知识的整合与应用

名词解释（P92）

遗忘同化学说

迁移 / 学习迁移

顺向迁移

正迁移 / 正迁移与负迁移

横向迁移

形式训练说

概括化理论

简答题（P92）

简述知识整合与深化的方法与策略有哪些

简述影响学习迁移的因素

简述如何促进知识 / 学习的迁移

简述知识应用与迁移的措施

论述题（P92）

试述帮助学生进行记忆和保持记忆的方法有哪些

述评学习迁移的途径

介绍三种学习迁移的理论

联系实际谈谈促进迁移有效的教学策略

考点 6　技能的形成

---

1. 技能及其作用

名词解释（P93）

技能

2. 心智技能的形成与培养

名词解释（P93）

心智技能

简答题（P93）

简述加里培林的智慧技能形成阶段理论的主要观点

简述安德森心智技能三阶段

简述学生智力活动形成包括哪几个阶段

论述题（P93）

举例说明加里培林的智慧技能按阶段形成的理论

试述心智技能的培养方法

3. 操作技能的形成与训练

论述题（P93）

人们通常不会把学生在写字时已经能熟练控制自己的手部运动称之为运动技能的学习。请你对何时才会出现动作技能的学习做出确认；并对动作技能的获得的阶段及其影响因素作逐一描述

考点 7 学习策略及其教学

简述掌握学习策略的意义（P94）

列举学习策略各自要求及意义（P94）

1. 学习策略的概念与结构

名词解释（P94）

学习策略

2. 认知策略及其教学

名词解释（P94）

精细加工策略

简答题（P94）

简述精细加工策略

简述认知策略和智慧技能

论述题（P94）

试述精细加工策略及其教学要求

3. 元认知策略及其教学

名词解释（P94）

元认知策略 / 元认知论

简答题（P94）

简述元认知策略的基本类型

简述元认知与学习策略之间的关系

论述题（P94）

元认知视角分析提升学生学习效能的教学策略

论述元认知策略及其教学

试述什么是元策略，以及元策略对学习策略有哪些影响帮助和意义

4. 资源管理策略及其教学

名词解释（P94）

努力管理策略

简答题（P94）

简述资源管理策略

考点 8　问题解决能力与创造性的培养

1. 有关能力的基本理论

名词解释（P95）

流体智力

智力多因素论

加德纳多元智能理论 / 多元智力理论 / 智力多元理论

成功智力理论

简答题（P95）

简述加德纳的多元智力理论

简述斯腾伯格的成功智力理论

论述题（P95）

分析比较流体智力与晶体智力及其对教育的启示

结合实际，试述加德纳多元智力理论并分析它对教学实践的启示 / 意义

论述加德纳的多元智能理论及其意义

某学校根据学生入学前的智商高低来分快慢班。试论述你的想法，并用心理学的相关知识进行评价

2. 问题解决的实质与过程

名词解释（P95）

问题解决

简答题（P95）

问题解决的程序

论述题（P95）

结合学习实例，论述问题解决过程中各阶段的主要策略

3. 问题解决能力的培养

名词解释（P96）

定势

思维定势

学习定势

功能固着

简答题（P96）

简述影响问题解决的主要因素有哪些，试举例加以说明

简述问题解决能力培养措施

论述题（P96）

结合实际论述教学过程中该如何培养学生的问题解决能力

结合实际分析影响解决问题的主要因素

4. 创造性及其培养

名词解释（P96）

创造性 / 创造力

创造性思维

影响创造力发展的因素

简答题（P96）

简述创造力是什么，学校教育中应该怎样培养学生的创造力 / 创造力的培养措施

简述创造性思维及其特点

简述创造性的心理结构

论述题（P96）

根据创造力的心理结构，说明影响创造力的因素和如何培养创造力

根据教育实践论述如何培养学生的创造性

试述创造性和智力的关系以及如何在实践中培养学生的创造性

试述创造性的人格特质及创造性的培养措施

有人认为，智商高的人，创造性也高。试根据智力与创造性的关系来分析

辨析题（P96）

智力高的人创造力也高

考点 9　社会规范学习与品德发展

1. 社会规范学习与品德发展的实质

名词解释（P97）

社会规范学习

品德

简答题（P97）

简述品德发展的一般规律

论述题（P97）

根据中外学者的研究阐述人的品德发展的实质

2. 社会规范学习的心理过程

名词解释（P97）

社会规范的内化

简答题（P97）

简述学习的社会规范

简述社会规范学习的心理过程

论述题（P97）

举例论述社会规范学习的心理过程

3. 品德的形成过程与培养

名词解释（P97）

道德情感
移情

论述题（P97）

试述品德及其构成要素是什么？如何根据品德的因素进行道德教育
试述人本主义情感取向的道德教育理论
试论移情的内涵及其作用
试述影响道德品质的因素有哪些，学校应该采取哪些方式培养学生的道德品质

4. 品德不良的矫正

名词解释（P97）

品德不良

简答题（P97）

简述品德不良的含义与类型
简述学生品德不良产生的原因及其矫正

论述题（P97）

分析学生品德不良的成因与纠正 / 校正措施
联系当前实际，阐述学生品德不良的成因及教育策略

考点 10　心理健康及其教育

1. 心理健康概述

名词解释（P98）
心理健康
学校心理素质教育

简答题（P98）
简述心理健康的标准

2. 心理健康教育的目标与内容

简答题（P98）
简述《中小学心理健康教育指导纲要（2012 年修订）》规定的心理健康发展的总纲要

论述题（P98）
心理健康教育目标和内容

3. 心理健康教育的途径

名词解释（P98）

角色扮演法

简答题（P98）

简述学校心理健康教育的途径

简述发展学生心理健康教育的途径

当前中小学开展心理健康教育的基本途径有哪些

参考文献

[1] 王道俊，郭文安 . 教育学（第七版）[M]. 北京：人民教育出版社，2016.

[2] 王道俊，郭文安 . 教育学（第六版）[M]. 北京：人民教育出版社，2009.

[3] 冯建军 . 现代教育学基础 [M]. 南京：南京师范大学出版社，2007.

[4] 全国十二所重点师范大学联合编写 . 教育学基础（第 3 版）[M]. 北京：教育科学出版社，2014.

[5] 柳海民 . 现代教育原理 [M]. 北京：人民教育出版社，2006.

[6] 朱德全，易连云 . 教育学概论 [M]. 重庆：西南师范大学出版社，2007.

[7] 孙培青 . 中国教育史（第三版）[M]. 上海：华东师范大学出版社，2008.

[8] 孙培青 . 中国教育史（修订版）[M]. 上海：华东师范大学出版社，2000.

[9] 张传燧 . 中国教育史 [M]. 北京：高等教育出版社，2010.

[10] 王炳照，郭齐家，等 . 简明中国教育史 [M]. 北京：北京师范大学出版社，2007.

[11] 吴式颖，李明德 . 外国教育史教程（第三版）[M]. 北京：人民教育出版社，2015.

[12] 吴式颖，李明德 . 外国教育史教程（缩编本）[M]. 北京：人民教育出版社，2002.

[13] 张斌贤 . 外国教育史（第 2 版）[M]. 北京：教育科学出版社，2015.

[14] 张斌贤 . 外国教育史 [M]. 北京：教育科学出版社，2008.

[15] 周采 . 外国教育史 [M]. 上海：华东师范大学出版社，2008.

[16] 陈琦，刘儒德 . 当代教育心理学（第 3 版）[M]. 北京：北京师范大学出版社，2019.

[17] 陈琦，刘儒德 . 当代教育心理学（第 2 版）[M]. 北京：北京师范大学出版社，2007.

[18] 陈琦，刘儒德 . 教育心理学（第 2 版）[M]. 北京：高等教育出版社，2011.

[19] 张大均 . 教育心理学（第三版）[M]. 北京：人民教育出版社，2015.

[20] 冯忠良，伍新春，姚梅林，等 . 教育心理学（第三版）[M]. 北京：人民教育出版社，2015.

[21] 汪凤炎，燕良轼，郑红 . 教育心理学新编（第四版）[M]. 广州：暨南大学出版社，2016.

[22] 燕良轼 . 教育心理学 [M]. 武汉：武汉大学出版社，2010.

[23] 燕良轼 . 教育心理学：理论、实践与应用 [M]. 杭州：浙江教育出版社，2016.